DIE BESTEN
SINGLE-REISEN

Monika E. Khan

DIE BESTEN
SINGLE-REISEN

Co-Autorin: Yasmin Khan

Bibliografische Information der Deutschen Nationalbibliothek:
Die Deutsche Nationalbibliothek verzeichnet diese Publikation in der Deutschen
Nationalbibliografie; detaillierte Daten sind im Internet über
http://dnb.d-nb.de abrufbar.

Trotz extensiver und sorgfältiger Recherche können weder Verlag noch Autorin die
Haftung für die Richtigkeit der Informationen, insbesondere bezüglich Preisen und
Leistungsversprechen der Veranstalter, übernehmen.

© 2006 Monika E. Khan
Satz, Umschlagdesign, Herstellung und Verlag: Books on Demand GmbH, Norderstedt
ISBN 10: 3-8334-5316-8
ISBN 13: 978-3-8334-5316-8

Inhaltsverzeichnis

„DER WEG IST DAS ZIEL"

Globetrotterin und heutige Buchautorin Monika E. Khan, geboren 1938 in Kollow bei Hamburg, fing bereits 1956 an die Welt zu erkunden. Dem Dorf entfliehend um die Welt zu erobern, startete Monika mit 16 Jahren ihre „Reisekarriere" mit einem 1-jährigen Aufenthalt in der Schweiz, gefolgt von 2 Jahren in England, wo sie auch heiratete. 1966 wagte sie den ersten großen Sprung, der sie und ihre Familie für mehrere Monate mit dem Auto auf Abenteuerreise von Hamburg bis Karachi, Pakistan führte. Auf dem Rückflug wurde dann in Kairo für ein paar Tage ein Stopover eingelegt, um sich das Land der Pharaonen anzuschauen.

Nach dem Motto „früh übt sich" zog somit ihre jüngste Tochter und Co-Autorin Yasmin Khan bereits im Alter von 3 Jahren durch die Salz– und Sandwüste in Persien bis hin zur alten Seidenstraße. Stets Hand in Hand mit ihrer Mutter ging's durch die ältesten Ausgrabungsstätten der Welt. Ob hoch zu Ross durchs Himalajagebirge oder auf allen vieren die engen Treppen in der Chiopspyramide von Gizeh erklimmend – offensichtlich waren diese frühen Reiseerlebnisse für den Reisevirus verantwortlich, von dem Yasmin später befallen wurde. Denn auch sie begab sich mit 16 Jahren in ihr erstes Reiseabenteuer und unternahm eine 36-stündige Zugfahrt nach Griechenland, um sich auf die Spuren der Götter, Gräber und Gelehrten zu begeben.

Während eines 6-wöchigen Aufenthaltes in Singapur, wo Monika E. Khan sich den chinesischen Heilkünsten hingab, kämpfte sich Yasmin durch den Malaysischen Dschungel. Bei ihrem 3-jährigen Aufenthalt in Paris karrte Yasmin als Aupairmädchen zunächst französische Babys durch den Jardin de Luxembourg, um später als Reiseleiterin deutsche Bustouristen durch ihre damalige Traumstadt zu führen. Wieder einmal vom Fernweh getrieben, flog sie dann mit 21 Jahren in die USA, wo sie mit „Sack und Pack" eine Abenteuertour quer durch die Staaten unternahm.
1988 entschied sich die gelernte Reiseverkehrskauffrau, ihr Hobby zum Beruf zu machen und eröffnete in Ratingen, mitten in der touristischen Hochburg im Rheinland, ihr eigenes Reisebüro. Von nun an galt es, keine Inforeise mehr weltweit ausfallen zu lassen, wobei sich die sportbegeisterte Reiseverkäuferin erst recht keine Cluburlaube hat entgehen lassen.

Monika E. Khan hatte inzwischen ihr Herz an Asien verloren und reiste jedes Jahr quer durch die asiatischen Länder bis hin zu den Philippinen. Die Vereinigten Arabischen Emirate hat sie schon besucht, als diese noch ein weißer Fleck auf der touristischen Landkarte waren und man diese nur durch den Ölboom kannte. Doch auch andere ferne Länder wie Südamerika und die Karibik hatte die Buchautorin bereits auf einem Kreuzfahrtschiff bereist!

Aber auch gemeinsam zogen Mutter und Tochter immer wieder durch die Lande, um Neues abseits der Touristenpfade zu erforschen. Nicht nur die Provence, die beide mit dem Auto durchquerten, oder ein Inselshopping auf den Kykladen, sondern auch Wanderziele wie Madeira und Mallorca erkundeten Mutter und Tochter gemeinsam, nach dem Motto: „Nur wo du zu Fuß warst, warst du wirklich!" (ASI).

Ein Ende ist nicht abzusehen! Vor sechs Jahren haben sich die beiden auf Singlereisen spezialisiert. Kurze Zeit später reifte bei Monika E. Khan die Idee, eine Übersicht an Reisemöglichkeiten für Singlereisen in Form eines Buches zu schreiben. Schnell begann die Recherche für eine Zielgruppe, die mehr als 14 Millionen Singles in Deutschland umfasst. 2003 wurde dann die Erstauflage „Die besten Singlereisen", an der Yasmin Khan bereits mitgewirkt hat, veröffentlicht. Um das umfangreiche Wissen und die touristische Erfahrung ihrer Tochter in vollem Umfang mit ins neue Buch einfließen zu lassen, konnte Monika E. Khan ihre Tochter Yasmin diesmal dazu gewinnen, bei der Zweitausgabe als Co-Autorin aktiv mitzuwirken. So wurden in dieser Auflage auch eigene Reiseerlebnisse in viele Artikel mit eingeflochten und das Buch durch neue Reisethemen und Highlights ergänzt. Dadurch ist die Fortsetzung „Die besten Singlereisen" noch spannender und unterhaltsamer geworden.
Und beide, Mutter und Tochter, werden weiter „Für Sie vor Ort testen"!

Was 14 Millionen Singles wirklich interessiert!

Gut zu wissen, bevor es losgeht!

Bislang stellen „reine" Single-Hotels oder Single-Reiseveranstalter immer noch die Ausnahme dar. Sunwave hat eigens für Singles & Friends einen Sommer-Katalog nur für Alleinreisende und Freunde aufgelegt und die Reisen nach Altersgruppen unterteilt. Studiosus ist seit Jahren erfolgreich mit seinem Studienreisekatalog „Me & More". Frosch Sportreisen bietet auf Chalkidiki in Griechenland einen Sportclub während der gesamten Sommersaison exclusiv für Singles und Alleinreisende zwischen 25 und 42 Jahren an. Auf Teneriffa und La Gomera organisiert Aktivida spezielle Aktiv- und Funwochen für diese Zielgruppe.
Selbst das Traumschiff „Deutschland" legt für einige Routen Singlewochen auf, sogar halbe Doppelkabinen können wir jederzeit buchen und den Gentleman Host, natürlich nur zum Tanzen, gibt's auch noch gratis dazu.
Die im Buch beschriebenen Reisen sind entweder singlefreundlich oder gar reine Singlereisen, was bedeutet „Singles Welcome"! Die Reisen sind bestens auf die Bedürfnisse von Alleinreisenden abgestimmt und stehen proportional in einem guten Verhältnis zu dem Rest der Gruppe, bei einigen Themen wie bei den Reiter- oder Sprach-Reisen sind sie sogar in der Überzahl.

Bei den hier im Buch beschriebenen Reisen erfolgt die Unterbringung überwiegend in kleineren individuellen Häusern. Die Hotels, Pensionen und Gasthäuser bewegen sich im mittleren Preissegment und befinden sich fernab vom Massentourismus. Bei den Clubs: ROBINSON, ALDIANA und CLUBMED sind die Ferienanlagen natürlich großzügig gestaltet und befinden sich immer in parkähnlichen Anlagen, die in die natürliche Umgebung integriert sind. Denn nur so gibt's genügend Platz für die vielfältigen Einrichtungen, wie die Wellnesstempel, die Sportzentren, die verschiedenen Restaurants, die Entertainment-Bühnen u.v.m. – Bettenburgen suchen Sie in diesem Buch jedoch vergeblich!

Die Mehrzahl der in diesem Buch aufgeführten Reiseveranstalter bieten halbe Doppelzimmer (roomsharing) an, was den Vorteil hat, schon von Anfang an auf Gleichgesinnte zu treffen. Darüber hinaus wird hiermit der Geldbeutel entlastet, denn bekanntlich sind die Einzelzimmer-Zuschläge nicht gerade gering.

Einzelzimmer: Wer gern für sich bleiben möchte, sollte frühzeitig buchen, da Einzelzimmer **Tipp!** schnell ausgebucht sind!

Lieber gemeinsam als einsam: Das bedeutet aber nicht, dass Sie sich ständig in der Gruppe bewegen müssen. Je nach Reise-Art bleibt es Ihnen überlassen, ob Sie an den angebotenen Programmen teilnehmen wollen oder nicht. Selbst bei Rundreisen sind oft Programmtage vorgesehen, an denen Sie einfach faulenzen oder die Welt auf eigene Faust erkunden können.

Wie sich eine Reise-Gruppe altersmäßig zusammensetzt, hängt von den verschiedensten Faktoren ab: Reiseart, Standart bzw. Reisekomfort, die körperlichen Anforderungen und nicht zuletzt das finanzielle Budget haben Einfluss auf das Durchschnittsalter der Mitreisenden. Je einfacher und preisgünstiger die Reise, desto jünger das Publikum. Einfache Unterkünfte wie Zelte und Hütten werden eher von Jüngeren gebucht. Bei Themenreisen wie z.B. Golf-Kreativ- und Wellness-Reisen steht dagegen eher das jeweilige Thema im Vordergrund und das Alter der Reiseteilnehmer ist bunt gemischt. Bei Wander- und Rad-Reisen wird das Alter vorwiegend vom Schwierigkeitsgrad bestimmt.

Bevorzugte Reisemonate für Alleinreisende sind in der Regel Mai bis Juni und September bis November. Warum?… Erstens, weil außerhalb der Ferien, dadurch preiswerter und höheres „Singleaufkommen". Zweitens, weil es nicht zu heiß ist und deshalb besser für Sport geeignet.
Wer rechtzeitig bucht, hat die größere Chance, sich seine Wünsche zu erfüllen. Frühes Buchen ist besonders bei Fernreisen wichtig, da in vielen Ländern eine Visumspflicht besteht oder eine Gesundheitsvorsorge erforderlich ist.

Die meisten im Buch angegebenen Reisepreise sind Ab-Preise in Euro (ohne Gewähr) in der günstigsten Saison jeweils im halben Doppelzimmer.
Einzelzimmerzuschläge sind extra ausgewiesen. So bekommen Sie eine ungefähre Preisvorstellung für Ihre Traumreise.

Gruppenreisen finden nicht durchgehend das ganze Jahr über statt, die Termine richten sich nach Saison und Klima und sind im Reisebüro oder beim Reiseveranstalter zu erfragen.

Alle Adressen der Reiseveranstalter finden Sie am Ende des Buches.

Außerdem haben wir im Anhang ein Länderverzeichnis erstellt, damit Sie Ihr favorisiertes Land schneller finden können.

WIR MACHEN „LUST AUF REISEN"!

ERLEBNIS-REISEN ❀

SPURENSUCHE

Wir folgen den Spuren der Entdecker, blicken der Natur ins Herz und lernen wieder staunen.

„MORGEN GILT ES AUFS NEUE, DIE WIRKLICHKEIT DIESER WELT ZU ERFINDEN." (OCTAVIO PAZ)

Die bunte Welt der Abenteuer und Erlebnisse wollen wir bereisen, fremde Länder und Kulturen studieren. Den geheimnisvollen Stimmen des Urwaldes lauschen, Ausschau halten nach den „Big Five" in der afrikanischen Savanne, übernachten in Jurten bei Mongolen und kommen selbst mit den legendären Zügen ganz schön weit herum und ... vergessen den Rest der Welt! Auch wenn wir in der Gruppe unterwegs sind, vieles wird der Einzelne nur für sich alleine entdecken – die unverhoffte Begegnung mit seinen Träumen und Erinnerungen in der Stille eines meditativen Augenblicks. Neue Impressionen sind die schönsten Momente unserer Reisen. Erst dahinter beginnt die Spurensuche im fremden Land, der Dialog mit dem Unvertrauten, der Wunsch zu verstehen.
Nicht nur in weiter Fremde. Auch hier in Europa gibt es vieles zu entdecken und zu erforschen. Griechenlands klassische Antike und unsterbliche Helden. Atemberaubend schöne Landschaften, nicht nur in Italien, südfranzösische Lebensart in der Provence. Sagenumwobene Highlands in Schottland. Wir erleben Island zwischen Feuer und Eis und lassen uns in die Geheimnisse der Feen und Trolle einweihen. Nur die Neugier schafft bleibende Erinnerungen.

Lasst uns gemeinsam auf eine aufregende und unterhaltsame, manchmal fantasievolle, oftmals abenteuerliche, aber immer erlebnisreiche Weltreise gehen.

Hoch im Norden, auf den Spuren der Inuit fangen wir mit unserer Weltreise an. Kein Tag wird wie der andere sein. Immer wieder Neues, Überraschendes werden wir in GRÖNLAND erleben. Und genießen die einzigartigen Naturerlebnisse der größten Insel der Welt. Treibende Eisblöcke, tiefblaue Fjorde und die arktische Blumenpracht. Wir begegnen den Inuit, die von der Jagd auf Robben und Kleinwale leben. Schlendern durch Dörfer, vorbei an langen Reihen getrocknetem Stockfisch, bunt gestrichenen Häusern und jaulenden Schlittenhunden.
12 Tage ab 2745 €/EZZ auf Anfrage (HP)/WIKINGER

Von hier geht es dann schon mal etwas südlicher in *die Heimat der Elfen und Trolle* und auf die Insel zwischen Feuer und Eis, nach ISLAND. Drei Wochen haben wir Zeit, um auf der berühmten Ringstraße einmal um Island herumzukommen. Natürlich mit Abstechern zu den grandiosen Naturwundern und einem Besuch der Westmännerinseln. Am Snaefellsjökull stehen wir nach Jules Verne am Eingang zum Mittelpunkt der Erde. Wir bestaunen die größten Wasserfälle und Gletscher Europas. Die Seehundebank, Wal- und Vogelbeobachtungen stehen ebenso auf dem Programm wie die blubbernden Schwefelquellen, brodelnde Schlammlöcher und der zischende Geysir „Strokku". Steinwüsten, Gletscher und bunte Vulkanberge, aber auch fruchtbare Weiden erinnern uns an die geheimnisvollen Wikingersagen über Trolle und Elfen. Zeltreise mit Koch!
22 Tage ab 2298 €/Einzelzelt plus 189 € (VP)/WIKINGER

Wikinger hat ein VIELSEITIGES PROGRAMM AN ISLANDREISEN im Angebot.

TIPP!

Zum Aufwärmen geht's jetzt nach SCHOTTLAND / GROSSBRITANNIEN, nicht von außen, sondern von innen wollen wir uns aufwärmen. Auf einem Malt Whisky Trail erleben wir Schottland und seine Bewohner hautnah. Schottland, ein Land voller Natur- und Landschaftsabenteuer, mit zahlreichen Seen und imposanten Bergformationen, tiefgrünen Tälern, zerklüfteten, fjordreichen Steilküsten sowie der nordschottischen Gebirgs- und Wasserfallwelt. Diese archetypische Szenerie fasziniert uns vor allem eingebettet in eine mystische Regenstimmung, umhüllt von Nebelschwaden, aus denen Burgruinen, Schlösser und Herrenhäuser aufragen. Doch das, was Schottland einzigartig macht, ist der im Lande produzierte Whisky. Mehr als zweitausend verschiedene Blended-Whisky-Marken und rund hundertzwanzig reine Malts. Unterwegs mit einem wahren Whisky-Kenner, lernen wir bei VIP-Führungen in speziell ausgesuchten Highland-Brennereien die Geheimnisse der klassischen Geschmacksrichtungen und seine schönsten Veredelungen kennen. Als gelungenen Abschluss öffnet der wohl hochrangigste Whisky-Club der Erde, die Scotch Malt Whisky Society, ihre Türen exklusiv für uns.
9 Tage ab 1650 € / EZZ 240 € (HP) / IKARUS

Ab ins Kloster ... heißt es nun für die Frauen!
In unserer lauten, hektischen Welt sind Orte, an denen Frauen zu sich selbst finden können, selten geworden. Doch es gibt sie! Einer dieser Orte ist die Benediktinerinnenabtei vom Heiligen Kreuz. 56 Frauen zwischen 30 und 94 Jahren leben und arbeiten hier. Die Abtei liegt auf dem alten Burgberg des kleinen Dörfchens Herstelle / Beverungen an der WESER / DEUTSCHLAND. Wir wohnen im neuen Gästehaus in Einzelzimmern, die mit Dusche und WC ausgestattet sind. Herstelle liegt im Weserbergland, einer abwechslungsreichen, beschaulich hügeligen Mittelgebirgslandschaft. Wer in der Natur zu Hause ist, gern wandert oder spazieren geht, findet hier erholsame und ruhige Wege. Eine Woche an einem Ort, der ganz besonders im Sommer dazu einlädt, den Alltagsstress zu vergessen, Abstand zu gewinnen und neue Kräfte zu sammeln.
1 Woche ab 550 € im EZ (VP) / FRAUENREISEN HIN UND WEG

Abseits des Mainstream wollen wir BULGARIEN kennen lernen. Durch die Rhodopen ruckeln wir mit der Schmalspurbahn – mit einem fantastischen breiten Panorama. Wir machen Urlaub bei Orpheus und wandern und picknicken in den Wäldern. Übernachten mal bei den Mönchen, sind zu Gast bei einheimischen Familien und probieren Jogurt vom Büffel. Nicken heißt hier „nein" und Kopfschütteln „ja".
8 Tage ab 699 € / EZZ 100 € (F / tlw. HP) / MARCO POLO

Ab in die Walachei geht unsere nächste Reise. Neben BUKAREST / RUMÄNIEN, steht auch Hermannstadt – einst Schutzwall aller Christen und 2007 Kulturhauptstadt Europas – auf dem Programm. In Schäßstadt wird das Geburtshaus von Dracula besucht. Hier heißt es Pferde satteln, Wagen anspannen – und rein ins transsilvanische Grafengefühl, durch Wälder und Hügel. Schnell noch Knoblauch einpacken, für alle Fälle! Denn wir wollen uns die Törzburg, wo Dracula einst sein Unwesen trieb, ungestört anschauen. Entspannung pur gibt's dann für die letzen drei Tage in Venus am Schwarzen Meer. Wir unternehmen einen Ausflug nach Constanza, dem einstigen Völkertreffpunkt der Griechen, Römer und Osmanen. Bei einem Bootstrip ins Donaudelta, hier an der Grenze zur Ukraine, treffen wir auf ein weithin

unberührtes Naturparadies mit unglaublicher Vielfalt: Schilfinseln, Binnenseen, Lagunen, Sümpfe, Eichenwälder, Sanddünen und unzählige Vogelarten.
11 Tage ab 899 €/EZZ 180 € (HP)/**Marco Polo**

Apropos **Ukraine**, es wird höchste Zeit, dass wir dieses schöne Land, das nach Russland das zweitgrößte europäische Land ist, einmal besuchen. Die Namen Kiew, Odessa, Jalta, Lemberg, Tschernowitz und die Krim sind uns durch die vielen politischen Ereignisse längst ein Begriff; und spätestens seit dem letzten European Song Contest, als uns im Fernsehen Ausschnitte aus diesem schönen Land gezeigt wurden, war ich bestimmt nicht die Einzige, die gedacht hat: „Da möchte ich auch mal hin!"
Aus den Trümmern des sowjetischen Vielvölkerstaats mit imponierender Einheit hervorgegangen, ist dieses landschaftlich, kulturhistorisch und anthropologisch begeisternde Land bei uns nach wie vor nahezu unbekannt.
Wir besuchen Lemberg, Tschernowitz, einst ein kosmopolitischer Außenposten des Habsburger Reichs, Kiew und Odessa mit ihren vielen Palästen, Kirchen und Museen und probieren natürlich auch einen ordentlichen Schluck Wodka. Auf der Krim haben wir eine Woche Zeit, um uns das Schwalbennest, den Massandra-Palast, den Palast der Khane, das Maria-Verkündigungs-Kloster und die Höhlenstadt Tschufut Kale anzuschauen. Zwischendurch gibt's immer wieder genug Zeit zum Baden.
14 Tage ab 2290 €/EZZ 460 € (HP)/**Ikarus**

Mit Singles only sind wir in „Mia bella Napoli", unserem nächsten Ziel. Sonnenüberfluteter **Golf von Neapel/Italien**. Atemberaubende Ausblicke während unserer Fahrt auf der Amalfitana – schönste Küste der Welt. Vorbei am mondänen Positano, dann weiter, um die subtropische Blütenpracht und die paradiesischen Ausblicke auf die Gärten von Ravello zu genießen. Wir wandern über Lavafelder hinauf zum Kraterrand des Vesuv. Wenige Augenblicke genügten beim gewaltigen Vesuvausbruch 79 n. Chr., um das blühende Leben der Stadt Pompeji auszulöschen. In den Ruinen der Stadt erkennen wir auch heute noch anhand der gut erhaltenen oder wiederaufgebauten luxuriösen Privathäuser, Thermen und Freudenhäuser, wie die Stadt einst liebte und lebte. Mit einer Fähre unternehmen wir dann Inselhopping: Auf der berühmten Insel Capri besuchen wir auf Anacapri die Villa San Michele, fahren mit der Gondel auf den höchsten Berg und genießen einen atemberaubenden Blick auf den Golf von Neapel. In die Blaue Grotte werden wir auch noch paddeln. Wer will, kann zur verträumten Insel Procida fahren oder einen Wellnesstag auf der Thermalinsel Ischia einlegen.
10 Tage ab 1600 €/EZZ 180 € (HP)/**me & more bei Studiosus**

Dann geht es wieder nur *mit Singles only* auf den **Kykladen/Griechenland** weiter.
Paros mit seinen sanften Hügeln und endlosen Stränden begegnet uns mit einer heiteren Atmosphäre. Beim Bummeln durch den pittoresken Fischerhafen steigt uns plötzlich ein einladender Duft von Knoblauch und frischem Fisch in die Nase. Unsere Blicke treffen auf eine kleine urige Fischertaverne, hier werden die Oktopoden noch auf einer Wäscheleine direkt über den Köpfen der Gäste getrocknet. Schnell lassen wir uns auf einer noch freien Holzbank nieder und genießen die frisch gebratenen Tintenfischringe in Begleitung eines Ouzo, im

Hafenbecken neben uns dümpeln bunte Fischerboote in der Abenddämmerung, Griechenland, so lieben wir dich ... Llamas!

Der Vulkan von Santorin stürzte durch eine gewaltige Explosion vor dreieinhalbtausend Jahren in sich zusammen und eine Insel versank fast vollständig im Meer. Senkrecht steigen die Felsen aus dem Wasser; 400 m ü.M. kleben die weißen Würfelhäuser an ihrem Saum. Wir schlendern auf der Caldera in Richtung Oia, dem westlichsten Punkt der Insel, vorbei an den berühmten Höhlenwohnungen, und genießen dabei den atemberaubenden Blick auf das tief unter uns liegende dunkelblaue Meer. Die immer tiefer sinkende Sonne lässt die bizarren Felswände, die weiß-blauen Häuser und das Meer in allen erdenklichen Farbschattierungen erleuchten. Während Menschen aus aller Welt hektisch ihre Stative auf dem Kraterrand hin und her positionieren, genießen wir in Begleitung mystischer Klänge, die aus den Cafés erklingen, unseren Sundowner.

Naxos ist die größte aller Kykladeninseln und die abwechslungsreichste dazu. Wir bummeln durch die schmalen Altstadtgassen der Chora und zum alten Kastro. Bei einer Inselrundfahrt treffen wir immer wieder auf fast menschenleere weiße lange Sandstrände, die zum Baden einladen. Wir fahren ins Hügelland der Tragea und wer gut zu Fuß ist, wandert auf einem alten Eselspfad hinab zur Bucht von Apollon zu einem steinernen Gott, der hier seit 2500 Jahren liegt.

Delos, der sagenhafte Geburtsort der Götter Apollon und Artemis.

Mykonos – Mekka der Jeunesse dorée. Hier ist viel los, doch das Inselstädtchen hat seinen Charme bewahrt; enge Gassen und schneeweiße Häuser, Windmühlen und bunte Treppengeländer.

15 Tage ab 2035 € im EZ (HP)/ME & MORE BEI STUDIOSUS

Zu unseren Entdeckungen aus *9000 Jahren zyprischer Geschichte* in NORDZYPERN zählen: die Römerstätte Salamis, die mittelalterlichen Bergfestungen St. Hilarion, Buffavento und Kantara. Außerdem schauen wir uns auch noch die byzantinische Klosterruine Antifonitis an. Zwischendurch wandern wir im Besparmak-Gebirge und an der Küste. Erfahren Spannendes über Pflanzen, Tiere, Ökologie, Mythologie sowie über die Musik Zyperns. In Girne, Nicosia und Famagusta schlendern wir durch die historischen Altstädte. Nach Kiefern und Zypressen duftenden Wald finden wir in der Bergregion und einsame Küstenlandschaften und kaum besuchte schöne Sandstrände am Meer. Viele Zugvögel machen im Frühjahr und Herbst auf Zypern Station.

Jahrhunderte der Fremdherrschaft haben auch in der außergewöhnlich vielfältigen zyprischen Küche ihre positiven Spuren hinterlassen. Die Menschen Nordzyperns pflegen eine orientalisch-mediterrane Gastfreundschaft und Hilfsbereitschaft, die in den meisten touristischen Gebieten längst verloren gegangen ist. Wir wohnen in sehr guten Hotels, 8 Tage in Girne am Meer und 6 Tage in Famagusta an der Ostküste direkt am Sandstrand. „Hos Geldiniz" (Herzlich willkommen).

2 Wochen ab 1420 €/EZZ 190 € (F/8 x HP)/LUPE

Abseits üblicher Touristenpfade lernen wir jetzt auch noch die wenig besuchte NORDOST-TÜRKEI kennen. Wir bewegen uns auf den Spuren von Urartäern, Griechen, Byzantinern, Seldschuken, Armeniern und Georgiern. Dabei haben wir viel Kontakt zur traditionell lebenden Bevölkerung.

Im waldreichen Kackar-Küstengebirge thront das Felsenkloster Sumela wie ein Adlerhorst am Fels, im Bergdorf Ayder lockt ein Bad im heißen Thermalbad. Wir lernen den Teeanbau am Schwarzen Meer kennen und besuchen eine Teefabrik. Zwei Tage wohnen wir herrlich am Ufer des Van-Sees und erkunden die Akdamai-Insel. In Trabzon, Erzurum, Van und Kars finden wir lebendige, moderne Innenstädte. Neben kurzen Wanderungen durch biblisch anmutende Landschaften wie am Fuße des Ararat ist eine Bergwanderung mit 700 Höhenmetern oberhalb der Wandgrenze im Kackar-Küstengebirge vorgesehen. Unser Reisebegleiter ist Lupe-Reisen-Gründer Axel Neuhaus persönlich, er kennt die Türkei bestens durch viele Aufenthalte in diesem faszinierenden Land. Neben 3-Sterne-Hotels übernachten wir auch in einer Bergpension und logieren in allen Unterkünften mindestens 2 Nächte.
2 Wochen ab 1380 €/EZZ 180 € (4 x F / 10 x HP)/**LUPE REISEN**

FLUGANGST? ... Macht nichts, mit dem Zug kommen wir auch ganz schön weit!

Wir fahren *mit dem Zug der Züge*, Europas Nr. 1, dem „Zarengold", entlang der Strecke der Transsibirischen Eisenbahn. Von **MOSKAU / RUSSLAND** über die **MONGOLEI** nach **PEKING / CHINA.** Wie in der goldenen Zarenzeit fühlen wir uns auf dieser Sonderzugreise auf der längsten Bahnroute der Welt. Durch die Weiten Russlands, die Wüste Gobi/Mongolei bis nach Peking/China werden wir mit einem Highlight nach dem anderen belohnt.
Doch bevor es losgeht, schauen wir uns noch Moskau an. Dann rollen wir in den Waggons des russischen Regierungszuges stressfrei und bequem von Moskau über den Ural und durch die sibirische Taiga zum Baikalsee, vorbei an farbenfrohen Zwiebelkuppeln und prachtvollen Holzbauten, entlang endloser Wälder und ursprünglicher Steppen. Von Irkutsk aus geht es südlich durch die sanften Hügel der Mongolei und durch die Wüste Gobi nach Peking. Natürlich sitzen wir nicht die ganze Zeit nur im Zug, sondern werden unterwegs viele Highlights mitnehmen. Eine Stadtrundfahrt in Kasan und Nowosibirsk, Schiffsfahrten auf der Wolga, auf dem Ob und auf dem Baikalsee sowie eine Stadtbesichtigung in Ulaanbaatar (Hauptstadt der Mongolei) stehen auf dem Programm. Wir unternehmen einen Ausflug zu einer Jurtensiedlung (zeltähnlich) der Viehzüchternomaden. Die Chinesische Mauer, die Superstadt Peking und die Verbotene Stadt sind weitere Höhepunkte unserer Reise. Die Transsibirische Eisenbahn ist mit dem Sonderzug noch interessanter und vor allem komfortabler geworden. Unsere Reise wird von einer deutschen Chefreiseleitung begleitet, ein Arzt ist ebenfalls im Zug.
16 Tage ab 3420 € (VP)/**LERNIDEE ERLEBNISREISEN**

Der Reiseveranstalter Lernidee hat weltweit das umfangreichste Sonderzugreisenprogramm **TIPP!** im Angebot. Allein mit der **TRANSSIBIRISCHEN EISENBAHN** können wir vom ganz einfachen Reisezug bis hin zum luxuriösen Sonderzug, dem **„ZARENGOLD"**, reisen.

In **CHINA** *angekommen*, schauen wir uns die bedeutendsten Städte etwas genauer an. Die Pracht der Kaiserstadt Peking und den Glanz der Supermetropole Shanghai muss man mit eigenen Augen gesehen haben. Die Verbotene Stadt und der ehemalige Kaiserpalast im Herzen von Peking sind unser erstes Highlight. Nördlich der Hauptstadt zieht sich die Große Mauer, gebaut vor 2000 Jahren und einziges Bauwerk, das auch vom Mond aus zu sehen ist, über die Berge Nordchinas hin und gehört mit einer Länge von 6000 km zu den Sieben Weltwundern.

Abschließend reisen wir in die pulsierende Metropole Shanghai, bummeln durch die Altstadt und lassen uns von der Gartenbaukunst Chinas beeindrucken, wie sie im berühmten Yu-Garten verewigt wurde. Vom höchsten Fernsehturm Asiens aus haben wir einen grandiosen Ausblick auf das ständig wachsende Stadtbild.
1 Woche ab 955 € / EZZ 180 € (F)/ **Gebeco**

Tipp! Gebeco hat ein sehr umfangreiches China-Angebot im Programm!

Alle wollen hin ... und wir auch! Und das zu einer preisgünstigen Variante von Ikarus! Eine kontrastreiche Palette an Sehenswürdigkeiten und landschaftlicher Vielfalt erleben wir in den **Vereinigten Arabischen Emiraten** (VAE). Die Emirate haben mehr als erstklassige Hotels, lange Sandstrände, großzügige Einkaufszentren und stets wachsende Metropolen mit einem unaufhaltsamen Bauboom zu bieten. Landeinwärts besuchen wir den Liwa oder Buraimi/Al-Ain Oasen, Heimat der Herrscherfamilien Abu Dhabis und Dubais, und entdecken noch das ursprüngliche, vom Beduinenleben geprägte Arabien.
Auf der privaten arabischen Halbinsel Sir Baniyas besichtigen wir die einzigartige Tierwelt. Weiter geht es zur Hauptstadt Abu Dhabi, dort unternehmen wir einen Ausflug in die Liwa-Oase. Über Al-Ain erreichen wir Dubai, das wohl bekannteste und modernste Emirat. Auf dieser Reise erfahren wir, wie Tradition und Moderne in Harmonie verschmelzen. Eine Angebotspalette, die von spektakulären Naturschauspielen über alte Kultur bis hin zum modernen Konsumparadies reicht. Wer genügend Taschengeld dabei hat, kann auf den großen Basaren feilschen, was das Zeug hält, und so manche Kostbarkeit erstehen.
1 Woche ab 995 € / EZZ 240 € (F)/4 – 5-Sterne-Hotels wohlgemerkt./ **Ikarus**

Tipp! Badeverlängerung in Dubai oder Abu Dhabi ist möglich.

Tipp! Vereinigte Emirate preiswert von Ikarus

Jetzt gönnen wir uns mal etwas ganz Besonderes und erleben die höchsten Gipfel der Welt von der Vogelperspektive aus. Und zwar von einem Ballon aus, mit dem berühmten österreichischen Ballonfahrer Wolfgang Nairz. Bereits in den Jahren 1994 und 2003 hat Wolfgang Nairz Ballonfahrten in **Nepal** organisiert und erfolgreich durchgeführt.
Namaste ... willkommen in Nepal. Gemächlich treiben wir von Kathmandu aus über die Dächer und Pagoden der alten Königsstadt Bhaktapur, wo wir von der Bevölkerung sehr herzlich begrüßt werden. Unvergesslich werden uns die Ballonfahrten bei Pokhara sein, wenn – kurz nach dem Phewa-See – hinter den Hügelketten die Gipfel des westlichen Himalaya immer größer in unser Blickfeld rücken und uns zum Greifen nahe der Dhaulagiri, Annapurna, Manaslu und Machhapuchar erscheinen. Morgens beobachten wir vom Ballon aus über dem sehr grünen Chitwan-Nationalpark die Arbeitselefanten beim morgendlichen Bad und nachmittags gehen wir vor Ort im Nationalpark auf die Pirsch. Außerdem bleibt uns viel Zeit, um auch Land und Leute, Kultur und Religionen kennen zu lernen. Eine ganz besondere Reise, die natürlich auch einen besonderen Preis hat.
17 Tage ab 5.950 € (F / tlw. VP)/ **Hauser-Exkursionen**

Frauen unter sich im geheimnisvollen TIBET. Es ist eines der faszinierendsten Reiseziele unserer Erde. Atemberaubende Landschaften auf dem tibetischen Hochplateau mit seinen sich darüber erhebenden Siebentausendern, klare Hochgebirgsseen und riesige Flüsse. Nomaden mit ihren Tieren und die Herzlichkeit und Freundlichkeit der tibetischen Bewohner, eine einzigartige Klosterkultur und als Höhepunkt Lhasa – „Stadt der Götter". Die Reise schließt neben Zentraltibet auch das historische Amdo ein, das nordöstliche Tibet, heute die chinesischen Provinzen Qinghai und Gansu. Hier wurden bedeutende Klöster gegründet und viele wichtige Persönlichkeiten des Lamaismus stammen von dort. Gleichzeitig ist eine Reise, die in Amdo beginnt, auch verträglicher, da man sich langsam an die enormen Höhenunterschiede gewöhnt.
19 Tage ab 3600 €/EZZ ab 440 € (VP)/**FRAUENREISEN HIN UND WEG**

ERWÄHNENSWERT: *„Palast der Winde"*
Im Zentrum von Jaipur, der am häufigsten besuchten Metropole Rajasthans mit ihren farbenfroh gekleideten Einwohnern, erhebt sich der Hawa Mahal, der „Palast der Winde", der jedoch keineswegs ein Palast, sondern vielmehr eine prachtvolle Fassade ist. Die fast 1000 Fenster erlauben es den Damen des Hofes, das Treiben auf der Straße zu beobachten, ohne selbst gesehen zu werden.

Wir wollen lieber sehen und gesehen werden auf unserer Palastreise nach Rajasthan im Norden INDIENS.
Von Delhi aus nehmen wir den Nachtzug zur eindrucksvollen Wüstenstadt Bikaner. Eine besondere Atmosphäre empfängt uns hier. Überall auf den Märkten, in Tempeln und Havelis begegnen uns farbenprächtig gekleidete Rajasthanis. Im Fort der Junagarh-Festung schlendern wir durch enge Treppenfluchten zu gepflasterten Höfen und bewundern die mächtigen Festungsmauern und die bemalten Galeriengänge. Weiter geht's zum Karni-Mata-Tempel (Rattentempel) und einer Kamelfarm in Deshnoke. Ein großes mittelalterliches Fort, das wie aus dem Nichts plötzlich aus der Wüste auftaucht, überrascht uns in Jaisalmer.
Wer endlich mal nach Herzenslust einkaufen möchte, ist in Jodhpur, auf den vielen Basaren, gut aufgehoben. Hier werden die attraktiven Handwerksprodukte Rajasthans noch auf traditionelle Weise hergestellt. Eine wahre Schatzkammer prächtiger Paläste, Tempel und Havelis sowie malerische Seen erwarten uns in der Sonnenaufgangsstadt Udaipur. Ehrfürchtig schreiten wir durch die mit über 1000 Marmorsäulen gestützten Hallen des wohl schönsten und größten Jain-Tempels Indiens.
Auf unserem Weg nach Jaipur machen wir einen Stopp in Pushkar, hier findet auch einmal im Jahr das große Pushkar-Fest statt. Eine fürstliche Übernachtung in einem ehemaligen Schloss des Maharadschas erwartet uns. „Pink City" wird Jaipur wegen des rosafarbenen Anstrichs der Häuser genannt. Den berühmten Palast der Winde und den Stadtpalast, Wohnsitz der königlichen Familie, werden wir uns anschauen. Wer will, kann sich auf dem Rücken eines Elefanten gemächlich zum Amber-Fort hinauftragen lassen. Den letzten Höhepunkt der Reise erleben wir dann in Agra. Das berühmteste Grabmal der Welt, das Taj Mahal, wurde ganz aus Marmor erbaut. Nicht nur im Sonnenschein, auch abends im Mondlicht ein atemberaubender Anblick, den sich keiner entgehen lassen sollte.
19 Tage ab 1595 €/EZZ 275 €/**DJOSER**

Andere Länder, andere Sitten!

BOLLYWOOD – GEFÜHLSMASALA

Nun auch im deutschen Wohnzimmer übers Fernsehen erlebbar, können wir auf unseren Indienreisen dieses Gefühlsmasala auch einmal im Original erleben. Von jedem Bus und jeder Hauswand in Indien blicken die Kinohelden der Stunde siegessicher auf die Passanten herab. Aus jedem Radio und jedem Fernseher ertönen die Lieder, ohne die kein Film vorstellbar wäre. Und das erste Wort, das wir auf Hindi lernen, ist „Dil" (Herz). Die farbenfrohe Ausstattung, die in einen Familienkonflikt eingebettete Lovestory mit Hang zum erhabenen Kitsch und die vielen Gesangs- und Tanzszenen vermitteln uns hier zu Lande lediglich einen Vorgeschmack auf einen richtigen Hindi-Blockbuster. Diese Filme folgen einer eigenen indischen Dramen-tradition, die auf das Heilige Buch der Dramaturgie zurückgeht. Das Werk entstand vor ca. 2000 Jahren und widmet sich der ästhetischen Lehre von den Gemütsstimmungen.

In Mumbai (Bombay) begann 1896 die Kinogeschichte Indiens und wuchs zu einer erfolg-reichen Filmindustrie, „Bollywood" (abgeleitet von Hollywood), heran.

Auch während der Vorstellungen in den riesigen Kinos (bis über 1000 Sitzplätze) herrscht großes -Gefühlsmasala-. (Masala ist ein Currypulver bestehend aus vielen verschiedenen Gewürzen.) Es wird hemmungslos mit den Leinwandhelden geweint, gelacht und applaudiert und die Widersacher der Helden ernten Pfiffe und Beschimpfungen ...

Von hunderten Palästen in Indien kommen wir zu tausenden von Tempeln in MYANMAR (Burma) und zur größten zusammenhängenden Tempelanlage Angkor Wat in KAMBODSCHA. Zweifellos gehören Bagan, „Glaube in Stein", und Angkor, „Paläste der Götter", zu den ar-chitektonischen Glanzlichtern Südostasiens. In den zahlreichen Bauwerken spiegelt sich die Weltanschauung ihrer Erbauer wider. Sind die Pagoden Bagans Ausdruck der Hoffnung auf eine bessere Wiedergeburt, so sollen die Tempel Angkors Heimstatt der Götter sein. Zwi-schen dem 11. und 13. Jh. nahezu zeitgleich entstanden, demonstrieren beide Tempelstädte auf jeweils eigene Weise die Macht der Könige. Auch wenn sie seit Jahrhunderten in Ruinen liegen, spielen sie für das Selbstverständnis der Burmesen und Kambodschaner heute noch eine enorm große Rolle.

Doch zunächst landen wir in Yangon, besichtigen die berühmte Shwedagon-Pagode, das Nationalmuseum mit dem berühmten Löwenthron aus dem Königspalast von Mandalay, den „Liegenden Buddha" und mischen uns auf dem Markt unter die Einheimischen. Die schwimmenden Gärten vom Inle-See lernen wir bei einer Bootsfahrt kennen und bestaunen die kunstvolle Rudertechnik der Inthas auf ihren Langbooten. In Mandalay besichtigen wir die Kuthodaw-Pagode und das Goldene Palastkloster. In Bagan schauen wir auf ein Pagodenmeer bis zum Horizont. Mit über 2300 Tempeln und Pagoden ist Bagan einer der kunsthistorisch bedeutsamsten Orte Südostasiens.

Von Yangon fliegen wir nach Phnom Penh, Hauptstadt Kambodschas, am Zusammenfluss von Mekong und Tonle Sap. Hier besuchen wir den Königspalast und das Nationalmuseum, das weltweit die umfangreichste Sammlung der Khmer-Kunst beherbergt. Weiter geht's nach Siem Reap. Drei Tage haben wir Zeit, um uns in Ruhe die wichtigsten Tempelanlagen von Angkor Wat, Bauwerk der Khmer-Klassik, anzuschauen.

16 Tage ab 2935 €/EZZ 320 € (HP)/**DR. TIGGES**

Nach so vielen Palästen, Tempeln und Pagoden brauchen wir jetzt mal was völlig Entspanntes! Da bietet sich das Nachbarland THAILAND mit dem Thema *„Natur und Baden"* geradezu an. Der lang gestreckte Süden Thailands mit immer grünen Regenwäldern, über 21.000 km Küstenlinie mit weißen palmenbewachsenen Stränden und farbenprächtigen Korallenriffen ist für viele Reisende eines der schönsten Gebiete Asiens und an manchen Stellen ist auch Südseeromantik pur zu spüren.
Doch „one night" müssen wir schon in dem pulsierenden Bangkok verbringen, bevor es in Richtung Entspannung geht. Sei es, um den „Goldenen Buddha", den „Schlafenden Buddha", den „Wat Phro", die Schwimmenden Märkte oder den Königspalast zu bestaunen.
Dann geht es Schlag auf Schlag, um die schönsten Strände und die atemberaubende Natur zu erleben. Schwimmende Hütten auf dem Ratchaprabha-See. In dem Provinzstädtchen Krabi gewährt uns eine einheimische Familie Einblicke in die thailändische Küche. Mit Booten fahren wir zu den traumhaften Stränden der Inseln Ko Poda und Chicken Island. Auf der ursprünglich gebliebenen Insel Ko Lanta, an einem der schönsten Strände der Insel, lassen wir unsere Seele baumeln. Auf Phi Phi Island genießen wir Südseeatmosphäre pur und zum Abschluss noch einmal Badefreuden auf der Insel Phuket.
20 Tage ab 1798 €/EZZ 250 € (F/4xM/2xA)/**WIKINGER**

Im tiefen Dschungel von BORNEO/MALAYSIA scheint die Natur mit einem endlosen Teppich aus verschiedenen Grüntönen ausgelegt zu sein. Zahlreiche Flüsse durchziehen den Regenwald wie ein Netz und sind vielerorts die einzigen Transportwege.
Wir dringen tief in den Dschungel von Sabah und Sarawak vor. Sichten fleischfressende Pflanzen, wunderschöne Orchideen, Riesenwarane und silberhaarige Languren. Eine aufregende Bootstour auf dem Lemanak-Fluss mit Stopps an kleinen Siedlungen am Flussufer endet an einem Langhaus. Hier übernachten wir bei den noch sehr traditionell und einfach lebenden Ibans, früher berühmt-berüchtigt als Kopfjäger von Borneo. Als ihre Gäste nehmen sie uns auf die Jagd in den Urwald mit, keine Kopfjagd – versprochen!
Im Similajau-Nationalpark lauschen wir den vielen verschiedenen Vogelstimmen des Urwaldes und baden im Meer, die weißen Sandstrände zählen zu den schönsten in Malaysia. Von Miri aus starten wir einen spektakulären Flug mit den kleinen „Twinotter" in den Gunung-Mulu-Nationalpark, hauptsächlich bekannt durch das faszinierende größte unterirdische Höhlensystem der Welt. Das Spektakel, wenn allabendlich Millionen von Fledermäusen aus der Deer Cave zur Jagd ausschwärmen, lassen wir uns nicht entgehen.
Den Mount Kinabalu in Sabah erklimmen wir, um von oben eine atemberaubende Aussicht über den endlos erscheinenden tropischen Regenwald bis hin zum Südchinesischen Meer zu genießen. Vom Boot aus beobachten wir, wie die „Holländer", Affen, die nur auf Sabah vorkommen, sich von Baumwipfel zu Baumwipfel schwingen. Krönender Abschluss unserer Reise ist ein Besuch bei den Waldmenschen, den Orang-Utans in Sepilok. Die letzten Tage verbringen wir auf der Insel Pulau Tiga inmitten des Meeresparks Taman Tunku Abdul Rahmen, wo prächtige Koralleninseln zum Schnorcheln einladen.
23 Tage 1735 €/EZ nicht möglich/**DJOSER**

Land der tausend Inseln, genauer gesagt 7107 und die größten Reisterrassen der Welt gehören zu den PHILIPPINEN. Mit dem Jeep und das letzte Stück zu Fuß suchen wir die Ifugao

in ihrem Dorf auf, sie sind die Erbauer der größten Reisterrassen der Welt (8. Weltwunder), aneinander gereiht würden sie die halbe Erdkugel umspannen. Allein diese Reisterrassen von Banaue, auf der Hauptinsel Luzon, zu sehen, ist schon eine Reise auf die Philippinen wert. Ihr Anblick gehört zum Großartigsten, was wir auf der Erde bewundern können. Doch um auch den Eigencharakter dieses Archipels noch deutlicher zu erleben, werden wir „Gottes kleines Paradies", wie die Einheimischen ihre Insel Bohol nennen, kennen lernen. Die Chocolate Hills, eine merkwürdige Formation von über tausend einheitlich geformten Sandsteinhügeln, die sich wie überdimensionale Schokoladentropfen über einem Plateau erheben, mit seinem überwuchernden Cogon-Gras, welches sich während der Trockenzeit schokoladenbraun färbt. Einen Bootstrip auf dem palmengesäumten Loay River sowie einen Erholungs- und Badetag genießen wir an einem weißsandigen Strand. Weiter geht's auf die Nachbarinsel Cebu mit ihren zahlreichen Traumstränden. Im Jahre 1521 soll hier Magellan, im Rahmen der ersten Weltumseglung, seinen Tod gefunden haben, worauf das über 400 Jahre alte Kreuz von Cebu City hinweist.
15 Tage ab 2295 €/EZZ 480 €/**IKARUS**

Lasst uns an den Rand Asiens reisen und – das Land der Hohen Schönheit entdecken. Berglandschaften, Meisterwerke buddhistischer Baukunst und moderne, pulsierende Städte. Tradition und Fortschritt prägen das Land **KOREA** ebenso wie Buddhismus, Konfuzianismus und Schamanismus.
Das Stadtbild Seouls wird geprägt durch uralte, heilige Tempel und atemberaubende Wolkenkratzer, die bis in den Himmel zu ragen scheinen. Von dem berühmten Seoul-Tower genießen wir den einmaligen Blick aus der Vogelperspektive über die Dächer der Stadt.
Der größte buddhistische Tempel des Landes – Tongdosa – beherbergt die Almosenschale, einen Teil des Gewandes und auch Knochenfragmente des historischen Buddhas. Als Südkoreas „Tor zur Welt" wird die Hafenstadt Busan bezeichnet, wo wir auf einem der größten Fischmärkte Asiens südländische Atmosphäre erleben. Auf der Küstenstraße erreichen wir schließlich den Seoraksan-Nationalpark, eines der schönsten koreanischen Gebirge, und werfen von einer Aussichtsterrasse einen Blick über die Grenze nach Nordkorea. In dem Jongmyo-Schrein, ältester authentischer konfuzianischer Schrein (Weltkulturerbestätte) schauen wir uns die königlichen Ahnentafeln an.
2 Wochen ab 3450 €/EZZ 790 € (HP)/**DR. TIGGES**

Lächeln, immer lächeln, dieses japanische Lebensmotto wollen wir jetzt auch mal probieren, tut nicht nur unserer Seele, sondern auch unserer Gesichtsmuskulatur gut!
Die Gegensätze des **JAPANS** von heute und damals: dynamische Metropolen und reizvolle Landschaftsformen, schneebedeckte Berge und lange zerklüftete Küsten, wunderschöne Landschaftsgärten und traditionsreiche Kultur inmitten einer modernen Hightech-Welt.
Aber nicht nur lächeln, auch Gas geben ist für diejenigen angesagt, die möglichst viel vom Heute und Damals mitbekommen wollen. Gerade das Damals: Unzählige Tempel, Schreine und Paläste, ein goldener und ein silberner Pavillon wollen besichtigt werden.
In Tokio, Japans quirliger Hauptstadt, verschaffen wir uns einen ersten Eindruck – hoch oben von der Aussichtsplattform des Rathauses – von der 12-Millionen-Metropole. Mit dem Boot fahren wir auf dem Sumida-Fluss nach Asakusa und mit der U-Bahn ins moderne und

angesagte Stadtviertel Shibuya mit seinen exklusiven Boutiquen, Kaufhäusern und schicken Cafés, in denen wir verschnaufen und „Leute gucken" können.

Mit dem berühmten Superexpresszug düsen wir in die Bergwelt des Nikko-Nationalparks. Dann fahren wir in die einzigartige Naturkulisse des Hakone-Nationalparks mit dem bezaubernden Ashi-See; bei klarer Sicht bieten sich hier fantastische Impressionen auf den heiligen Fuji. In Hiroshima besuchen wir den Friedenspark und gehen auf kulinarische Entdeckungsreise. Kyoto, ehemalige Hauptstadt Japans und Schatzkammer unzähliger Kulturgüter, wird auch „Stadt der Tempel und Gärten" genannt. Hier können wir es mal mit Meditation auf einem Philosophenpfad versuchen. Ach ja, und Nara, die erste Hauptstadt Japans, dürfen wir auf keinen Fall auslassen, hier steht Japans Wiege der Kultur.

11 Tage ab 2395 €/EZZ 320 € (F)/**GEBECO**

Nicht nur mit einem Lächeln, sondern auch *in einer lustigen Runde* für alle jungen und jung gebliebenen Menschen führt uns diese Reise zu den wichtigsten Sehenswürdigkeiten der **OSTKÜSTE AUSTRALIENS**. Eine ereignisreiche Tour mit Fun und Action!

Um gleich in die richtige Stimmung zu kommen, beginnen wir die Reise mit einer Weinprobe im Hunter Valley. Die Supercoolen unter uns nehmen am nächtlichen Rafting auf dem Barrington River teil oder probieren Wildwasser-Kayaking. Auf der Fahrt nach Byron Bay machen wir kurz Halt in Myall Creek, einer Versammlungsstätte der Aborigines. Mal sehen, vielleicht entlocken wir ihnen ja das ein oder andere Geheimnis aus vergangenen Tagen? Zeit, das kleine Städtchen Byron Bay mit seinen Traumstränden zu erkunden. In der malerischen Hippie-Stadt Nimbin machen wir einen Stopp, bevor es weiter durch Surfers Paradise an die Gold Coast nach Brisbane geht. Am Rainbow Beach lernen wir, wie das berühmte australische Didgeridoo hergestellt und gespielt wird. Auf einer 2-tägigen geführten Safari im Allrad-Truck erkunden wir Fraser Island, hier konnten sich Tiere, die auf dem Festland bereits ausgestorben sind, erhalten. Die Insel wurde von der UNESCO zum Weltnaturerbe erklärt und ist die größte Sandinsel der Welt. Kängurus und andere wild lebende Tiere entdecken wir auf einer Motorrollertour und erleben das echte Leben im Outback. Von Airlie Beach aus, dem Tor zu den Whitsundays, starten wir einen kurzen Segeltörn durch die idyllische Inselgruppe. Für zwei Tage lassen wir es uns auf der 75 Fuß langen Yacht so richtig gut gehen. Unsere nächste Station ist Magnetic Island, eine Fülle an wild lebenden Tieren, u. a. Koalas, werden wir auf unserem Spaziergang beobachten können. Während unseres Segeltörns sowie auf Magnetic Island haben wir Gelegenheiten zum Tauchen oder Schnorcheln.

Die Krokodile auf der Johnstone-River-Krokodilfarm lassen wir nicht aus den Augen, auch wenn sie träge in der Sonne dösen, wer weiß, vielleicht tun sie nur so. Für einen richtigen Nervenkitzel sorgt der angebotene Bungee-Sprung oder eine Minjin Swing, muss ja auch nicht jeder mitmachen! Die Tour endet in Cairns. Da es sich bei der Tour um eine Zusammenstellung verschiedener Module handelt, kommt es vor, dass wir nicht immer mit demselben Reiseleiter und derselben Gruppe zusammen sind. Englische Sprachkenntnisse erforderlich, da englischsprachiger Reiseleiter und internationale Gruppe.

16 Tage, Eigenanreise, ab 1700 € im EZ (tlw. Vpfl.)/**BOOMERANG**

SPAREN: Im Mehrbettzimmer gibt's einen Preisnachlass von 15 %.

TIPP!

Eine weitere Australienreise für Youngsters bis 35 Jahre oder die, die sich so fühlen!
11 Tage „Rock'n'Top" ist eine Rundreise zum Northern Territory. Von Alice Springs / Ayers Rock
bis hinauf nach Darwin. Bei Eigenanreise, ab 1160 € im DZ und ab 760 € im 4-Bett-Zimmer.

TIPP! Boomerang hat ein sehr UMFANGREICHES AUSTRALIEN-ANGEBOT, und nicht nur für Youngsters.

Einen Sprung weiter und wir sind bei den Kiwis in NEUSEELAND – *am schönsten Ende der
Welt*! Urwälder und weiße Strände erwarten uns auf der Nordinsel. Majestätische Alpen und
stille Fjorde beeindrucken uns auf der Südinsel. Hier bekommen wir Abstand vom grauen
Alltag und vergessen den Rest der Welt. Nicht umsonst wurde hier der Mammutfilm „Herr
der Ringe" gedreht. Was inspirierte den Regisseur wohl am meisten, seinen Film vor dieser
spektakulären Naturkulisse zu drehen? Waren es die einzigartige, zum Teil prähistorische
Flora und Fauna auf beiden Inseln? Die 2000 Jahre alten gigantischen Kauri-Bäume? Die rauschenden Wasserfälle an steilen Felswänden beim Milford Sound? Oder wurde er angelockt
von dem kochenden Schlamm, den heißen Mineralquellen und den plötzlich aus der Erde
schießenden Geysiren? Überall brodelt und blubbert es in der Gegend um Rotorua. Bestimmt
gehörte auch der Fox-Gletscher dazu, der direkt am tiefgrünen Regenwald liegt und seine
weißblauen Eismassen bis zur Küste wälzt.
Doch zunächst einmal landen wir in Auckland. Diese Stadt ist dafür bekannt, dass sie mehr
Boote pro Einwohner zählt als jede andere Hafenstadt der Welt. Das Flair einer Weltstadt
erhält Auckland durch die bunte Mischung der dort lebenden Polynesier, Maori, Asiaten und
Europäer. Unsere Rundreise beginnen wir mit der Fahrt in die nördlich gelegene Inselregion
der Bay of Islands. Südlich der Bay of Islands können wir dann die uralten Kauri-Bäume
bestaunen. Unsere Weiterreise bringt uns dann ins größte Thermalgebiet Neuseelands, hier
sollten wir unbedingt einen Sprung in einen der Thermalpools wagen. Zwischendurch lassen
wir uns den Besuch eines traditionellen Versammlungshauses (Marae) und gesellschaftlichen
Zentrums eines Maori-Dorfes nicht entgehen.
Als Wintersportort und beliebtes Wandergebiet im Sommer bietet Queenstown und seine
Umgebung viele Möglichkeiten, Sport zu treiben. Unsere Nerven können wir beim Bungee-
Jumping in der Nähe von Queenstown strapazieren. Ein mutiger Mensch, der hier in Neusee-
land den ersten Sprung mit dem heute weltberühmten Bungee-Jumping wagte.
Bei einer Bootstour auf dem Milford Sound, wo rauschende Wasserfälle steile Felswände
herabstürzen, haben wir Gelegenheit, die Schönheiten dieser Gegend zu bestaunen.
Übrigens: Auf den Weiden, die wir passieren, grasen mehr Schafe, als die gesamte Bevölkerung zählt.
Im Mount-Cook-Nationalpark stehen nur mal so eben 22 Dreitausender herum, wer will,
kann ja mal nachzählen. Der höchste, der Mt. Cook, ist 3764 m hoch. Unberührte Natur und
eine außergewöhnliche Tierwelt birgt die Halbinsel Otago. Kolonien der seltenen Gelbau-
genpinguine und die auf Klippen nistenden Königsalbatrosse, die größten flugfähigen Vögel
der Welt, ziehen uns in ihren Bann.
Und very British erleben wir die „Gartenstadt" Christchurch, die größte Stadt der Südinsel.
25 Tage ab 3000 €/EZZ 680 €/**DJOSER**

ZUSATZPROGRAMM: Wo wir schon mal hier sind, verlängern wir unsere Reise um 6 Tage und erleben Südseeträume pur auf den **FIDSCHI-INSELN**. Unzählige tropische Inselparadiese, traumhafte Lagunen und feinsandige Strände warten auf uns, um noch mal so richtig die Seele baumeln zu lassen, bevor wir den langen Heimweg antreten. Bei dieser Reiseverlängerung macht der Reiseleiter nicht mehr mit, dafür gibt's dann aber örtliche Betreuung.

Zusammen mit Neuseeland sind wir dann 31 Tage unterwegs und die Reise kostet insgesamt ab 3700 €/EZZ a.A. (F)/**DJOSER**

Wildnis, Weine und Kap der Stürme; kaum ein Gebiet **SÜDAFRIKAS** zeigt uns das Bild von der „Regenbogen-Nation" so anschaulich wie die Kapregion. Hier, wo einst die koloniale Besiedlung ihren Anfang nahm, entdecken wir die „Welt in einem Land". Ob beim Weingenuss in kapholländischer Atmosphäre oder auf einer Wanderung an der wildromantisch-tropischen Küste der Garden Route, ob auf Safari in die Wildnis des Addo Elephant Park oder beim Bad in den Fluten des Indischen Ozeans: Überall erwartet uns die erfrischende Vielfalt und das entspannte Lebensgefühl rund ums Kap der Stürme.

16 Tage ab 2648 € (F/2 x A)/**WIKINGER**

Safarijäger auf einsamen Fährten spielen wir auf unseren Pirschfahrten in der weiten **KALAHARIWÜSTE**. Löwen, Geparden und riesigen Antilopenherden sind wir auf der Spur. Bei Bergwanderungen in den schroff aufragenden Cedarbergen und im Königreich **LESOTHO** besuchen wir die Einheimischen fernab der Zivilisation – wir erleben das ursprüngliche Afrika mit all seinem Zauber.

22 Tage ab 2298 €/**WIKINGER**

Für Wüstenfreaks, Wild- und Großstadtjäger gibt's aufregende Naturerlebnisse in **NAMIBIA**, kombiniert mit dem weltoffenen Flair **KAPSTADTS**. Wir erleben ausgedehnte Pirschfahrten durch den Etoscha-Nationalpark, die Wüste, wo sie am schönsten, und den Atlantischen Ozean, wo er am wildesten ist, haben Kontakt zu Einheimischen und tauchen ein in die Urgeschichte der San. Aktives Campleben, gemütliche Lagerfeuerromantik und afrikanische Lebensfreude.

19 Tage ab 2148 € (7 x F)/**WIKINGER**

Wir fahren nach **MADAGASKAR** ... dorthin, wo der Pfeffer wächst.

Madagaskar ist ein Erlebnis für jeden Tier- und Naturliebhaber, denn die Abtrennung Madagaskars vom afrikanischen Kontinent ließ im Laufe der Jahrhunderte eine artenreiche Flora und Fauna entstehen. Auch die vielfältige Zusammensetzung der Bevölkerungsgruppen aus den unterschiedlichsten afrikanischen und asiatischen Ländern trägt zur Einmaligkeit dieser Insel im Indischen Ozean bei. Auf Schritt und Tritt begegnen wir außergewöhnlichen Tieren, die nur hier vorkommen, verschiedensten Landschaften und einzigartigen Pflanzen. Wir kommen den Lemuren auf die Spur, zählen die vielen verschiedenartigsten Chamäleons, die sich in den Zweigen der Bäume durch immer wieder wechselnde Farben verstecken, und bei den tausenden Schmetterlingen, die uns umflattern, geben wir das Zählen auf und lernen wieder Staunen, vor allem über die Farbenpracht der Natur. Auf Madagaskar wächst die Vanille-Orchidee, die den Grundstock für den weltweiten Handel mit dieser beliebten Schote legte. Wird endlich Zeit, uns auch mal einen Pfefferstrauch aus nächster

Nähe anzuschauen, befindet sich in unserer Gruppe doch kaum jemand, der nicht täglich auf seine Speisen Pfeffer streut.
21 Tage ab 2095 €/EZ: nicht möglich/**DJOSER**

„Serengeti darf nicht sterben." Wer erinnert sich noch an Prof. Dr. Bernhard Grzimek, der mit seiner legendären Fernsehserie „Ein Platz für wilde Tiere" unermüdlich für sein Anliegen warb? „Ein Platz für wilde Tiere" bekam 1956 den Goldenen Bären und „Serengeti darf nicht sterben" erhielt 1959 den Oscar als bester Dokumentarfilm.
Dieses Naturwunder unserer Erde wurde 1951 von der Kolonialregierung in **TANSANIA** zum Nationalpark erklärt und gilt als Inbegriff für Afrikas einzigartige Tierwelt. Ca. drei Millionen Tiere leben hier. Wir streifen durch die Weite der Natur – immer dem Wild auf der Spur. Aber auch der Arusha-Nationalpark, der Lake-Manyara-Nationalpark und der Rangiere-Nationalpark sind unsere Traumziele auf dieser Reise. Wir unternehmen viele Pirschfahrten, um möglichst alle „Big Five" (Elefanten, Löwen, Büffel, Nashörner und Leoparden) beim Jagen, Rasten oder an der Tränke zu beobachten. Während der Safari übernachten wir sehr naturverbunden auf Campingplätzen mit einfachen sanitären Verhältnissen in geräumigen Zweipersonenzelten. Wer auf Komfort nicht verzichten möchte, kann auch gegen Aufpreis in komfortablen Lodges übernachten.
Zum Abschluss dieser Traum-Safariwoche gönnen wir uns noch eine erholsame Badewoche auf **SANSIBAR,** der Gewürzinsel, die immer noch ein Geheimtipp ist. Direkt an einem goldenen Strand an der Ostküste der Insel in einem riedgedeckten Bungalow lassen wir es uns richtig gut gehen. Taucher, aufgepasst! Hier habt ihr einen Tauchspot, der auch unter Tauchern als Geheimtipp gehandelt wird. Baden, schnorcheln und tauchen im warmen Indischen Ozean und unter Palmen relaxen. Auf Wunsch arrangiert das Hotel eine Bootsfahrt mit einem einheimischen Fischer aufs Meer hinaus, wo wir Delfine beobachten und sogar mit ihnen schwimmen können. In Sansibar-Stadt bewundern wir die Holzschnitzereien an Türen und Fenstern der Häuser und bei einer Gewürztour lernen wir die unterschiedlichsten Gewürzpflanzen kennen, deren Gewürze wir in der heimischen Küche verwenden.
 2 Wochen ab 2499 € (F/tlw. VP)
„Nur die Harten kommen in den Garten" oder auf den Kilimanjaro. Wer eine Woche früher anreist, kann noch den Gipfelstürmer bei der Kilimanjaro-Besteigung (bis 5895 m) spielen.
3 Wochen ab 3200 €/**CHAMÄLEON**

TIPP! Nicht nur **ERLEBNISHUNGRIGE**, auch Taucher und Bergkletterer kommen auf ihre Kosten.

Nach so viel Flora und Fauna geht's jetzt ab in die Wüste ...
Im tiefen Süden **ALGERIENS**, sozusagen im sonnenverbrannten Herzen der Zentralsahara, liegen Wüstenlandschaften von einzigartiger Schönheit, die in ihrer Konzentration und geomorphologischer Vielgestaltigkeit in anderen Wüstengebieten unserer Erde so nicht anzutreffen sind. – Wüste, so weit das Auge reicht. –
Auf dieser besonderen Entdeckerreise erkunden wir Wüstengebiete, die bei Saharakennern für Begeisterung und leuchtende Augen sorgen. Von Tamanrasset bringen uns Geländewagen als Erstes ins Hoggargebirge, eine Vulkanlandschaft aus zahlreichen kleineren und größeren Vulkankegeln, Kratern und schwarzer Lavaschlacke, die immerhin in ihrer Ausdehnung der Fläche

Frankreichs entspricht. Weiter geht's zu den Tassili Du Hoggar, einer Welt bizarrer und skurriler Sandsteintürme. Entlang der Dünenfelder des Erg Kilian und Erg Admer erreichen wir die Oase Djanet und das riesige Plateau des Tassili N'Ajjer, hier hinterließen prähistorische Künstler ihrer Nachwelt vor ca. 8000 Jahren bis 2500 Jahren v. Chr. z. T. wunderschöne Felsmalereien und Gravuren, die bei uns Staunen und Bewunderung auslösen werden. Lebendige Zeugnisse aus einer Zeit, als die Sahara noch aus fruchtbaren Savannen bestand und die Heimat riesiger Tierherden und Lebensgrundlage der früheren Jäger und Nomadenkulturen war.
2 Wochen ab 2300 € (VP)/**TRH**

Nomadinnen unter sich erobern die MAROKKANISCHE SAHARA / MAROKKO
Dächer aus dunklen Teppichen, gehalten von vier Stützpfeilern – Nomadenzelte im Camp, ringsherum Sanddünen und darüber der unendliche Sternenhimmel. Für sieben Nächte ist die Wüste unser Zuhause, begleitet von Nomadenfrauen. Sie sind die Heilkundigen und Poetinnen in ihren Ethnien und sie wollen uns einbeziehen in ihre Kultur und ihr Alltagsleben. Die Männer führen die Dromedare, bauen das Lager auf, sorgen für Schutz. Die Abende am Lagerfeuer dienen dem Erzählen oder der Musik – unser kundiger Begleiter Abdellah, Anthropologe und Nomade, liebt den lebendigen Austausch. Daniela übersetzt und erzählt, wenn es um Themen geht, die dort ein Mann aus kulturellen Gründen nicht erzählen kann. „Renard Bleu Touareg" ist das einzige von Nomaden geführte Reiseunternehmen in Marokko. Gemeinsam mit dem Verein „Azalay", gegründet von der Reiseleiterin Daniela Vogt, der mit Spendenmitteln Frauenprojekte für Nomadinnen in Marokko finanziert, wurde diese außergewöhnliche Begegnungsreise entwickelt.
Wir fahren durch das palmenbewachsene Draa-Tal, vorbei an Lehmburgen und verschlafenen Oasendörfchen, ins Frauencamp, wo unsere Begleiterinnen und die Dromedare schon warten. Wir suchen uns einen Schlafplatz in einem Zelt oder unter freiem Himmel im „Belle Etoile". Während unseres Aufenthaltes im Camp können wir Brot backen, gemeinsam kochen und die Kunst der Henna-Ornamente kennen lernen. Auch Wanderungen und Ausritte mit den Dromedaren sind möglich. Nach einer Woche geht es weiter nach Zagora. Dort besuchen wir ein Hamam, wo sich Araberinnen, Berberinnen, Schwarze und Hellhäutige treffen – wir erleben eine unbekannte laute und bunte Frauenwelt und das gemächliche Leben in den Palmengärten hinter der Kasbah. Bevor es zurück nach Ouarzazate geht, steht noch ein Besuch einer von Azalay e. V. unterstützten Frauenkooperative in Mellal auf dem Programm.
13 Tage ab 1670 im EZ (VP)/**FRAUENREISEN HIN UND WEG**

Samba, Bossa, Brasilectro – BRASILIEN ist im Dauertanzrausch, auch ohne Karneval und Caipirinha. Iguaçu, nicht der größte Wasserfall, aber der breiteste der Welt: Mit 275 Wasserfällen auf 4 km Breite sorgt er für friedliches Grenzgetöse zwischen Brasilien und Argentinien. Am Itaipusee leben die Einheimischen ihre Copacabana-Seele am Stauseestrand aus. Zwei Dinge aus der guten alten Kautschukzeit stehen noch zwischen den Hochhäusern der Urwaldmetropole Manaus: die gigantische Markthalle Adolfo Lisboa von Gustave Eiffel am Ufer des Rio Negro und das legendäre Teatro Amazonas, ein perfekter Nachbau der Pariser Oper. Wir wohnen für drei Tage in der Urwaldlodge am Rio Negro und gehen mit Rangers auf Pirsch durch das Gezwitscher und Geschnatter des Regenwaldes. Eine Affenbande schwingt sich kreischend durch die Baumwipfel. Mit einem Boot gehen wir zum Piranhafischen, aber aufgepasst! ...

Diese kleinen orange-silbrig ausschauenden Fische haben messerscharfe Zähnchen und sind blitzschnell. Doch gegrillt schmecken sie super. Baden gehen wir hier lieber im Pool. Großes Hallo empfängt uns in der High-Life-City Salvador da Bahía. Überall erklingt der Samba-Sound aus den Kneipen. Afro-Brasilianer tanzen übers Kopfsteinpflaster. Zwischendurch chillen wir an schneeweißen Stränden und abends wird dann in der Altstadt bei Livemusik abgetanzt. Bevor wir an die Costa Verde kommen, besuchen wir noch das Sozialprojekt „Cidade da Luz" und das „Tamar-Schildkröten-Projekt". Einsame Buchten, weite Sandstrände, Fischerdörfer an den Berghängen der Sierra do Mar. „Oh, Gott! Wenn es auf Erden ein Paradies gäbe, dann würde es diesem Fleckchen Erde ähneln", schrieb Amerigo Vespucci. Mit dem öffentlichen Expressbus fahren wir zur Stadt mit der wahrscheinlich schönsten Lage der Welt. Oh, Samba, Samba, Barra, Barra! Da ist endlich das Trio Rio: Copa, Zuckerhut und Corcovado.
18 Tage ab 2400 €/EZZ 430 € (F)/**YOUNG LINE TRAVEL** (zwischen 20 – 35 Jahren) bei **MARCO POLO**

Für alle anderen Altersgruppen gibt's auch **BRASILIEN**!
Brasilien kann man auf verschiedene Art und in unterschiedlichem Tempo bereisen, je nachdem, wie man seine ganz persönlichen Besuchsschwerpunkte setzt. „**BRASILIEN PREISWERT**" legt es darauf an, die herausragenden Naturlandschaften Brasiliens – die Iguaçú-Wasserfälle, das koloniale Brasilien und das Amazonasgebiet – in üppiger Fülle und in allen Details zu präsentieren. Wir fangen in Rio mit Samba, Zuckerhut, Copacabana und Ipanema an, fahren auf den Corcovado, von wo aus wir den grandiosen Blick über die Stadt mit den vielen Stränden genießen. Weiter fliegen wir dann nach Foz do Iguaçú, um uns vom tosenden Wasserfall berauschen zu lassen. Danach geht's nach Salvador da Bahia mit seinen zahlreichen Barockkirchen und kolonialen Häusern. Wir haben Gelegenheit, eine Canomblé- und Capoeira-Show zu sehen.
Diese 9-tägige Reise kostet ab 1990 €/EZZ 230 € (F)/**IKARUS**
Na, wer sagt's denn, für alle gibt's Zuckerhut und tosenden Wasserfall preiswert zu erleben!

Noch ein **TIPP**, um das Portemonnaie zu entlasten, ist die Reise „**CHILE PREISWERT**" – eine ideale Reise für Naturliebhaber und für „Chile-Neulinge".
Ein Land voller landschaftlicher Gegensätze und Kontraste, welches sich in 4500 km Länge von Nord nach Süd erstreckt, aber nur 180 km breit ist. Eine schier unerschöpfliche Vielfalt an Landschaftsformen, Klima- und Vegetationszonen. Von der trockensten Wüste der Welt bis hin zu üppigen Urwäldern, von der flachen patagonischen Steppe bis zur Gebirgswelt der Hochkordilleren, von den Eismassen riesiger Gletscher bis zu den Rauchsäulen ständig aktiver Vulkane. Aus dieser Fülle begnügen wir uns erst einmal mit drei herausragenden Naturwundern des Landes; am Anfang das Seengebiet mit dem dominierenden Osorno-Vulkan, anschließend Süd-Patagonien mit der bizarren Gebirgs- und Gletscherwelt des Torres-del-Paine-Massivs, schließlich als Verlängerung buchbar – die Atacama-Wüste mit ihren Salzseen und Geysir-Feldern. Oder Verlängerung mit Flug auf die mysteriöse Osterinsel.
10 Tage ab 2290 €/EZZ 200 € (F)/**IKARUS**

Let's Tango im Land zwischen Rio de la Plata und Kap Hoorn:
Doch fangen wir erst mal in Buenos Aires, **ARGENTINIEN**, an. Bei unserer Citytour haben wir auch Zeit für einen Plausch im Jugendstilcafé Tortoni und einen Bummel durch das schicke Viertel Recoleta. Einige von uns wollen ja vielleicht noch das Grab Evitas sehen oder sich einer

Führung im Teatro Colón anschließen. Nachmittags bittet Argentinien zum Tanz: Tangokurs mit Profitänzern.

Im Nahuel-Huapi-Nationalpark erwarten uns Berge, kristallklare Seen, Südbuchenwälder und Wasserfälle. In der Stadt Bariloche bewundern wir, fern der Heimat, Schwarzwälder Fachwerkromantik. Hier hat jemand seine Heimat nachgebaut! In einem Dorf namens Trevelín wird noch Walisisch gesprochen. Wildlife begegnet uns später auf der Valdés-Halbinsel. Der Wind pfeift uns in Puerto Pirámides um die Ohren und lässt die Bäume in die Schräge wachsen. Seelöwen und Seeelefanten fressen sich hier ihren Winterspeck an. Was für eine Urgewalt, wenn sich die tonnenschweren Bullen aufeinander werfen! Rund eine halbe Million Magellan-Pinguine gehen im Pinguin-Reservat Punta Tomb fein aus. Knorrige Bäume spiegeln sich im Lago Roca, Magellan-Gänse und Anden-Enten schnattern um die Wette im Nationalpark Tierra del Fuego in Feuerland. Wer will, kann in Feuerland auch ein bisschen Fahrrad fahren oder Abenteuer im Katamaran erleben. Auf der Isla de los Lobos recken die Seelöwen die Nase in den tosenden Wind.

Freizeit für eigene Unternehmungen gibt's in El Calafate. Vielleicht für einen Abstecher auf eine echte Estancia, um die Schafschur live zu erleben? Oder eine Spritztour auf dem Lago Argentino, mit dem Katamaran durch den Teufelsrachen? Auf zwei Kufen geht's durch den Kanal des Spegazzini-Gletschers und zu den Eisbergen des Upsala-Gletschers. Bei gutem Wetter Landgang beim Onelli-Gletscher, hier wächst Laubwald on the rocks! Weiterer Höhepunkt in dieser Traumwelt ist das Schauspiel „Wenn das Eis bricht": Das Gletscher-Ensemble „Perito Moreno" kalbt knirschend ... Bruchstücke stürzen mit großem Getöse in den „Lago Argentino". Mit dem Song „Don't cry for me Argentina" im Ohr verabschieden wir uns wehleidig von diesem Naturspektakel!

14 Tage ab 2600 €/EZZ 260 € (F)/**Marco Polo**

Juwelen der altamerikanischen Kulturen erwarten uns in **Mexiko** und **Peru** mit ihren vorspanischen Hochkulturen, ihrem spanischen Kolonialerbe und den modernen Herausforderungen. Traumhaften weißen Strand zum Barfußlaufen haben wir in Cancún und das Hochgebirge in Cuzco. Wir entdecken auf dieser kombinierten Reise im Land des Adlers und des Kondors die Juwelen grandioser Kulturen und erleben Palenque und Machu Picchu auf einer Reise.

Freuen wir uns in Mexico-City, der ältesten und größten Metropole Amerikas, auf zahlreiche Highlights. Im Anthropologischen Museum erhalten wir einen ersten Eindruck der mesoamerikanischen Kulturen und am Templo Mayor sehen wir noch wenige Tempel aus der Aztekenzeit. Ein weiterer Höhepunkt auf dem mexikanischen Teil unserer Reise ist Chichén Itzá – zwischen 900 und 1200 n. Chr. das bedeutendste Machtzentrum der Halbinsel Yucatán.

Eine der landschaftlich schönsten Stationen in Peru ist die Stadt Puno am Titicacasee, dem höchstgelegenen schiffbaren See der Welt. Als angemessenen Abschluss erwarten uns zwei ganz besondere Stätten der alten Inkakultur: die auf 3400 m Höhe gelegene Stadt Cuzco, die von den Inka als „der Nabel der Welt" bezeichnet wurde, und die „verschollene Stadt" Machu Picchu, die der Geschichte nach eine der letzten Zufluchtsstätten dieser einzigartigen Kultur gewesen ist.

18 Tage ab 4300 €/EZZ 530 € (F)/**Dr. Tigges**

INTERESSANT: MESOAMERIKA UND HOCHANDEN

Die legendären Hochkulturen und Gottkönigtümer der Azteken, Maya, Inka und deren Vorläufer. Kostbarkeiten für die Götter und Noblen wie Gold, Silber und Jade. Tauschhandel mit wertvollen Waren wie Obsidian, Sponylus und Kakao. Darüber hinaus die Kenntnisse in Schrift, Mathematik und Astronomie, die ihre Umsetzung in verschiedene Zeit- und Kalendersysteme gefunden haben und heute unter dem Begriff „Archäoastronomie" diskutiert werden./DR. TIGGES

Auf den Spuren von Alexander von Humboldt und Charles Darwin zu wandeln ist ein Leckerbissen für jeden Natur- und Kulturfreund, der das kontrastreiche ECUADOR und die GALÁPAGOSINSELN intensiv erleben möchte.

Wir besuchen die koloniale Altstadt Quitos und erreichen auf der Panamericana del Norte den Páramo El Ángel mit Millionen von übermannshohen Frailejones-Blumen, eine botanische Rarität Südamerikas. Vorbei an bunten Indiomärkten fahren wir auf der „Allee der Vulkane" zu den majestätischen schneegekrönten Vulkanen Cotopaxi und Chimborazo. Die Andenbahnfahrt über die „Teufelsnase".

Während der 8-tägigen Galápagos-Kreuzfahrt erkunden wir das exklusive Tier- und Naturparadies, eines der bedeutendsten biologischen Wunder der Welt. Mit unserem Naturführer entdecken wir aus nächster Nähe Pinguine, Flamingos, Albatrosse, Tropic-Vögel, Blaufuß-, Masken- und Rotfußtölpel, Darwin-Finken, flugunfähige Kormorane, gigantische Galápagos-Schildkröten, Land- und Meeresechsen. Beim Baden und Schnorcheln kommen wir in Kontakt mit der zauberhaften Unterwasserwelt, wir begegnen Seelöwen, Seebären, Rochen, Meeresschildkröten und zahlreichen bunten Fischen. Wohnen werden wir in landestypischen Hotels, ökologischen Urwaldlodges und auf einer First-Class-Yacht.

Der Einzelzimmerpreis ist nur für das Landprogramm, auf Galápagos für eine ½ Doppelkabine. 21 Tage ab 3900 €, diese Reise findet bereits ab 2 Personen statt/SOMMER

TIPP! Sommer ist SPEZIALIST FÜR ECUADOR UND DIE GALÁPAGOSINSELN!

Jetzt lassen wir uns entführen auf eine einzigartige Insel – die Heimat des besten Tabaks, des berühmtesten Rums und vor allem der freundlichsten und herzlichsten Gastgeber der Karibik – und erleben KUBA total!

Unsere Reise beginnt mit dem historischen Zentrum und dem Rummuseum von Havanna. In Pinar del Río können wir unter fachkundiger Anleitung die Fertigung von kubanischen Zigarren (puros) erlernen. Außerhalb von Viñales sehen wir dann auf den umliegenden Tabakplantagen, wie der Tabak wächst. Die landschaftlich reizvolle Sierra del Rosario, unser nächstes Ziel, wurde von der UNESCO als Biospärenreservat anerkannt. Zwischendurch gönnen wir uns ein Bad im kristallklaren Wasser des Río San Juan. Architektonisch interessante Sehenswürdigkeiten besichtigen wir in der hübschesten und lebhaftesten Stadt Cienfuegos. Weiter geht's nach Trinidad, welche 1514 von Diego Valázquez gegründet und auch von der UNESCO zum Weltkulturerbe erklärt wurde. Unseren freien Nachmittag nutzen wir, um uns in der romantischen Kolonialstadt die vielen Schätze anzuschauen. In Trinidad, der ältesten Stadt der Insel, scheint die Zeit stehen geblieben zu sein. Ein Spaziergang über Straßen aus Kopfsteinpflaster, vorbei an den restaurierten Patrizierhäusern, wirkt wie ein Ausflug in die alte Zeit. Ein Muss ist der Besuch in der „Casa de la Trova", wo regelmäßig Musik dargeboten wird. Hier hegen wir keinen Zweifel mehr daran, dass bei der Bevölkerung mehr Musik als Blut in den Adern fließt!

Oh … Santa Clara, ich habe dich tanzen gesehen … aber bitte nicht jetzt! Gelegenheit zum Tanzenlernen haben wir bei unserer Verlängerung in Havanna, dafür erfahren wir hier eine Menge über Che Guevara, Kubas Revolutionshelden.

Halbzeit, jetzt gönnen wir uns einen erholsamen Strandtag am türkisfarbenen Meer auf Cayo las Brujas. In lauer Karibiknacht sitzen wir in einer Bar unter freiem Himmel, lauschen den „Son"-Klängen, der aus der Sklavenzeit hervorgegangene wichtigste Rhythmus in der kubanischen Musik, und schlürfen einen „Cuba libre".

Zuerst lag Camagüey in der Bucht von Nuevitas, doch dann wurde sie wegen Piratenangriffen ins Landesinnere verlegt. Die hübschesten Plätze in Kuba erwarten uns in Holguín und die größte Nekropole der Karibik bei der Ausgrabungsstätte Chorro de Maita. Bevor wir wieder nach Havanna zurückkehren, werden wir noch dem rätselhaften und verführerischen Charme Santiago de Cubas erlegen sein.

14 Tage ab 1964 €/EZZ 180 € (F/plus 7 Mahlzeiten)/**SPRACHCAFFE**

Sprachcaffe hat neben seinem umfangreichen, weltweiten Sprachprogramm auch ein **UM-** **TIPP!**
FANGREICHES KUBA-PROGRAMM im Angebot.

Unser nächstes Ziel ist zunächst die riesige Halbinsel **BAJA CALIFORNIA** *in* **MEXIKO**, die sich über 1500 km in Richtung Süden hinzieht. Wir baden im Pazifik und beobachten die Wale bei Guerrero Negro (Märzreise), wenn sich hier die Grauwale zum Paaren und um ihre Jungen zur Welt zu bringen in großen Scharen versammeln. Eine gemütliche Fährfahrt mit Übernachtung bringt uns dann von La Paz nach Mazatlán. Langsam gleiten wir mit einem Boot durch Mangrovensümpfe in den Dschungel, um gespannt und suchenden Blickes Wasserschildkröten, Iguanen und Krokodile zu entdecken. An einem der schönsten Seen Mexikos, dem Pátzcuarosee, richten wir uns für 4 Nächte ein. Von hier aus besuchen wir die Wasserfälle La Tzararacuara, Morelia und die Ruinen von Tzintzuntzán. Einen ganzen Tag verbringen wir mit den Purépecha-Indianern und lauschen deren Geschichten. Im Schmetterlingstal von Anangueo umflattern uns Millionen von bunten Schmetterlingen, die hier überwintern.

Und dann … kommt sie endlich, die Wahnsinnsstadt, Mexico-City, mit ihren geschätzten 20 Millionen Einwohnern. Und doch, an vielen Stellen wirkt sie grüner, entspannter und lebensfroher als so manche europäische Großstadt. Aber auch außerhalb wollen wir noch viel entdecken, Teotihuacán, die größte Pyramide der Welt, wartet auf uns, diese grandiosen Ruinen waren einst das bedeutendste Zentrum Mesoamerikas. Sie vermitteln einen beispielhaften Eindruck von der Baukunst und Bildung der vorspanischen Hochkulturen im Hochland von Mexiko.

3 Wochen ab 2550 €/EZZ 330 €/**UNTERWEGS**

INDIAN COUNTRY/USA *erleben wir mit allen Sinnen*, um es wirklich zu finden.

Der Begriff „Indianer" geht auf Kolumbus zurück, der sich 1492 endlich in Indien wähnte, als er die Insel San Salvador „entdeckte". Die wahren Entdecker Amerikas kamen aber schon vor 15.000 Jahren aus den weiten Steppen Russlands, von der Landbrücke der heutigen Beringstraße aus besiedelten sie das Land.

Unterschiedliche Umweltbedingungen führten zu vielen unterschiedlichen Sprachen und ebenso vielen Lebensformen. Als Jäger, Sammler und Bauern bevölkerten die „Native Americans" Berge, Steppen und Wälder und schufen neben neuen kooperativen Zivilisationsformen eine bis heute wirkende Tradition künstlerischer und religiöser Weltanschauung.

Unsere Rundreise führt uns durch den Südwesten mit städtischem „American way of live" und großartigen Naturerlebnissen. Unser wichtigstes Thema aber ist die Begegnung mit der vergangenen und gegenwärtigen indianischen Kultur im Indianerland von Arizona, Nevada und Utah.

Wir starten in San Francisco (Golden Gate Bridge, Fisherman's Wharf, Alcatraz), von dort aus geht's weiter über den Highway Number One vorbei an Carmel und Monterey nach L. A. (Hollywood). Von hier aus führt die Reise über die San Gabriel Mountains ins Landesinnere durch Death Valley und Las Vegas ins Indianerland. Höhepunkte fürs Auge: Grand Canyon, Monument Valley und Chaco Canyon.

Weit im Norden Wyomings in den Rockies liegt der Yellowstone National Park. Von dort aus geht es zurück zur Ostküste. Wir übernachten 8 Nächte in Hotels, den Rest in Zelten.

21 Tage ab 2550 €/EZZ/Hotel 300 €/UNTERWEGS

NA, NEUGIERIG GEWORDEN? – WELTWEIT OHNE EINSAMKEIT!

INKLUSIVLEISTUNGEN: Anreise; wenn nicht, steht Eigenanreise vor dem Preis/Inlandsflüge oder Bustouren/Reiseleitung/Begleitung/teilweise Eintritte und Besichtigungen/wenn Verpflegung, steht sie als Kürzel in Klammern/Preisberechnung ist für das halbe DZ oder EZ in der günstigsten Saison!

KURZ & KNAPP: Weltweit unser Lieblingsland erkunden und dabei noch schlauer werden, das können wir auch mit einer Spracherlebnisreise oder Sprachstudienreise verbinden.

ENGLISH ‚OUT THERE!' Dieses innovative Konzept kombiniert Englischunterricht im bewährten Klassenverband mit interaktivem Lernen auf der Straße unter Einheimischen z. B. in Durban, Südafrika. Oder ‚SPANISCH INTERAKTIV' in COSTA RICA. Klassischer Spanischunterricht mit einem breit gefächerten Erlebnisprogramm, damit wir nicht nur die Sprache, sondern auch die Kultur Costa Ricas kennen lernen. Zehn Lektionen/Wo. im Klassenzimmer und danach wird der Unterricht nach dem Prinzip ‚Learning by Doing' fortgesetzt mit z. B. Gartenarbeit, Einkaufstouren, Kunsthandwerk, lateinamerikanischem Tanz oder Gesprächen mit einheimischen Persönlichkeiten. ‚TRAVELLING CLASSROOM' ist eine Kombination aus Sprachkurs und Rundreise. Die Tour startet und endet in Sosua (DOMINIKANISCHE REPUBLIK) und führt uns über die Berge von Jarabacoa nach Santo Domingo und weiter nach Las Terrenas.
Alles bei **LAL SPRACH-REISEN**

Bei einer **KULTOUR** auf Malta und in London, Málaga und Madrid sowie in Nizza drücken wir morgens die Schulbank und an drei Nachmittagen der Woche stehen Kunst, Kultur und Geschichte und Ausflüge in die nähere Umgebung auf dem Programm.
Oder wir unternehmen eine Sprachstudienreise zum Beispiel nach **SYRIEN**.
In die Wiege der orientalischen Hochkultur. Uralte Städte wie Damaskus und Aleppo stehen

für eine Zivilisation, die auf Europäer schon immer anziehend wirkte. Auf den Spuren von Griechen, Sumerern und Phöniziern. Unser Sprachstudienreiseleiter wird uns während dieser Reise die Lebenswelt der Syrer im Kontext der arabischen Sprache spielerisch näher bringen. Weitere Destinationen sind CHINA, INDIEN, RUSSLAND und die TÜRKEI./DR. TIGGES

EVENTS UND UPDATES AUF DER INTERNETSEITE: WWW.DIE-BESTEN-SINGLEREISEN.DE

WANDER- UND TREKKING-REISEN

„NUR WO DU ZU FUSS WARST, WARST DU WIRKLICH!" (Philosophie der ASI, AlpinSchule Innsbruck) Wer wandert, lebt – und erlebt – die Welt in einem Rhythmus, in dem die Sinne viel mehr Eindrücke auf- und wahrnehmen können als in der Hektik des Alltags. „Es ginge mehr, wenn man mehr ginge", hat bereits vor rund 200 Jahren der reisende Literat und Aufklärer Johann Gottfried Seume gemeint. In der Antike erkannten die griechischen Philosophen das bewusste Erleben des Augenblicks als wesentlichen Faktor im Streben nach Glück und Zufriedenheit. Die einfache Form des stillen Wanderns in traumhaft schöner, weitgehend unberührter Natur ist heute mehr denn je ein Weg, tiefe Lebensqualität zu erfahren. Wandern lässt auch die Gedanken schweifen, regt zum Nachdenken und Staunen an.

Beim Wandern wird uns die Verantwortung für die Natur bewusst, egal, ob wir vor den Toren unserer Stadt wandern oder im entferntesten Winkel dieser Erde.

Von leichten Wander-Studienreisen über mittlere Wander-Erlebnisreisen bis hin zu anspruchs-vollen Trekkingreisen, und in der Wüste auch mit Kamel, ist die Palette der Anbieter sehr vielseitig.

Auch bieten Wander- und Trekkingreisen viele Kombinationsmöglichkeiten an – wie z.B. Wandern & Baden, Wandern & Wellness, Wandern & Golfen, Wandern & Rad, Wandern & Meditation, Wandern & Yoga und, und ...

Auch ROBINSON, ALDIANA oder CLUB MED bieten Wanderungen und Nordic Walking an, die oft im Preis inklusive sind.

In unserem Kapitel AKTIV & SUN wird „Wandern" ebenfalls groß geschrieben, hier bietet fast jeder Reiseveranstalter Wandertouren an, die bereits im Reisepreis enthalten sind, und neuerdings auch Nordic Walking.

SO WEIT DIE FÜSSE TRAGEN ...

Doch bevor wir am schönsten Ende der Welt, in Neuseeland, wandern können, müssen wir erst einmal eine Weile fliegen!

Tiefer Süden, wir fliegen und fliegen; bis nach SINGAPUR, hier machen wir dann für die nächsten paar Tage einen Stop-over. Vielleicht hat sich der eine oder andere vom langen Flug einen leicht verspannten Rücken geholt. Kein Problem, sofort mit Tiger Balm einreiben und los geht's. Um diesem weltberühmten Wundermittel auf den Grund zu gehen, besichtigen wir den Tiger Balm Garden der Brüder Aw Boon Par und Aw Boon Haw, denen hier ein Denkmal gesetzt wurde.

Danach müssen wir uns aber beeilen, es gibt so viel in dieser aufregenden multikulturellen

Stadt zu besichtigen. Zwar ist Singapur nur ein winziger Fleck auf der Landkarte, aber wirtschaftlich ein Gigant. Wir bummeln durch Chinatown, welches völlig restauriert wurde, dann weiter zur schillernden Unterwasserwelt im großen Unterwasser-Aquarium, die bunte Farbenpracht im Orchideengarten sollten wir nicht verpassen. Auf die Orchard Road mit ihren unbegrenzten Shoppingmöglichkeiten wollen wir ja auch noch. Zwischendurch stärken wir uns mit den leckeren Angeboten der Garküchen, die es hier überall gibt, und trinken dazu noch einen frisch gepressten Ananassaft. Nirgendwo sonst habe ich einen besseren getrunken! Da hier alles strengstens auf Sauberkeit überprüft wird, können wir essen und trinken, wonach uns ist. Und abends, wenn die einzigartige Skyline aus Glas und Stahl in eine glitzernde Lichterwelt verwandelt wird, können wir auch allein ungestört um die Blocks streifen. Der Staat hat alles im Griff.
Eine Möglichkeit, Singapur für mehrere Nächte zu besuchen, bietet **Ikarus** an.

Natur, so weit das Auge reicht: vom Norden bis zum Süden auf **Neuseeland**.
Auf der Nordinsel bestaunen wir tausendjährige Kauri-Bäume und die traumhafte Küste der Bay of Islands. Von brodelnden Schlammlöchern, Geysiren, farbenprächtigen heißen Quellen und Vulkanen wird Rotorua beherrscht und von der Maorikultur erfahren wir auch noch so einiges.
Tief eingeschnittene Fjorde, tropisch anmutende Urwälder und idyllische Seen erwarten uns auf der Südinsel. Wir nehmen den alten Weg der Entdecker und Goldsucher, und durch die wilde Bullerschlucht gelangen wir an die Westküste. Eine Robbenkolonie und den Fox-Gletscher werden wir besuchen. In Queenstown, Stadt der vielfältigen Freizeitangebote, kommen die Extremsportler unter uns auf ihre Kosten, Bungee-Jumping oder River-Rafting, um nur einige zu nennen. Jedem das Seine. Eine Bootstour auf dem Milford Sound ist ein weiterer Vorschlag, die Schönheiten zu bestaunen. Im Mount-Cook-Nationalpark stehen nur mal so eben 22 Dreitausender herum, wer will kann ja mal nachzählen. Der höchste, der Mt. Cook, ist 3764 m hoch. Letzte Station ist Christchurch. Nach einer Stadtrundfahrt haben wir noch einen ganzen Tag, den jeder individuell gestalten kann. Vielleicht rausfahren zur Walbeobachtungstour? Eine Erlebniswanderreise mit nur leichten Wanderungen.
29 Tage ab 3698 €/**Wikinger**

Auf Schritt und Tritt erobern wir **Thailand**! Bangkok, eine Stadt, die man liebt oder ...? Bunt, laut, aber sehr exotisch präsentiert sie sich. Die Stadt vibriert – Tag und Nacht. Hier haben wir zwei ganze Tage Zeit. Besuchen die prächtigen Tempelanlagen und machen einen Spaziergang durch die älteste Chinatown der Welt. Wir erkunden auch das „grüne Bangkok" mit dem Rad: Kokospalmen, Orchideengärtnereien und Obstplantagen gehören dazu. Abends gibt's ein exotisches Essen mit klassischen Tänzen, „aufs Haus" (Veranst.).
Als nächste Ziele stehen die Besichtigung der berühmt-berüchtigten Brücke am River Kwai an und anschließend spüren wir die wilden Elefanten im Wald auf.
Die alte Hauptstadt Ayutthaya mit ihrem großen Areal faszinierender Zeugnisse einer großen Epoche er-fahren wir mit dem Rad. Die nächste Wanderung bringt uns in eine hügelige Dschungellandschaft mit ihren malerischen Seen, idyllischen Wasserfällen und hunderten von Tierarten. Ein Besuch des sehr interessanten Gibbon-Reservats steht auf unserem Programm. Die nächsten Tempel warten auf uns, in Sukhothai (Weltkulturerbe) mit seinen prachtvollen

Tempelanlagen und dem wohl schönsten Tempel Wat Phra That in Lampang Luang. Bis wir dann die wilden Dschungellandschaften von Chiang Mai erwandern.

Viel Abwechslung für unsere Geschmacksnerven bietet uns die Thai-Kochkunst. Ein idealer Ort hierfür ist die Launa-Farm, die im traditionellen Stil erbaut wurde. Nachdem wir gelernt haben, welche Kräuter und weiteren exotischen Zutaten die Gerichte kulinarisch verzaubern können, besuchen wir den örtlichen Markt. Thai-Lifestyle pur! Leichte Wanderungen und Radtouren.

18 Tage ab 2000 €/EZZ ab 355 € (F/7xM/13xA)/**GEBECO**

Der Besuch eines Kochkurses weiht in die **GEHEIMNISSE DER LANDESTYPISCHEN KÜCHE** ein.   **TIPP!**

Wandern wollen wir zu den kulturhistorischen Höhepunkten auf **SRI LANKA** (Ceylon). Ein ideales Wanderziel; unstrapaziös, zu Fuß durch die herrlichste tropische Vegetation. Wir wandern über das zerklüftete, wildromantische Zentralmassiv, durch tropisch-feuchtheiße Regenwälder mit riesigen Bäumen genauso wie durch Trockenzonen und nebelverhangenes Hochland, das eher an Schottland als an den unweit verlaufenden Äquator erinnert. Auf unserer Wanderung über einen Naturpfad begleiten uns der Gesang und das Gezwitscher vieler exotischer Vögel. Zur Erfrischung gibt's Badefreuden in einem Dschungelfluss. Unsere Füße schonen wir zwischendurch bei einer Jeep-Safari durchs Elefanten-Reservat. Auf wenig begangenen Dorfpfaden wandern wir zum Felsen von Sigiriya und zu den Fresken der „Himmlischen Mädchen". Des Weiteren durchstreifen wir große Teeplantagen.

Mitten in der Nacht starten wir unsere nächste Wanderung, damit wir rechtzeitig zum Sonnenaufgang den Gipfel des Adam's Peak (2224 m) erreichen. Den Fußabdruck Adams lassen wir uns nicht entgehen. Anschließend ruhen wir uns auf einem großen warmen Felsen in der Sonne aus und genießen das einzigartige Panorama. Geschafft!

Auf allen unseren Wanderungen werden uns Sri Lankas bedeutende kulturhistorische Sehenswürdigkeiten begleiten: wie die Ruinenstädte im Urwald, die Tempel, Reliquienschreine, Andachtsstätten der Singhalesen. In Kandy besichtigen wir den Tempel des Zahns und besuchen das Benediktinerkloster. Wir lernen auch die Ureinwohner Ceylons kennen: die Veddah-Gemeinschaft.

Bis auf den Adam's Peak haben wir keine größeren Anstrengungen zu bewältigen.

2 Wochen ab 1950 €/EZZ 295 € (VP)/**IKARUS** (seit 1982 im Programm)

SRI LANKA FÜR YOUNGSTERS (25 – 40 Jahre)   **TIPP!**
Mit allen Höhepunkten, aber weniger Wanderungen. Drei Tage Badeaufenthalt am Meer.
17 Reisetage ab 1300 €/EZZ 150 € (14xF/2xA/1xM)/**YOUNG LINE BEI MARCO POLO**

AYURVEDA AUF SRI LANKA: siehe Wellness-Reisen   **TIPP!**

HÜTTENTREKKING IN NEPAL *für den kleinen Geldbeutel!*   **TIPP!**
Von Kathmandu aus starten wir mit einem Panoramaflug nach Lukla in 2800 m Höhe. Anschließend werden wir uns in Namche Bazar auf 3450 m Höhe akklimatisieren. Hier befindet sich auch das bekannte Hillary-Hospital und die Hillary-School. In Tengpoche besichtigen wir das berühmte Kloster. Die mächtigen Eisgipfel der höchsten Berge der Welt beherrschen im

Khumbu-Gebiet über weite Strecken den Horizont. Neben der Gipfelpyramide des Mt. Everest tauchen vor unseren Augen Lhotse, Nuptse, Taboche Ri, die Ama Dablam und viele weitere Eisriesen auf. Von unserem „Basislager" aus besteigen wir den wandertechnisch einfachen Vorgipfel des Taboche. Am Ende des Wiesenkammes werden wir für unsere Mühe belohnt. An der magischen 5000-m-Linie erstrahlt die Eiswelt um uns herum mit Ausblicken auf die drei Achttausender Mt. Everest, Lhotse und Makalu.

Das Trekking ist bis auf die Besteigung des Vorgipfels des Taboche nicht schwierig, für den Aufstieg ist eine sehr gute Kondition und Schwindelfreiheit erforderlich.

Übernachtung in einfachen Gästehäusern und Hütten, englisch sprechender Sherpa-Guide.

17 Tage ab 1550 € (F/HP auf dem Trekking)/Hauser exkursionen

Tipp!

Von einfachen Kulturwanderreisen bis zu anspruchsvollen Touren hat Hauser ein sehr umfangreiches weltweites (über 90 Länder) Programm im Angebot.

Info: Am 29. Mai des Jahres 1953 standen Sir Edmund Hillary und sein Sherpa Tenzung Norgay als erste Menschen auf dem höchsten Punkt der Erde: auf dem Gipfel des Mount Everest. Es war eine weltweite Sensation.

Die Sir-Edmund-Hillary-Stiftung kümmert sich seit 1990 in Nepal um verschiedene soziale und umweltfreundliche Projekte. Nachzulesen bei Hauser exkursionen oder sir-edmund-hillary-stiftung-deutschland-ev.de. mit Angaben des Spendenkontos.

Hauser exkursionen

Kleiner Grenzverkehr!

Beim Trekking im Angesicht der höchsten Fels- und Eiswand der Erde sind wir nun in Pakistan. Um uns herum die größte Ansammlung der Sieben- und fünf Achttausender-Gletscher in Pakistan. Wir lernen die Bergdörfer des Hunzalandes kennen. Das 60.000 zählende freundliche Bergvolk im Hunzatal hebt sich in Sprache, Mentalität und Kultur vom restlichen Pakistan deutlich ab. Auf einer abenteuerlichen und spektakulären Jeepfahrt fahren wir durch das Astore-Tal zum Ausgangspunkt unseres ersten Trekkings. Unser Camp ist die sagenhafte „Märchenwiese", um die sich bis heute Feen- und Elfengeschichten ranken. Eine Art Kanzel oberhalb eines lang gezogenen Gletschers, 3250 m hoch und direkt gegenüber der Nanga-Parbat-Nordwand. Von hier aus unternehmen wir verschiedene Trekkingtouren. Entlang des Rhaikot-Gletschers wandern wir zum Basislager der Hermann-Buhl-Expedition von 1937. Eine weitere Bergtour führt uns auf den Jalipur-Kamm. Die klaren Nächte verbringen wir auf der Märchenwiese, wo wir aus sicherer Entfernung die Geräusche des sich bewegenden Gletschers hören.

Lange ist es her, genau gesagt im Jahre 1966, als mir in Murry Hills, im Norden Pakistans, der Koch unseres Hotels haargenau die abenteuerlichen Geschehnisse der K2-Besteigung im Jahre 1954 erzählte: Eine riesige italienische Mannschaft – mit über 500 Trägern – erreichte 1954 den K2. Die Italiener Lino Lacedelli und Achile Compagnoni aus dieser Gruppe erklommen am 31. August den höchsten Punkt des K2. Nach dieser Erstbesteigung blieb der Gipfel wieder 23 Jahre unberührt. Er war bis zum Basislager der italienischen Expedition als Koch dabei.

Bin ich aber froh, es bis zur Märchenwiese geschafft zu haben, und bleibe lieber hier bei den Elfen und Feen. Von hier unten aus genieße ich das grandiose Bergpanorama und träume vom letzten Aufstieg bis aufs Dach der Welt.

Zum Abschluss besuchen wir noch bei Rawalpindi die buddhistische Ausgrabungsstätte Taxila. Für Hauser-Wanderer nicht wenig schwierig, 6-stündige Tageswanderung bis maximal 1000 Höhenmeter. Wir wohnen in Zelten, Hotels und Gästehäusern.

21 Tage ab 2595 €/EZZ 190 € (VP)/ **HAUSER EXKURSIONEN**

Für Alpinisten gibt's hier einen besonderen Leckerbissen oder besser gesagt die Herausforderung überhaupt. Die Besteigung des Gasherbrum II – Erstbegehungsversuch auf einer neuen Route an einem der „leuchtenden Berge" Pakistans (8045 m). 58 Tage ab 9450 €. Wer diese Expedition mitmachen möchte, sollte schon mal rechtzeitig in den Alpen üben, üben und nochmals üben. **HAUSER EXKURSIONEN**

Und gegenüber liegt **OMAN**, und zwar nicht direkt gegenüber der Berge Pakistans, aber gegenüber der pakistanischen Küste, getrennt durch den Arabischen Golf.

Einfach mit einem traditionellen Dhau rüberschippern, so wie es seit Urzeiten die Händler, Fischer und Schmuggler getan haben und es auch heute noch teilweise tun. Das wäre doch was! Doch so eine Golfüberquerung mit dem Dhau „à la Sindbads Abenteuer" gibt es leider noch nicht, aber immerhin kommen wir bei unserer nächsten Reise schon mal auf so ein traditionelles Boot herauf.

Die Fischer von **OMAN** nehmen uns mit. Bevor wir auf den knarrenden Planken und unter knatternden Segeln unser Frühstück verdrücken, müssen wir aber erst die Netze auswerfen. Dann kreuzen wir entlang des mächtigen Küstengebirges und vor den Fjorden von Mussandam bis zum einsamen Strand. Nach dem Sindbad-Feeling auf dem Dhau genießen wir das Robinson-Feeling am einsamen Strand beim Baden, Schnorcheln und Grillen des hoffentlich reichen Fangs.

Aber wir erleben ja noch viel mehr im Öldorado der Emirate und Oman.

Die Geldscheinwelt von Dubai und der nicht enden wollende Bauboom ist überall sichtbar. Im Aijman-Museum bekommen wir einen Überblick über die Entwicklung der Vereinigten Arabischen Emirate. Doch wir konzentrieren uns auf die authentischen Dinge und besichtigen die Jumeira-Moschee, den ehemaligen Herrscherpalast Sheikh-Saeed-Haus. Zu Fuß schlendern wir durchs Altstadtviertel, mit einem Abra-Wassertaxi flitzen wir über den Dubai Creek zu den Souks. Hier spüren wir den Orient pur. Gold, Gold, Gold, auf dem Gold-Souk wird das Gold noch gewogen, wer hat seine Scheckkarte dabei? Auf dem Souk von Sharjah heißt Shopping noch Feilschen.

Was früher echt war, ist heute Museum – das ganze Dorf Hatta samt Moschee, Festung und Häusern.

In Al-Ain erzählen begrünte Highways das moderne Märchen Arabiens. In Oman fahren wir durch die Wüste nach Jabrin, passieren eine mächtige Festung, die Töpferstadt Bahla, die mehrstöckigen Lehmhäuser von Al-Hamra.

Wir erleben Oasen und Bergdörfer. Schauen uns einen Viehmarkt in Nizwa an. In Maskat herrscht heute mehr Moderne als Tradition, nur auf dem Souk ist der alte Orient noch lebendig. Zum Abschluss gibt's zwei Tage frei, zum Wandern, Schwimmen, Schnorcheln oder für Ausflüge.

Dies ist keine typische Wanderreise, aber nach unserem eiskalten Trekking in den höchsten Bergregionen der Welt brauchen wir eine warme Erholung.
12 Tage ab 1600 €/EZZ ab 380 € (tlw.Vpfl.)/**Marco Polo**

Wüste, Berge und Totes Meer im Königreich Jordanien.
Wir erleben die Wüste, die Gastfreundschaft der Beduinen, den unendlich weiten Sternenhimmel und die monumentale Landschaft im Wadi Rum, wo der Film „Lawrence von Arabien" gedreht wurde. Nicht nur, dass wir in der Wüste unterm endlosen Sternenhimmel schlafen können, sondern auch in den Bergen oberhalb Petra, der früheren Hauptstadt der Nabatäer, verbringen wir drei Nächte im Hotel, damit wir genügend Zeit haben, uns die rosarote Stadt in Ruhe zu erwandern. Ein weiteres Highlight sind vier Nächte im Mövenpick-Hotel am „Toten Meer". So können wir uns täglich ein Verjüngungsbad im Meer gönnen, bevor wir das Umland mit seinen historischen Sehenswürdigkeiten erforschen. „Gerasa", die größte römische Ausgrabung im Nahen Osten, mit seinem Forum, Theater, Thermen und Tempel. Oder das Palästina-Mosaik in der St.-Georgs-Kirche von Madaba und Mount Nebo. Mittlere Wanderung, Gehzeiten bis 6 Std.
11 Tage ab 2090 €/EZZ ab 260 € (VP)/**ASI**

Nur Frauen werden an einer Kamelsafari mit Wüstenzauber auf der Halbinsel Sinai/Ägypten teilnehmen – das Land, das den Namen der Mondgöttin trägt, fasziniert seit Jahrtausenden durch die abwechslungsreiche Landschaft. Bizarre Sandsteinformationen, zerklüftete Wadis, rosa Granitfelsen, farbenprächtige Korallenriffe und türkisblaues Meer. Der Unendlichkeit des Wüstenhimmels, vor allem dem Zauber des nächtlichen Sternenhimmels werden wir uns nicht entziehen können. Wir lauschen am Beduinenfeuer den Klängen der fremden Sprache und werden vom würzigen Teegeruch geweckt, vom Duft des frisch gebackenen Fladenbrotes und vom frühen Licht, das in tiefdunklem Blau über unserer Schlafstelle aufbricht.
4 – 5 Stunden reiten wir täglich auf unserm Kamel und an manchen Tagen müssen wir 2 – 3 Std. zu Fuß gehen. Die ersten und letzten Tage verbringen wir dann ganz entspannt direkt am Korallenriff, wo wir baden, schnorcheln und tauchen können.
Eine andere Variante führt uns in 10 Tagen fast durch den ganzen Sinai von West nach Ost. Dieses Trekking beginnt in der weiten Sandebene und führt vorbei an der beeindruckenden Kulisse des El-Tih-Plateaus zu Wasserstellen und palmenumsäumten Oasen bis nach Gebl Barqa mit seinen farbigen Sandsteinformationen. BeduinInnen laden uns zum Tee ein und erzählen uns etwas über ihr Leben. Beide Reisen sind leicht bis mittelschwer.
2 Wochen ab 1500 € (VP während der Wüstentour)
Plus! Verlängerung am Roten Meer im Beduinenhüttenhotel/1 Woche ab 150 € (F)/**Frauen Unterwegs – Frauen Reisen**

Sandwüste, so weit das Auge reicht! Von einer Wüste kommen wir zur nächsten!
„Bar bela ma – Meer ohne Wasser" nennen die Beduinen die Sahara. Und wie ein Meer wechselt die Wüste ihr Gesicht, immer wieder neu, überraschend und manchmal unberechenbar. Die Imohag („Freie"), wie die Beduinen sich selber nennen, möchten das harte Leben im Meer aus Sand mit keinem anderen Leben tauschen.
Denn ein arabisches Sprichwort sagt: „Die Sahara ist der Garten Allahs, aus dem dieser alles

überflüssige menschliche und tierische Leben entfernt hat, damit es einen Ort gibt, wo er in Frieden wandeln kann." Wer einmal dem sanften Spiel von Licht und Schatten in den Sandformationen gefolgt ist, wird diesen Satz verstehen. Am intensivsten erleben wir die Sahara, indem wir uns – dem Stile alter Karawanen und dem Rhythmus der Wüste folgend – einfach treiben lassen. Und erst dann, wenn keine Gazelle mehr vor uns flüchtet, wissen wir, dass wir ein Teil der Wüste sind. (Rudolf Hoffman von TRH)

Auf der Route der Salzkarawanen durch die Ténéré und den Großen Erg von Bilma unternehmen wir eine Trekkingkarawane im **NIGER**. Von allen nomadisierenden Saharavölkern sind die Tuareg wohl am bekanntesten. Ihre Unabhängigkeit und Mobilität verdanken diese Wüstennomaden hauptsächlich ihren Kamelen. Erst das Kamel ermöglichte die Eroberung und Unterwerfung fern gelegener Oasen sowie die Kontrolle der Transsahararouten, die wirtschaftlichen Säulen der Tuaregkultur. Es ist ein tief beeindruckendes Erlebnis, wenn man in den Weiten der Ténéré einer dieser großen Karawanen – mit vielen hundert schwer mit Salzkegeln beladenden Kamelen – begegnet. Man wähnt sich in einer anderen Welt, einem unwirklichen Ort fern aller Zeit.
Unsere Trekkingkarawane, die auf der Route der Salzkarawanen die Ténéré durchquert, verläuft ganz im Stil dieser Karawanen. Jeder Teilnehmer reitet bzw. geht täglich allerdings „nur" fünf bis sieben Stunden (½ Salzkarawanen-Tagesetappe). Ein Amrat (Karawanenführer) und 6 bis 8 Nomaden vom Stamm der Kel Tedele begleiten unsere Gruppe. Sie sind erfahrene Karawanenleute und mit ihren Salzkarawanen schon oft die 500 km durch die Ténéré gezogen. Der Verlauf der Dünen und der Wind bei Tage sowie das Sternbild des Orion bei Nacht dienen ihnen als Kompass und zur Orientierung. Wir übernachten in Wüstencamps. Tägliche Etappen betragen 5 – 7 Stunden bei Tagestemperaturen von ca. 18 – 35 Grad. Teamgeist, Abenteuerlust und Komfortverzicht sind Voraussetzung.
22 Tage ab 3800 € (VP)/**TRH**

TRH ist SPEZIALIST FÜR WÜSTENTREKKING.   TIPP!

INFO: Reinhold Messner, vom Extrem des Bergsteigens zum Extrem des Wüstentrekkings, hat diese Trekkingtour vor zwei Jahren mit seinem 12-jährigen Sohn erfolgreich mit TRH durchgeführt.

Nach so viel Meer aus Sand tauchen wir jetzt ins Meer aus Wasser ein!

Wandern & Baden im Paradies der **SEYCHELLEN**. Drei Inseln erleben wir per Fuß, per Rad und per Boot. Faszinierende Pflanzenwelten, endemische Coco-de-Mer-Palmen, grandiose Granitfelsen, kristallklares Wasser, malerische Buchten und endlose weiße Strände erwarten uns. Insider Johannes Bilz entführt uns in eine Welt schillernder Regenwälder, erfrischender Wasserfälle und echter Traumstrände. Leichte Wanderungen
18 Tage ab 3798 €/EZZ ab 598 € (F)/**WIKINGER**

Bleiben wir noch im Paradies; mit Trekking auf **LA RÉUNION** und Baden auf **MAURITIUS** verbringen wir unseren nächsten Urlaub.

La Réunion – auch das Hawaii des Indischen Ozeans genannt. Mal tropisch mal mondartig, alpin oder idyllisch. Pflanzenliebhaber sowie Natur- und Bergfreunde kommen hier voll auf ihre Kosten. Mehrere hundert Kilometer markierter Trekkingpfade lassen keine Wünsche offen. Schnallen wir uns die Wanderstiefel an und los geht's. Im größten und grünsten Talkessel, Cirque du Salazie, wandern wir vorbei an Bananenpflanzungen und Riesenbambus und lernen die berühmte Gemüsefrucht Chouchou kennen. Insgesamt durch- und überwandern wir drei Talkessel, die wir auf manchen Strecken durch den Wildwuchs nur zu Fuß durchdringen können. Frühmorgens brechen wir auf, damit wir rechtzeitig den Gipfel des Piton de Neiges (3070 m, höchster Berg) erreichen, um von hier oben den Sonnenaufgang genießen zu können. Kreolische Hütten und Gärten passieren wir mitten im Herzen des ursprünglichen Réunion. Auf dem Weg zum teilweise noch aktiven Vulkan de la Fournaise (2631 m) verlassen wir den Vegetationsgürtel und bewegen uns in der Schotter- und Basaltregion.

Jetzt haben wir uns vier Nächte auf Mauritius verdient und genießen das Faulenzen an einem Traumstrand. Zeit, um Ausflüge auf der Insel zu unternehmen, verbleibt auch noch genug. Auf La Réunion sind die Wanderungen zum Teil schwer, gute Kondition ist erforderlich.

18 Tage ab 3100 € (VP/HP auf Mauritius)/**IKARUS**

Den Gorillas auf der Spur!

UGANDA wurde von Winston Churchill einst „die Perle Afrikas" genannt. Doch 1972 – 1986 wurde diesem Land eine der größten Tragödien beschert, aber „Gott sei Dank" hat sich seitdem das Alltagsleben wieder normalisiert und es wird auch wieder viel gelacht in Uganda. Die Natur hat sich regeneriert und so birgt Uganda eines der wenigen wirklich authentischen Naturparadiese. In den Bergen Ugandas und den benachbarten Staaten Ruanda und Kongo leben die letzten Gorillas unserer Erde in freier Wildbahn. Die Begegnung mit einem „Silberrücken", dem Familienoberhaupt der Gorillas, und die Beobachtung der sozialen Strukturen, die diese gewaltigen entfernten Verwandten von uns Menschen pflegen, werden uns tief beeindrucken.

Doch wir werden nicht nur die Gorillas im Nebel aufspüren, sondern auch ausgedehnte Pirschfahrten in der traumhaft schönen Graslandschaft von Masai Mara unternehmen, wo die alljährliche Wanderung von Millionen von Zebras und Gnus stattfindet. Wir begeben uns auf eine Äquatorüberquerung, erforschen die eigentliche Nilquelle, den Ausfluss des Nils aus dem Lake Victoria, und campieren wieder im Zeltlager, direkt am Ufer des Weißen Nils. Im Nakuru NP gehen wir den ganzen Tag auf Pirschfahrt und abends am Ufer eines sodahaltigen Sees verbringen wir die Nacht zusammen mit tausenden Flamingos, die sich hier angesiedelt haben.

Nun ratet mal, wo wir als Nächstes campieren werden? Na klar, weil es schön war, wieder an einem See und zwar dem Naivasha-See. Dieser Süßwassersee ist der höchstgelegene Grabenbruchsee. Wer will, schaut sich den Alterswohnsitz von Joy Adams, der Autorin von „Born Free", an. Morgens werden wir dann von dem Gezwitscher tausender Vögel geweckt.

Nur wer beim Lagerauf- und -abbau und beim Kochen mithilft, darf auf diese Trekking-Expedition mit. Und da wir eine zusammengewürfelte internationale Gruppe sind, sind auch engl. Sprachkenntnisse erforderlich.

17 Tage ab 1790 € (VP)/Campinggebühren in Höhe von ca. USD 260 sowie Gorilla-Permit von ca. USD 280 werden vor Ort bezahlt.

Diese Expedition hat **IKARUS** seit 1976 in seinem Programm.

BOTSWANA – *ein Gigant*. Weniger als 2 Millionen Einwohner und die Größe Frankreichs lassen unendlich viel Raum für eine unberührte Tier- und Pflanzenwelt. Fast ein Drittel des Landes wurde zum Naturreservat erklärt. Fünf der schönsten NPs (Nationalparks) stehen auf unserem Reiseplan, darunter die berühmte Kalahari-Wüste, das Okavango-Delta und der Chobe NP. Zusammen mit dem Pilanesber NP in Südarfrika und den Victoriafällen ist diese Reise an Naturerlebnissen kaum zu überbieten.

Der Pilanesberg NP: Hier wurde mit Beteiligung des WWF und Wissenschaftlern aus aller Welt aus 58.000 Hektar Brachland eine neue Heimat für die „Big Five" (Löwe, Leopard, Büffel, Nashorn, Elefant) geschaffen. Die Kalahari bietet uns bei unserer Pirschfahrt ein abwechslungsreiches Landschaftsbild aus Sanddünen, Grasland und Steppen. In den Morgenstunden brechen wir zu unserer zweitägigen Safari in das Okavango-Delta auf, das auch als „Welt des Wassers" bezeichnet wird und Lebensraum für Krokodile und über 80 Fischarten ist. Auf den verzweigten Armen und verschlungenen Pfaden des Deltas sind wir mit Mokoros (Einbaumkanus) und zu Fuß unterwegs. Bevor es zurück in die Heimat geht, übernachten wir noch im Hotel bei den Victoriafällen in **SIMBABWE**. Leichte Wanderungen, meist Campübernachtungen.

20 Tage ab 3498 € (F / 13 x M und A) / **WIKINGER**

Faszination eines schwarzen Kontinents: Fantastische Berglandschaften, das Erbe einer 3000 Jahre alten Kultur und die traditionelle Lebensweise der Stammes- und Volksgruppen machen **ÄTHIOPIEN** zu einem faszinierenden Reiseland. Das Hochland wird uns mit seiner landschaftlichen Schönheit verzaubern. Atemberaubende Berge mit bizarren Gipfeln im Sinien-Gebirge sowie weite Hochplateaus, auf denen in über 3000 m Höhe Ackerbau betrieben wird. In Tis Abay, wo sich der Blaue Nil aus 45 Metern in die Tiefe stürzt, befindet sich im Inneren des 3400 m hohen Wonchi-Kraters der malerische Wonchi-See. Üppige grüne Wiesen werden von glasklaren Bächen durchzogen. Subtropische Flora mit typischen Rundhäusern an fruchtbaren Feldern erwarten uns im Süden. Die Felsenkirchen von Lalibela sind wegen ihrer künstlerischen Qualität – Denkmäler einer einzigartigen christlichen Kultur – von der UNESCO zum Weltkulturerbe ernannt.

Mittlere bis anspruchsvolle Wanderungen von 3 bis 7 Std.

18 Tage ab 3300 € (VP) / **ASI**

Eines der letzten Paradiese: Auf den Spuren von Charles Darwin durchkreuzen wir die faszinierenden Inseln im **GALÁPAGOS**-Archipel. Die wundersame Welt der Anden und Vulkane in **ECUADOR** entdecken wir zusammen mit Insider Horst Kittelmann. Seit Jahren in Ecuador zu Hause, führt er uns durch seine Wahlheimat. Leichte Wanderungen

18 Tage ab 3598 € / EZZ ab 150 € (7 x F / 6 x M / 7 x A) / **WIKINGER**

„Nie hatte ich solche Berge gesehen und ich war gefesselt von ihrer Erhabenheit – sprachlos angesichts dieses überwältigenden Wunders." (P.H. Fawcett)

Wir werden die Wunder **PERUS** auf einer leichten Wanderreise kennen lernen. Von Lima aus fliegen wir nach Arequipa, die Stadt des „ewigen Frühlings". Von hier aus starten wir zum Colca Canyon, mit 3660 m die tiefste Schlucht der Erde. Die Zeit scheint stehen geblieben

zu sein: Malerische Dörfer mit Kolonialkirchen und Indianer mit farbenfrohen Trachten bewirtschaften die fruchtbaren Terrassenfelder. Ein großartiges Schauspiel erleben wir, wenn sich die Andenkondore – die fliegenden Götterboten – von den Aufwinden in die Lüfte tragen lassen! Auf dem Titicacasee, höchstgelegener schiffbarer See der Erde (3810 m ü. M.), unternehmen wir eine Bootsfahrt zur Insel Amantani. Hier besuchen wir die vom Fischfang lebenden Indianer. Unser krönender Abschluss ist eine Wanderung auf dem Inkatrail zur Inkastätte Winay Wayna und weiter über das Sonnentor zur „Stadt in den Wolken" – Machu Picchu. Anforderungen: Leichte Wanderungen
15 Tage ab 2590 €/EZZ 100 € (tlw. Vpfl.)/**HAUSER EXCURSIONEN**

Die einzigartigen Tafelberge, auch Berge der Götter genannt, liegen im nahezu unbesiedelten Herzen des südamerikanischen Kontinents – fern jeder Zivilisation in **VENEZUELA**. In der Mythologie der alten Generation der Pemon-Indianer sind diese Felsburgen seit Jahrmillionen von der Entwicklung des Lebens in der Ebene abgeschnitten. Es sind Refugien überlebender Arten aus längst vergangenen Erdzeitaltern: „Inseln in der Zeit" – oder nach Sir Arthur Conan Doyle „Die vergessene Welt". Viele Tepuis sind noch nie von einem Menschen betreten worden. Ausreichend wissenschaftlich untersucht ist noch keiner. Inmitten dieser geheimnisvollen Welt liegt der Canaima-Nationalpark!
Eine 17-tägige Trekkingtour werden wir durch diesen einmaligen NP unternehmen. Neben einer Trekkingtour auf den ‚Auyan Tepui' und Besichtigung einer verlassenen Diamantenmine der Pimon-Indios werden wir noch eine aufregende Einbaumfahrt unternehmen. Doch unser Höhepunkt ist der höchste Wasserfall der Erde, der ‚Angel Fall'.
Anforderungen: gute körperliche Konstitution, Ausdauer und Trittsicherheit. Wir übernachten neben einfachen Hotels auch in Indianerhütten und Hängematten-Camps.
17 Tage ab 2390 €/EZZ ab 70 € (meistens VP)/**IKARUS**

Die Kleinen Antillen, **MARTINIQUE, DOMINICA** und **GUADELOUPE**: Kenner verbinden mit diesen wunderschönen Tropeninseln verführerische Natur mit rauchenden Vulkankratern, üppigen Regenwäldern, Blütenmeeren, karibischen Traumstränden und Palmen. Allerdings: Personalausweis genügt, denn Guadeloupe und Martinique gehören zu **FRANKREICH**, und das hat Spuren im Lebensstil der kreolischen Menschen und in der Küche hinterlassen!
Wir wandern auf Martinique, Dominica und Guadeloupe u.a. durch die Mondlandschaft des noch rauschenden Vulkans Soufrière, über Schmuggler- und Jesuitentrails, durch dichte Tropenwälder und zu „kochenden" Seen.
Mittlere bis gute Kondition. 16 Tage ab 3230 € (tlw. HP)/**GOMERA TREKKING TOURS**

Auf einer Wander- & Campingtour, kombiniert mit täglichem Tai-Chi im Barranca del Cobre in der Sierra Madre Occidental, werden wir **MEXIKO** *einmal anders erleben*!
Der Barranca del Cobre gilt als eines der großen Naturwunder Mittelamerikas. Im Laufe von Millionen von Jahren hat sich im Norden Mexikos eine gewaltige Berg- und Canyonlandschaft gebildet, in der der nordamerikanische Grand Canyon gleich mehrmals Platz fände. Unsere Tour startet in Los Mochis. Von hier aus nehmen wir den Ferrocarril de Chihuahua al Pacifico nach Creel. Die Eisenbahnstrecke gilt als die schönste Mexikos und führt durch eine atemberaubende Schluchtenlandschaft. Bis hinauf auf knapp 3000 Meter.

Unser Reiseführer und Tai-Chi-Lehrer Stefan zeigt uns nicht nur die einmaligen Landschaften Mexikos, sondern übt mit uns täglich Tai-Chi.
2 Wochen ab 1750 €/ANDEREREISEWELTEN

Aloha Hawaii: Fünf Trauminseln Kauai, Oahu, Hawaii, Maui, Lanai/**USA** für Wildnisfans: Wanderungen durch Canyons auf uralten Pfaden, entlang wilder Küsten- und Vulkanlandschaften. Zwischendurch können wir immer wieder schnorcheln, schwimmen und an palmenbestandenen Sandstränden relaxen.
22 Tage ab 3490 €/inklusive Campingausrüstung, alle lokalen Transfers und Aktivitäten des Reiseprogramms/ANDEREREISEWELTEN

Magisches La Gomera & *vielseitiges* Teneriffa. Erholsam und erlebnisreich zugleich sind die Wanderungen auf zwei der schönsten Inseln der Kanaren. Kombiniert werden die grünen Palmentäler von Hermigua und Vallehermoso und der berühmte Lorbeerwald auf Gomera mit den bizarren Fels- und Vulkanlandschaften im schönen Norden von Teneriffa. Dort geht es auf spektakulären Höhenwegen hinauf bis auf 2000 Meter Höhe. Ganz Ausdauernde können fakultativ sogar Spaniens höchsten Berg, den Teide (3718 m), besteigen. Es bleibt auch Zeit für Strandtage, Stippvisiten in schönen alten Kolonialstädtchen oder für einen Shoppingbummel.
Wir wandern zwischen 3,5 und 5 Std. an 8 Tagen, durchschnittliche bis gute Kondition erforderlich!
15 Tage ab 1550 €/EZZ 390 € (7 x F/8 x M oder A)/Gomera Trekking Tours

An einer felsenreichen Steilküste in der Cinque Terre / Italien liegen fünf kleine Fischerdörfer wie aus einem Mittelmeer-Bilderbuch: Straßen, Häuser, Gassen, Winkel, alles krumm und schief. Weinhänge liegen direkt am Meer, wir können klitzekleine Häfen voller Boote in allen Farben ebenso bewundern wie klassische Sonnenuntergänge auf der Via dell'amore.
Ein kleiner Landstrich zwischen Genua und La Spezia wurde von der UNESCO zum „Weltkulturerbe der Menschheit" erklärt.
Gut markierte Wanderwege verbinden die fünf Dörfer und darüber hinaus die gesamte ligurische Küste. Wir wandern durch Weinterrassen, Macchia, Olivenhaine, Steineichen- und Pinienwälder. Es geht viel bergauf und bergab und immer wieder treffen wir auf faszinierende Ausblicke auf das Meer. Jede Jahreszeit hat hier ihren besonderen Reiz: Im Frühjahr färben Ginster und bizarre Wolfsmilchgewächse die Küstenhänge gelb. Im Herbst leuchten die reifen Trauben von den Weinterrassen und in den Dörfern zieht der Weingeruch durch die Gassen. „Salute", wir kommen im Herbst!
Wir wohnen im Dorf Levanto, nur einen Katzensprung von der Cinque Terre entfernt. Zum Meer sind es fünf Minuten Fußweg.
Wir wandern an 6 Tagen zwischen 2 und 6 Std. bei normaler Kondition.
Je nach Lust und Fitness kann die Strecke verkürzt werden.
10 Tage ab 620 €/EZZ ab 180 €/Unterwegs

Viele Wege führen zum Grab des Apostels Jakobus in Santiago de Compostela. Wir nehmen zunächst die lange Route von GENF BIS ZU DEN PYRENÄEN. Diese Pilgerroute über die via Padiensis ist äußerst abwechslungsreich. Sie führt durch landschaftlich reizvolle Gebiete zum Teil entlang idyllischer Flusstäler, durch St-Palais, wo drei der französischen Jakobswege zusammentreffen. Beim Überqueren der Pyrenäen genießen wir einen herrlichen Rundblick über Frankreich und Spanien. Wir schlemmen uns durch die vielen regionalen Spezialitäten der französischen Küche und deren Weine.

Die besonderen Highlights dieser Wanderreisen sind malerische mittelalterliche Städte wie: Le Pauy-en-Velay, Conques, Figeac, Cahors und St-Jean-Pied-de-Port sowie romanische und gotische Baudenkmäler, abwechslungsreiche Wanderwege und das Lot-Tal.

Mittelschwere bis anspruchsvolle Wanderungen zwischen 2 ½ und 4 ½ Std.

2 Wochen ab 2217 €/EZZ ab 351 € (HP)/BAUMELER

Und auf dem PILGERWEG IN SPANIEN passieren wir die schönsten Abschnitte des nordspanischen Jakobsweges. Die sehenswerten Monumente entlang der Pilgerroute werden wir besuchen und die Reise wie einst Jakobus in Santiago de Compostela abschließen. Highlights dieser Strecke sind alte Kulturstädte wie Pamplona, Burgos, León und die reizvollsten Wanderabschnitte des „Caminos" in Nordspanien sowie besonders viele romanische und frühgotische Baudenkmäler, die unseren Weg säumen.

Diese Wanderungen sind nur mittelschwer, zwischen 2 und 3 ¾ Std.

2 Wochen ab 2351 €/EZZ ab 370 € (HP)/BAUMELER

Berge, Schluchten & Meer in KROATIEN. Unsere Wanderreise beginnt an der zauberhaften Seenlandschaft im Nationalpark Plitvice im Norden und endet am Biokovo-Gebirge, dem „Thron der Adria", im Süden Kroatiens. Wir wandern entlang des Krupa-Flusses zu einem mittelalterlichen Kloster im Naturpark Velebit. Alte Dörfer und Kammwege im Dinaragebirge, die faszinierenden Krka-Wasserfälle, die Tropfsteinhöhle Manita Pec, eine Zweitageswanderung im Nationalpark Paklenica im Velebitgebirge und Bootsfahrten auf dem Fluss Cetina gehören zu dieser abwechslungsreichen Reise. Wir übernachten einmal in einer Berghütte, die anderen Nächte verbringen wir an der blau schimmernden Adriaküste.

Einfache Wanderungen: 2 Wochen ab 1240 €/EZZ ab 150 € (HP)/LUPE

TIPP! *Eine Schnupperreise* mit Axel Neuhaus: 2 Tage lang durchs Siebengebirge, um Natur, Geschichte und Kultur dieses kleinen Gebirges zu erkunden. (½ DZ/HP 170 €)/LUPE

Der Nordwesten SCHOTTLANDS/GROSSBRITANNIEN und vor allem die äußeren Hebriden gehören zu den ursprünglichsten Landschaften Europas. Moore und Wälder, fischreiche Flussläufe, Wasserfälle und eine grandiose Seen- und Küstenlandschaft machen diesen Urlaub unvergesslich. Zu unseren Highlights gehören die Küstenwanderung zum Hafen von Gairloch, der Besuch der Inverewe Gardens, die Isle of Lewis und die prähistorischen Standing Stones of Callanish.

Auf den Bergen am Loch Maree lassen wir unsere Blicke weit über die eindrucksvollen Highlands schweifen.

Hier ist das Leben immer noch einfach und eng mit der Natur verbunden.

Wir übernachten in der ersten Woche in einem komfortablen Leuchtturm – direkt auf den Klippen am Meer gelegen. Die zweite Woche dann in einer traditionellen Torfstecherkate aus Bruchsteinen mit Reetdach im 6-Bett-Zimmer und modernen sanitären Anlagen. Einfach, aber sehr gemütlich. Wir wandern an 8 Tagen zwischen 4 und 6 Std.
11 Tage, Eigenanreise, ab 1198 € (VP)/**NATOURS REISEN**

FLEXIBEL WANDERN: Eine super Idee von Wikinger: Wer will, kann die Wandertouren früher **TIPP!** beenden. Der Reiseleiter informiert uns, an welchem Haltepunkt, vielleicht ein Café, ein Restaurant oder ein schattiges Plätzchen, ein Transferbus für uns bereitsteht. Dies ist bei einigen Wanderreisen auf Teneriffa, El Hierro/**SPANIEN** und in **FRANKREICH** möglich./**WIKINGER**

Sagen und Legenden ranken sich um den **RHEINSTEIG/DEUTSCHLAND**.
Das Rheintal zwischen Taunus und Hunsrück ist ein Ort vieler Mythen und erweckt auch heute noch Fantasien und Emotionen. Die Wanderungen führen uns über alte Leinpfade und Flurwege, durch Weinberge, über Schieferhänge und durch tiefe Täler, vorbei an Klöstern, Schlössern, Burgen und kleinen Orten, gekrönt vom viel gerühmten Rheinpanorama. Standortwanderreise. 7 Wandertage zwischen 16 – 22 km.
8 Tage, Eigenanreise, ab 585 €/EZZ 50 € (HP)/**WIKINGER**

Teuflisch schön und höllisch spannend ist der Harzer Hexenstieg im Harz mit seinen Mythen und Mysterien. Auf insgesamt 97 km Länge führt der Harzer **HEXENSTIEG** von Osterode nach Thale durch das nördlichste Mittelgebirge Deutschlands, den sagenumwobenen Harz. Er bezaubert mit lichten Misch- und dichten Nadelwäldern, bunt leuchtenden Blumenwiesen, plätschernden Bächen und imposanten Talsperren, überragt vom berühmten Brocken. Standortwanderreise, 5 Wandertage zwischen 16 – 24 km
1 Woche, Eigenanreise, ab 498 €/EZZ ab 80 € (HP und Lunchpaket)/**WIKINGER**

SCHWIERIGKEITSGRAD: Was für den einen schwierig, ist für den anderen ganz leicht zu erwandern. Deshalb steht am Ende der Reisebeschreibung, wenn möglich, die täglich zu laufende Kilometerzahl.

INKLUSIVLEISTUNGEN: Anreise; wenn nicht, steht Eigenanreise vor dem Preis/Inlandsflüge oder Bustouren/Reiseleitung/Begleitung/teilweise Eintritte und Besichtigungen/wenn Verpflegung, steht sie als Kürzel in Klammern/Preisberechnung ist für das halbe DZ oder EZ in der günstigsten Saison!
Es werden auch fakultative Ausflüge angeboten, bei dem jeder Reisegast vor Ort entscheiden kann, was er noch zusätzlich mitmachen möchte.

WICHTIG: Geeignetes Schuhwerk mitbringen! Am besten bequeme, knöchelhohe Wanderschuhe mit Profilsohle, die vorher schon eingelaufen wurden.

EVENTS UND UPDATES AUF DER INTERNETSEITE: WWW.DIE-BESTEN-SINGLEREISEN.DE

NORDIC WALKING

GENIAL EINFACH ODER EINFACH GENIAL?

Wohlfühlfitness mit Nordic Walking: „Schwitzen light" ist das neue Motto. Sogar die Sportmedizin rät dazu, einen Gang zurückzuschalten. Wer es schafft, täglich 20 Minuten zu walken, bringt seinen Körper wieder auf Touren. Beim Nordic Walking werden 90 % aller Muskeln aktiviert und bis zu 50 % mehr Kalorien verbrannt als beim Gehen mit derselben Geschwindigkeit. Also ran an die Stöcke und raus in die Natur!

INFO: Sylt verfügt mit seinem 220 km Nordic-Walking-Park über das größte Streckennetz Deutschlands. Und nirgendwo in Deutschland gibt es so viel gute Gastronomie an einem Ort wie auf Sylt. Mehr steht bei Wellness-Reisen beim Veranstalter **SUNWAVE**.

EUROPA WANDERHOTELS: Die Nordic-Walking-Spezialisten in vielen Wanderhotels führen uns in dieses neue, sanfte Gesundheitstraining ein. Außerdem bieten sie in dem Katalog „Die besten Wanderhotels" verschiedene Themenwochen an wie: Wandern & Wellness/Wandern & Malen/Wandern & Golfen/Wandern & Kräutersammeln u.v.m. Auch Singlewochen werden angeboten.

Schatzsuche in den Reihen der Dreitausender im **SALZBURGER LAND/ÖSTERREICH**
Mitten im Salzburger Nationalpark Hohe Tauern gibt es mit dem Habachtal einen der berühmtesten Mineralienfundorte der Alpen. Ein geologischer Lehrpfad macht uns mit den Gesteinen des Tauernfensters bekannt, der zu den einzigen Smaragdlagerstätten Europas führt. Nordic-Walking-Kurs mit Profis und Golf-Schnupperstunde mit dem Chef u.v.m. Inliner-Strecke am Wanderhotel Kirchner.
1 Woche, Eigenanreise, ab 450 € im EZ (HP)/**EUROPA WANDERHOTELS**

TIPP! SINGLE-WANDER-AKTIVWOCHEN: Wanderhotel Kirchner, Hohe Tauern/**EUROPA WANDERHOTELS**

Das **GASTEINERTAL**, einst von Eis und Gletschern geprägt, zählt zweifelsohne zu den schönsten Wandergebieten des Alpenraumes. Die grandiose Bergwelt der Hohen Tauern mit den vielen gemütlichen Almen, rauschende Wasserfälle und klare Bergseen garantieren ein unvergessliches Wandererlebnis. Almrosen- und Kräuter-Wanderwoche u.v.m.
1 Woche, Eigenanreise, ab 600 € im EZ/inkl. Wandern u. Wellness, Hotel zum Stern/**EUROPA WANDERHOTELS**

Gletscher, Almen und Palmen am Fuße des Naturparks Texelgruppe
Der Kontrastreichtum der **MERANER BERGWELT,** die Obst- und Weingärten der Tallandschaft sowie viele Burgen sind unverkennbare Merkmale dieser so reich gesegneten Landschaft. Aquafitness/geführte Wanderungen/Nordic Walking/Spa- und Wellnesslandschaft
30 % Greenfee auf einen 18-Loch- und 9-Loch-Golfplatz sind im Wochenpreis inklusive.
1 Woche, Eigenanreise, 560 € im EZ (HP)/**HOTEL ANSITZ GOLSORHOF EUROPA WANDERHOTELS**

TIPP! SPEZIELLE SINGLE- UND GOLFWOCHEN (50 % Greenfee auf 2 Golfplätzen), Hotel Ansitz Golserhof

Nordic Walking und Tai-Chi der 5 Elemente im Kleinwalsertal / Österreich
Wir wandern durch die Alpenlandschaft des Kleinwalsertales mit gemütlicher Einkehr in Almen und Berggasthäusern sowie mit viel Zeit und Muße für Natur und Landschaft. Ergänzend zum Nordic-Walking-Unterricht wird eine authentische chinesische Heilgymnastik als Warm-up vor dem Wandern im Seminarraum angeboten (yogaähnliche Übungen). Das Tai-Chi der 5 Elemente (die Harmonie) ist eine harmonisierende Säule zum Wandern mit Nordic Walking und lässt sich gut im Alltag als Stressabbau und Revitalisierung integrieren.
Wir wohnen im Naturhotel Chesa Valisa, leicht oberhalb von Hirschegg, inmitten der Natur, abseits des Verkehrs (autofrei) und doch in Dorfnähe mit wunderschönen Ausblicken auf die umliegende Bergwelt.
1 Woche, Eigenanreise, ab 690 €/EZZ a.A. (Vital-VP) Programm inkl.
Das Hotel Chesa Valisa kann auch individuell gebucht werden. Mit einem Gästeprogramm: Yoga/Qi Gong/Wirbelsäulengymnastik/Geführte Wanderung/Kreativangebote u.v.m.
1 Woche ab 540 €/Neue Wege

Nordic Walking für Jung und Alt, ergänzt mit einem attraktiven Rahmenprogramm, bietet Baumeler in Appenzell und Engadin (beides Schweiz) und auf Mallorca (Spanien) an./Baumeler

Nordic Walking bei "Singles & Friends"
Ob in Saas Fee, auf Sylt oder Teneriffa, hier könnt Ihr Euren Singleurlaub sehr gut mit Nordic Walking kombinieren. Sunwave

Nordic Walking bei Frosch Sportreisen:
In fast allen Sportclubs bietet Frosch Einführungskurse und geführte Touren an. Stöcke können kostenlos ausgeliehen werden. Weitere Infos über Frosch, siehe im Kapitel Aktiv & Sun

Events und Updates auf der Internetseite: www.die-besten-singlereisen.de

---

Fahrrad-Reisen

Typisch Fahrradreise: Wir werden uns ganz schön abstrampeln und sind oft aus der Puste – aber wir kommen durch die ganze Welt, wetten?
Fahrrad-Reisen sind „absolut trendy"! Jährlich verbringen rund zwei Millionen Deutsche ihre schönste Zeit des Jahres im Fahrradsattel.
Radelnd erleben wir Kultur und Natur. Mit blitzenden Speichen folgen wir dem Lauf romantischer Bäche und Wege und genießen viel frische Luft. Unsere Ohren lauschen dem Gesang der Grillen, die Augen ruhen auf dem Horizont, unsere Nase erfreut sich am Duft blühender Hecken und Wiesen. Hier und da folgen wir der Einladung der Natur zur spontanen Rast oder auch der eines Weinbauern zu einem erfrischenden Gläschen.
Auf dem Fahrrad gehört uns die Welt! Wir kommen in Kontakt mit anderen Teilnehmern unserer Gruppe und lernen gemeinsam neue Wege kennen.
Die ausgewählten Fahrradstrecken liegen so weit wie möglich abseits vom Autoverkehr. Bei

den einzelnen Etappen haben Highlights wie eine prächtige Kathedrale genauso ihren Platz wie der verwunschene Dorfplatz. Die gefahrenen Kilometer allein sind nicht wichtig, relevant ist der gemeinsame Spaß.

Auf vielen Reisen begleitet uns ein Begleitfahrzeug. Nicht nur dass der Fahrer oft für ein Picknick im Freien sorgt, unauffällig begleitet er die Gruppe, immer bereit, uns auch mal ein Stück mitzunehmen, falls die Radellust uns einmal verlassen sollte. Als fahrende Reparaturwerkstatt ist er auch bei einer Panne behilflich.

Lust auf Stadt mit Rad? ... Hamburg, Paris, New York und Stockholm sind bei Städte-Reisen beschrieben.

Auf die Räder, fertig, los!

Störche staksen über saftige Wiesen und suchen Frösche für die hungrigen Mäuler ihrer Jungen. Man hat das Gefühl, die Zeit ist hier stehen geblieben. Ein wenig verschlafen scheinen die Dörfer und man fühlt sich weit entfernt von Hektik und Stress. Überwiegend abseits der großen Verkehrswege führt uns diese kombinierte Bus-, Rad- und Kulturreise durch die schönsten und interessantesten Gebiete und Städte der drei baltischen Länder: Estland, Lettland und Litauen. Schlösser, Burgen, Wehrtürme und das größte und berühmteste Bernsteinmuseum der Welt, in Palange, werden wir uns anschauen. Vielleicht finden wir ja selbst einen echten Bernstein, wenn wir den Strand mal genauer inspizieren. Auf der Kurischen Nehrung entdecken wir die feinsandigen Strände mit einer atemberaubenden Dünenlandschaft und verträumten Fischerorten am Haff. Den Hexenberg und das Thomas-Mann-Haus werden wir besuchen. Tallinn mit seiner mittelalterlichen Altstadt, Riga im großartigen Jugendstil und Vilnius mit prächtigen Barockbauten, sie alle stehen auf der Liste des Weltkulturerbes der UNESCO. Radeletappen an 7 Tagen zwischen 35 bis 60 km.

12 Tage, Eigenanreise, ab 1250 €/EZZ 240 € (HP)/Leihrad 60 €/Rückenwind

---

Auf die Spuren von Kommissar Wallander begeben wir uns mit dem Fahrrad in Schonen (Skåne), einer Landschaft im südlichen Zipfel Schwedens. Sie ist ein Stück vom Himmel, sagen die Schweden; wogende Getreidefelder und meilenweite Badestrände. Es ist eine vielfältige und kulturell vielschichtige Landschaft, so vielschichtig wie die Landschaft Schonens ist auch der Roman- und Krimiautor Henning Mankell: „Ich habe immer den einen Fuß auf dem afrikanischen Sand und den anderen im schwedischen Schnee", erklärte der in Mittelschweden Gebürtige einmal.

Hautnah werden wir diese Orte aus dem Krimi Mankells erleben.

Mariagatan – welches könnte wohl das Haus von Kommissar Wallander sein? Und Pepes Pizza, die wirklich vorzüglich schmeckt! Nein, Kommissar Wallander war länger nicht mehr hier. Zwei Ecken weiter ein kleiner Laden, hier holte sich Wallander seine Opernplatten. Zwei Minuten mit dem Rad, und wir stehen vor Fridolfs Konditorei. Eine Sünde ist sie wert ... Und fast schon außerhalb der Stadt das Polizeipräsidium, ein unscheinbarer Holzbau. Hier holte sich Mankell Rat für seine Romane. Doch Mordopfer gibt es in Ystad nicht – das ist Fantasie. Jeden Tag spüren wir mit dem Rad die Orte des Geschehens auf, und wenn nicht bei der leckeren Pizza oder beim gemütlichen Torteschlecken, spätestens bei einer

Burgbesichtigung oder Schlösserrunde fantasieren wir vielleicht auch mal eine gruselige Krimigeschichte zusammen. Radeletappen zwischen 26 und 40 km
8 Tage, ab 735 €/EZZ 150 (F)/**CLUB AKTIV**

Alte Schleusenwärterhäuschen, schöne Parks und alte Brücken passieren wir entlang am Telemark mitten im Herzen **NORWEGENS**. Auf ihrem Lebensnerv, dem Telemarkkanal, treffen sich Gegenwart und Vergangenheit, Industriezeitalter und Naturerlebnis. Per Schiff und Rad genießen wir diese unvergleichlich schöne norwegische Landschaft. Mit der Fähre geht's nach Larvik und Weiterfahrt nach Ulefoss. Am 2. Tag fahren wir zum Ausgangspunkt unserer Radeltour mit einem der Kanalschiffe M/S „Victoria" oder M/S „Henrik Ibsen", vorbei an alten Schleusen mit feinen Ziegelsteinwänden. Am nächsten Tag beginnt die eigentliche Radtour am Kanal entlang zurück nach Ulefoss. Eine mehrtägige Tour in naturschöner Landschaft. Eine besondere Übernachtung genießen wir in einem Hotel im norwegischen Drachenstil. Radeletappen zwischen 25 und 40 km
1 Woche ab 995 €/EZZ 250 € (F)/**CLUB AKTIV**

Der Golfstrom bestimmt das milde Klima. Palmen, Rhododendren und Fuchsien setzen markante Farbtupfer in die grüne Landschaft **IRLANDS** (Geheimtipp unter Kennern).
Die Grafschaften Leitrim, Cavan und Sligo sind ein kulturelles Juwel, bekannt für ihre Musik, Sagen und Legenden. Unsere Irlandreise beginnt mit einer Woche Aufenthalt in einem 1827 im georgianischen Stil errichteten Farmhouse. Hier kann jeder eine Woche lang selbst entscheiden, ob er mehr Ruhe und Erholung oder mehr Aktivitäten wie Radtouren und Wanderungen zu den Dolmen, Ruinen, Bergen und Seen unternehmen möchte. Der Lake Fenagh vor unserer Haustür lädt zum Baden und Paddeln ein. Pferde wiehern auf der Weide, während Katzen auf der Jagd nach Mäusen sind, und wir lauschen in den Pubs beim leckeren irischen Bier und keltischer Musik den Sagen und Legenden der gastfreundschaftlichen Iren.
In der Fahrradwoche radeln wir an 5000 Jahre alten Menhiren und Megalithgräbern vorbei, erklimmen Berge, schwimmen in malerischen Seen und im Atlantischen Ozean, durchqueren Hochmoorlandschaften, nehmen uns Zeit für Strandspaziergänge und lauschen der tosenden Meeresbrandung. Auf dem Rückweg passieren wir die irische Seenplatte. Die einzelnen Etappen enden in komfortablen Bed-&-Breakfast-Häusern.
2 Wochen, Eigenanreise, ab 1079 € (1 Woche HP/1 Woche F)/ONE WORLD
Auch eine **KANUWOCHE** ist möglich, ab 340 €, und alles ist miteinander kombinierbar./ONE WORLD mit Rucksack Reisen

TIPP!

„Auf der Lüneburger Heide/Deutschland, in dem wunderschönen Land ..." (Hermann Löns)
Wie wahr, denn einmalig ist der Naturpark rund um den Wilseder Berg, und ebenso schön präsentiert sich auch die Südheide. Vogelgezwitscher von Vögeln aus aller Herren Länder empfängt uns in Walsrode, einem der größten Vogelparks der Welt. Wir besuchen die Stiftsdamen im Kloster Wienhausen und bestaunen in Gifhorn eines der interessantesten Freilandmuseen des Landes. Auch die historischen Städte Lüneburg und Celle sind Höhepunkte auf unserer Radeltour. Radeletappen an 6 Tagen zwischen 29 und 40 km
1 Woche, Eigenanreise, ab 765 €/EZZ 115 € (HP)/**DIE LANDPARTIE**

Vor den Toren **Hamburgs** radeln wir durch die Elbmarsch in die Grafschaft Rantzau und übernachten zur Abwechslung mal in einer Heuherberge in Lutzhorn. Unser Tourguide ist Diplom-Geograph der Uni Hamburg mit langjähriger Erfahrung in geführten Radwandertouren. Durch seine regionalen Kenntnisse wird er uns interessante und unterhaltsame Einblicke in die Geschichte der kulturhistorischen und geologischen Entwicklungen der faszinierenden Landschaften rund um Hamburg geben.
Wir radeln 50 und 60 km/Wochenendreise, Eigenanreise, ab 159 € (VP)/**Andererseiwelten**

Wer kennt ihn nicht, den „ Schimmelreiter" von Theodor Storm? Hautnah im Wattenmeer *bei Ebbe und Flut und windzerzausten Haaren* wollen wir nachempfinden, was er damals erlebt hat. Zusammen mit den Friesen in **Nordfriesland / Deutschland** können wir dann beim Rumgrog oder Pharisäer die vielen Geschichten von damals weiterspinnen. Auf der mondänen Urlaubsinsel Sylt kommen wir dann schnell auf den Boden der Tatsachen zurück. Amrum, Föhr und Langeneß müssen wir bei unserem Inselhopping auch noch erobern und vergleichen sollten wir keine Inseln miteinander, denn alle sind eigenständige Schönheiten. Seehunde bevölkern die Sandbänke, und Wildgänse, Schnepfen, Seeschwalben, Rotschenke und Regenpfeifer geben sich alljährlich zu Tausenden ein Stelldichein und vollführen ein einzigartiges Naturschauspiel. Radeletappen zwischen 24 und 55 km an 7 Tagen,
1 Woche, Eigenanreise, ab 745 €/EZZ 135 € (HP)/**Die Landpartie**

Vielleicht läuft uns in Bodenwerder ja der „Lügenbaron Münchhausen" über den Weg und in der „Rattenfängerstadt" Hameln passen wir genau auf, dass wir beim Betrachten der schmucken Fachwerkhäuser nicht aus Versehen dem Rattenfänger anstatt unserer Reiseleiterin folgen.
Dort, wo aus Werra und Fulda die **Weser / Deutschland** entsteht, liegt das Fachwerkidyll Hann. Münden. Von hier aus folgen wir den Windungen des Flusses durch das Weserbergland, das mit zahlreichen Waldgebieten und kleinen schmucken Orten so manchen Schatz bereithält. Ab Porta Westfalica erreichen wir die norddeutsche Tiefebene, hier beginnt die romantische, geschützte Auenlandschaft. Weit blicken wir über das flache Land mit Wiesen, auf denen schwarz-weiß gefleckte Kühe grasen. Hinter hohen Bäumen und Hecken liegen versteckte Bauernhöfe und zahlreiche Windmühlen kreuzen unseren Weg. In der bekannten Reiter- und Pferdestadt Verden steht nicht nur stolz der Dom als Wahrzeichen mitten in der Stadt, sondern auch edle Pferde grasen auf den Koppeln der Reiterhöfe.
Abseits der Straßen radeln wir abgasfrei bis in die Innenstadt Bremens. Sehenswert sind in Bremen nicht nur das Schnoorviertel, der Roland und das Denkmal der Bremer Stadtmusikanten, auch sonst ist Bremen eine sehr schmucke und gemütliche Stadt.
Radeletappen an 7 Tagen zwischen 37 bis 56 km,
8 Tage, Eigenanreise, ab 765 €/EZZ 160 (HP)/Leihrad plus 55 €/**Rückenwind**

Prag / Tschechien, die *Stadt voller Geschichte*, gespickt mit Sehenswürdigkeiten und gefärbt mit Lebensfreude, steht am Anfang unserer Reise. **Dresden / Deutschland** mit Zwinger, Semperoper und Frauenkirche bildet den Schlusspunkt. Zwischen den Städten ist es aber nicht weniger spannend, denn wir fahren entlang der Moldau und der Elbe, besuchen kleine, hübsch restaurierte Orte und Dörfer und durchqueren romantische Flusslandschaften. Die

Grenze passieren wir vor Bad Schandau. Beim Basteifelsen lassen wir den Blick weit übers Elbtal mit seinen bizarren Tafelbergen schweifen. Eine gelungene Kombination aus Großstadt-flair mit viel Kultur und eindrucksvollen Naturlandschaften. Wir radeln an 5 Tagen zwischen 43 und 55 km

8 Tage, Eigenanreise, ab 750 €/EZZ 160 (HP)/Leihrad plus 55 €/**Rückenwind**

Nicht nur *Schlösser, Burgen und musizierende Zigeuner* werden uns auf unserer Radeltour durch **Ungarn** beeindrucken, sondern auch die vielen Bademöglichkeiten. An einem Tag schwimmen wir in der größten Badewanne Europas, im Thermalsee Héviz, und am nächsten Tag im größten See Mitteleuropas, dem Plattensee.
Von Sopron aus beginnt unsere Radeltour nach Fertörákos, einer 800 Jahre alten Gemeinde, die seit 2001 zum Weltkulturerbe gehört. Weiter geht's, vorbei an Schlössern und Burgen, durch kleine Dörfer und gepflegte Kurorte, in denen wir uns zwischendurch immer wieder bei einem Thermalbad entspannen können. Einmalige Panoramablicke genießen wir entlang des Plattensees und kosten abends den ungarischen Wein auf einem Weingut. Die Krönungsstadt Székesfehérvár, in der im Jahr 1000 Stephan zum ersten ungarischen König gekrönt wurde, ist unser nächstes Radelziel.
Auf geht's in Richtung Budapest, das „Paris des Ostens" wird auch wegen der vielen Ther-malquellen „Wellness-City" genannt. Hier bleiben wir 3 Nächte.
Beim Ausflug zum Donauknie nach Visegrád passieren wir die Stadt der Künste und Künstler Szentendre. Auf der schönen blauen Donau fahren wir dann mit einem Schiff zurück nach Budapest. Wir radeln zwischen 25 und 60 km, leicht bis mittelschwer.
2 Wochen ab 1235 €/EZZ 200 € (HP)/**Wikinger**

Hinterm Horizont warten das Meer und Venedig auf uns. Doch zwischen **Bozen** und **Venedig / Italien** ist es noch ein langer Weg, gespickt mit vielen Höhepunkten. Genussvoll ra-deln wir durch die Weinberge Südtirols, schippern ein Stück auf dem Gardasee, radeln weiter den Etsch entlang bis zur Mozartstadt Ala/Dolce. Verona und Padua liegen am Wegesrand und müssen erobert werden. Von den Hügeln der „Monti Berici" lassen wir den Blick weit über die Stadt Vicenza schweifen. Im Thermalbad in Abano Terme können wir unsere ge-schundenen Glieder mal wieder so richtig auf Vordermann bringen. Und dann ... irgendwann sehen wir endlich das Meer und Venedig, die auf Pfählen erbaute Stadt.
„Ich sah die Bauten steigen aus den Wogen wie Zauberers Blendwerk; ein Jahrtausend stand vor mir, die dunklen Flügel ausgespannt", das schrieb Lord Byron.
Dem Zauber Venedigs werden auch wir uns nicht entziehen können.
Radeletappen zwischen 45 und 70 km
8 Tage, Eigenanreise, ab 1078 €/EZ a.A. (HP)/Leihrad plus 55 €/**Eurobike**

Eindrucksvoll empfängt uns der Ätna auf **Sizilien / Italien.** Doch seinen unwiderstehlichen Charme genießen wir auf Distanz. Zunächst besuchen wir die reizvolle Bergstadt Palazzolo und radeln dann bis Cavagrande, dem größten Canyon Europas. Hier bietet sich uns ein grandioser Blick auf die ganze Ostküste Siziliens. Wir besuchen die historische Altstadt von Modica und die kleine Barockstadt Ragusa, radeln weiter auf einer ebenen Panorama-straße zum südlichsten Teil Siziliens und machen Pause im Fischerstädtchen Marzamemi. Im

Naturschutzgebiet Vendicari, einer Küstenoase, können wir die zahlreichen Wandervögel, die hier durchziehen und Halt machen, beobachten.

Weiter geht's dann nach Siracusa, eines der wichtigsten archäologischen Zentren Siziliens und ehemalige Heimatstadt des Archimedes. Das gesamte Nototal zählt seit 2002 zum Weltkulturerbe. Wir übernachten nicht nur in Hotels, sondern auch auf Bauernhöfen!

Radeletappen an 6 Tagen zwischen 30 und 60 km,

8 Tage, Eigenanreise, ab 695 €/EZZ 150 € (F)/Leihrad plus 70 €/**NATOURS REISEN**

Im märchenhaften Marrakesch, einer der faszinierendsten Königsstädte **MAROKKOS**, beginnen wir unsere Reise. Am beeindruckendsten sind wohl die zahlreichen Handwerkermärkte (Souks), wo die Messingschmiede in traditioneller Hingabe das Metall hämmern. Ein betörender Duft von Safran, Ingwer und Orangenblüten liegt in der Luft. Wir begeben uns in die Künste der Apotheker und Naturheilkundler, wo Phiolen mit Rosen-, Jasmin- und Minzeextrakten sowie Kajal und Moschus auf den Regalen lagern. Hier werden noch spezielle Cremes und Öle für kleine Wehwehchen angerührt. Natürlich haben wir auch Gelegenheit, dies und das auszuprobieren!

Abends lassen wir uns auf der Dachterrasse eines Cafés direkt über dem berühmten Platz „Jemaa el Fna" (Gauklermarkt) nieder. Erzähler, Musiker, Wahrsager und Schlangenbeschwörer geben sich hier tagsüber ein Stelldichein. Während wir unseren „Thé à la menthe",genießen, beobachten wir, wie aus dem Gauklerplatz plötzlich ein riesiges „open air"-Restaurant wird, in dem Gastronomen kulinarische Köstlichkeiten offerieren. Die hinter dem Atlasgebirge untergehende Sonne hinterlässt ein fantastisches Abendrot über den ockerfarbenen Stadtmauern und lässt Marrakesch an das Märchen aus Tausendundeiner Nacht erinnern. Eine Karbidlaterne nach der anderen leuchtet auf. In der sternenklaren Nacht geht der Mond seiner wahren Bestimmung nach; er ist die „tausendunderste" Laterne des Platzes „Jemaa el Fna".

Unsere erste Radtour beginnt zwischen der quirligen Marktstadt Beni Melal und dem Berberort Azilalin, vorbei an dem eindrucksvollen Wasserfall „Cascades d'Ouizoud". Auf Höhenstraßen radeln wir durch die atemberaubende Landschaft des mittleren Atlasgebirges. Unser nächstes Ziel ist Erfoud, der Hauptort im größten Oasengebiet Marokkos. Hier haben wir eine einmalige Gelegenheit, mit dem Jeep zu einem der prächtigsten Dünengebiete, dem Erg Chebbi, zu fahren. Bevor es losgeht, zeigt uns ein Berber, wie man kunstvoll den Turban anlegt, um vor dem Wüstensand geschützt zu sein. Dankbar sind wir spätestens dann, wenn uns das Kamel durch die imposanten Sanddünen schaukelt. Geführt wird dieser kurze Kameltreck von dem einheimischen Beduinenstamm, den Tuareg, die uns mit einer zurückhaltenden Gastfreundlichkeit im Ergg Chebbi empfangen. Mit ihren königsblau leuchtenden Kaftans und den geheimnisvollen dunklen Augen bewirten sie uns später in familiärer Runde mit dem köstlichen „Tangier", dem marokkanischen Nationalgericht, und lassen diesen Ausflug zu einem unvergesslichen Erlebnis werden.

Eine der schönsten Oasen Marokkos finden wir in Gorge du Todra vor. Eindrucksvolle Kasbahs vor imposanter Gebirgskulisse begleiten weiterhin unseren Weg. Wer will, kann zusätzlich zur berühmten Kasbah-Stadt Ait Benhaddou, die zum Weltkulturerbe zählt, radeln. In Agadir kann auch wieder jeder selbst entscheiden, ob Küstenwandern oder doch lieber wieder mit dem Drahtesel auf Tour gehen. Zur Künstler- und Hafenstadt Essaouira radeln wir dann wieder gemeinsam. Weiße Häuser mit blauen Läden sowie eine Mischung verschiedener Baustile prägen das Bild des charmanten Städtchens. Zeit, um die Füße in den goldgelben langen Sandstrand zu stecken oder ein erfrischendes Bad im Atlantik zu nehmen. Früher ankerten römische und portugiesische Seefahrer im Hafen, heute sind es die Fischer mit ihren bunten Holzbooten und ihren prall gefüllten Netzen mit Sardinen. Na, wer hat jetzt Appetit auf fangfrische, gegrillte Sardinen bekommen?

Radeletappen an 7 Tagen zwischen 30 und 63 km, mittelschwer

2 Wochen ab 1798 €/EZZ 200 € (HP)/**WIKINGER**

Wer kommt mit auf die nächste anstrengende, aber einmalige Abenteuerreise in **KENIA** und **TANSANIA**. Sportsgeist ist hier gefragt. Unterwegs auf einer mehrtätigen Biketour besuchen wir Massai-Dörfer und radeln durch Savanne und Busch, durch Kaffee- und Bananenplantagen. Fast ständig haben wir den Kili vor Augen. Per Allrad-Fahrzeug geht es auf Safari in den Tsavo National Park, die Welt der Giraffen, Zebras und Antilopen. Danach umrunden wir per Bike im Amboseli National Park den Kili. Eine Pirsch rundet den Aufenthalt ab. Hier leben neben vielen anderen Tieren Löwen, Geparden und Elefanten.

Nach 11 Tagen wechseln wir vom Biking zum Hiking, schnüren unsere Wanderstiefel und beginnen das 5-tägige Kilimanjaro-Abenteuer, die Besteigung des höchsten Berges Afrikas. Der Uhuru ist unser Ziel. Bei der Nord-Süd-Überschreitung arbeiten wir uns langsam zur Eisregion am Gipfel vor. Doch bevor es so weit ist, übernachten wir noch mal ganz erholsam in der School Hut (Hütte). Träume sollen wahr werden, wenn das erste Morgenrot hinter den spitzen Zacken des Mawenzi dämmert. Mit spektakulären Ausblicken erklimmen wir das letzte Stück.

Biken: Tagesetappen bis 70 km, einfach bis mittelschwer/Hiken: mittelschwer (Hotel und Zelt)

19 Tage ab 3390 €/EZ a.A./(VP)/**HAUSER EXKURSIONEN**

Begriffe wie *Che Guevara, Cuba Libre und die kubanische Revolution* sind nur einige, die wir mit der Karibikinsel in Verbindung bringen. **KUBA** ist nicht nur ein Paradies für Fahrradfahrer, sondern für viele Kubaner ist das Rad auch das wichtigste Verkehrsmittel. Nach unserer ersten Nacht in Havanna besichtigen wir in der Tabakregion Pinar del Río im Westen Kubas eine Tabakfabrik und lernen anschließend die legendäre Tabakpflanze auf flachen Feldern zwischen steil aufragenden Kegelfelsen im Viñales-Tal kennen. Zunächst radeln wir in der Sierra de Los Órganos, dann entspannen wir am malerischen Strand von Cayo Jutías. Im Ancón Valley führt uns unsere Fahrt durch malerische Landschaften. Unterwegs haben wir die Möglichkeit, ein Forsthaus zu besuchen, in dem Fidel Castro zu Beginn der Revolution geheime Treffen abhielt. Am nächsten Tag werden wir in Cueva de los Portales die Grotte, die während der Kubakrise im Oktober 1962 von Che Guevara als Rückzugsgebiet genutzt wurde, besichtigen. Weiter radeln wir an kleinen typischen Dörfern vorbei nach Soroa und sollten den berühmten Orchideengarten nicht verpassen.

In der Sierra del Rosario geht's dann gemütlich weiter durch vegetationsreiche tropische Hügellandschaften und durch Mahagoni- und Zedernwälder. Zwischendurch sorgen kleine verträumte Bäche oder Heilquellen und Thermalbäder für Erfrischung.

Am 7. Tag kehren wir nach Havanna zurück. Hier, in Habana Vieja, befindet sich auch die berühmte Bar „ Bodequita del Medio", wo Ernest Hemingway, berühmter Schriftsteller, nicht zuletzt durch das Buch „Der alte Mann und das Meer", einst seinen Mojito mixen ließ. Auch heute noch eine bedeutende touristische Attraktion, wo es sich mit den Einheimischen über den Nobelpreisträger fachsimpeln lässt.

Am nächsten Tag heißt es Abschied nehmen. „Adíos, Perle der Karibik."

Radelstrecken zwischen 30 und 55 km an 5 Tagen

8 Tage, Eigenanreise, ab 565 € (F/plus 10 Mahlzeiten)/ SPRACHCAFFE

TIPP! Mit TANZKURS, TAUCHEN ODER SPANISCHLERNEN können wir unseren Aufenthalt auf Kuba kombinieren oder verlängern!

Auf der grünen Urwaldinsel in TASMANIEN / AUSTRALIEN, *weit weg von zu Hause*, werden wir den Tasmanischen Teufel hautnah erleben. Hier zeigt sich das „wilde Australien" in besonders beeindruckender Vielfalt. Ausgedehnte Regenwälder, weite Grasebenen, schroffe Bergkulissen, wilde Flüsse und bezaubernde Küstenlandschaften. Exotische Tier- und Pflanzenwelt in den Nationalparks. Und Hobart – schönstgelegene Hafenstadt der Welt.

Wir starten in Hobart mit dem Katamaran nach Port Arthur. Satteln dann die Räder und starten durch die Myrtenwälder. Über die Spitze Tasmaniens gelangen wir nach George Town, radeln am Tamar-Fluss entlang in Richtung Süden, vorbei an Obstplantagen, Weingütern und Farmlandschaften. Im Trowunna Wildlife Park erleben wir den Tasmanischen Teufel hautnah. Wir passieren die Mondlandschaften und fahren zur Minenstadt Queenstown. Das Herz des „Hydrolandes", mit hohen Niederschlagsmengen und mit dichtem Urwald bewachsen, durchradeln wir, bis wir dann nach unserer Rundreise in Hobart wieder ankommen.

Radeletappen an 18 Tagen zwischen 38 und 95 km, recht sportlich

20 Tage, Eigenanreise, ab 2990 €/EZZ 760 (F)/ BAUMELER

TIPP! Tasmanien ist ein GEHEIMTIPP unter Radfans!

Heilige Berge, alte Legenden, geheimnisvolle Tempel und ursprüngliche Dörfer erwarten uns auf BALI / INDONESIEN, der Insel der Götter.

Angekommen auf Bali, schwingen wir uns aufs Rad und los geht's. Vorbei an malerischen Dörfern und Tempeln, die am Wegesrand stehen. Anschließend streifen wir durch den Affenwald, wo auch die seltenen Pala-Muskatbäume stehen. Am Fuße des Vulkans Batukau liegen die üppigen Reisterrassen, die sich an steilen Hängen übereinander staffeln. Auf dem Weg nach Yeh Pans radeln wir an Kakaoplantagen vorbei. Wir besuchen eine Bauernfamilie im Dorf Auman. Exotische Früchte, freundliche Menschen in farbenfrohen Sarongs, fantastische Berglandschaft und tropische Pflanzenwelt sind unsere Wegbegleiter.

Balis heiligsten und höchsten Berg, den Vulkan Agung (3142 m), werden wir bei klarer Sicht ehrfurchtsvoll erblicken. Weinliebhaber, aufgepasst, auch auf Bali gibt es einen guten Tropfen, das kleine Dorf Sengkidu, unsere nächste Station, ist für seinen Bali-Arak berühmt. Na, denn prost! Im kleinen Ort Umah Anya besuchen wir ein traditionelles Wohnhaus mit eigenem Familientempel, frische tropische Früchte und exotische Gewürze laden zum Probieren ein. Ein Trekkingausflug bei Sonnenaufgang zum zweitheiligsten Berg der Balinesen belohnt uns mit Vogelgezwitscher und imposanten Blicken über die üppige Vegetation. Baden oder schnorcheln, entspannen am Meer oder stöbern auf quirligen Märkten, balinesischer Musik lauschen oder eine Tanzdarbietung anschauen, das sind Möglichkeiten, unsere freien Tage individuell zu gestalten. Radeletappen an 5 Tagen zwischen 10 und 25 km, leicht 12 Tage ab 1600 €/EZZ 255 € (HP) / **GEBECO**

Gemeinsam mit unseren vietnamesischen Begleitern fahren wir auf vielen Abschnitten unserer Route mit dem Rad, so wie große Teile der einheimischen Bevölkerung es auch täglich tun. Das erleichtert uns die Kontaktaufnahme zu den überaus aufgeschlossenen **VIETNAMESEN** und ein *„Sich-Anlächeln" in Augenhöhe*.

Angekommen in Boomtown Saigon, lassen wir es erst mal langsam angehen. Bei einem gemütlichen Spaziergang holen wir uns die ersten Eindrücke dieser Stadt. Mit einem Cyclo (Fahrradriksha) lassen wir uns dann durch Chinatown zu den Museen und Pagoden kutschieren. Nun wird es aber Zeit fürs Fahrrad: In den nächsten fünf Tagen erobern wir das fruchtbare Mekong-Delta. Wobei wir uns mit dem Tempo selbstverständlich den ungewohnten klimatischen Verhältnissen anpassen. Schaurig läuft es uns über den Rücken, wenn wir uns die „berühmt-berüchtigten" Vietkong-Höhlen bei Cu Chi ansehen. Danach sorgen Relaxen, Schwimmen und gutes einheimisches Essen im Strandresort bei Mui Ne in den nächsten Tagen für Abwechslung. Hier lassen wir unsere Seele baumeln. Gut erholt, stürzen wir uns dann wieder ins Getümmel der aufregenden Erlebnisse. Wir fahren entlang der Küste nach Cam Ranh, besuchen das historische Städtchen Hoi An, schnuppern ländliche Idylle oder besuchen die alte Cham-Königsstadt My Son. Dann geht's weiter zu den berühmten Marmorbergen, wir passieren den Wolkenpass und erreichen dann die Kaiserstadt Hue und die Zitadelle. Der Bootsausflug auf dem Parfüm-Fluss verwöhnt unsere Sinne und ein leckeres vietnamesisches Mittagessen unseren Gaumen. Das Grabmal des Königs Tu Ducs und die Thien-Mu-Pagode besichtigen wir, bevor wir mit dem „Wiedervereinigungszug" gen Norden, zur Halong-Bucht, gemächlich dahinrattern. Ein Boot bringt uns in eine einsame, idyllisch gelegene Bucht, wo wir dann auf dem Boot übernachten werden.

Hanoi, eine der schönsten Hauptstädte Asiens, werden wir mit dem Cyclo und zu Fuß erobern. Zum Abschied gibt's ein Abendessen „aufs Haus".

Radeletappen an 7 Tagen zwischen 15 und 40 km, mit normaler Kondition gut zu schaffen. 24 Tage ab 2800 €/EZZ 300 €/(F)/**ONE WORLD**

INFO: Wir werden auch ein Projekt für blinde Kinder in Saigon besuchen: das "Seeing Hands Project", wo blinde Kinder und Jugendliche die traditionelle Blindenmassage lernen, um sich ihren Lebensunterhalt zu verdienen. Hier können wir uns – wenn wir wollen – massieren lassen oder einfach nur im Dampfbad entspannen. Eine angenehme Möglichkeit, sich selber und anderen etwas wirklich Gutes zu tun!

AUSZEICHNUNG: Diese Reise wurde von der GEO Saison mit der Goldenen Palme ausgezeichnet.

Für nur 340 €/5 Tage gibt's **ANGKOR WAT / KAMBODSCHA** auch noch inklusive.

TIPP!

Im Reich der Mitte: Wir radeln in **CHINA** durch landschaftlich schönste Gegenden, oft weitab touristischer Trampelpfade. Neben der über 4000 Jahre alten Hochkultur erleben wir ein vielfältiges chinesisches Alltagsleben. Unser Reiseleiter wird uns so manche Sehenswürdigkeiten, die in keinem Reiseführer erwähnt werden, zeigen. Da „China By Bike" auf Radreisen in China spezialisiert ist und die einzelnen Reisen sehr unterschiedlich sind in Bezug auf Landschaften, Höhepunkte und Schwierigkeitsgrad, werden nachfolgend mehrere Reisen in Kurzform dargestellt:

Die leichteren Einsteigertouren:

„Land von Fisch und Reis" führt entlang dem Kaiserkanal mit seinen Seitenkanälen und den weltberühmten Landschaftsgärten – Suzhou und Hangzhou. Mit Schanghai im Vor- und Abschlussprogramm. 13 Radeltage von 30 bis 80 km, meist flach.
22 Tage ab 2600 €/EZZ 450 €/China By Bike

Bei **„Meer des Südens",** auf der tropischen Insel Hainan, verbinden wir gemütliches Radeln mit der Möglichkeit, im Südchinesischen Meer zu baden. Abschlussprogramm in Hongkong. 12 Radeltage von 24 bis 82 km, 2 leichte Bergetappen.
22 Tage ab 2800 €/EZZ 350 €/China By Bike

„Chinesische Landpartie" China umfassend und trotzdem mit Muße erleben. Die schönsten Landschaften Chinas zu Fuß und mit dem Fahrrad, unter anderem die Vielvölkerprovinz Yunnan und die Karstlandschaft Guilins. Vorprogramm in Peking, Abschlussprogramm in Shanghai. 9 Radeltage von 25 bis 65 km, zwei Wandertage.
23 Tage ab 2900 €/EZZ 350 €/China By Bike

„Heimat der Pandas", in der südwestchinesischen Provinz Sichuan befindet sich das größte Pandareservat Chinas. Wir fahren durchs „Rote Becken", wandern durch die Bifeng-Schlucht und staunen über eine der größten Buddhastatuen der Welt. Abschlussprogramm Peking und die Große Mauer. 10 Radeltage von 30 bis 83 km.
22 Tage ab 2600 €/EZZ 350 €/China By Bike

Wer mehr km auf dem Tacho haben möchte, kann bei den nachfolgenden Radreisen mitradeln.
„Goldenes Dreieck" China, Laos und Thailand. Vom Süden der chinesischen Provinz Yunnan radeln wir am Mekong entlang nach Laos und Nordthailand. Mit einer zweitägigen Mekong-Bootsfahrt von der ehemaligen laotischen Königsstadt nach Chiang Rai. Abschlussprogramm, 2 Tage in Chiang Mai. 17 Radtouren mit insgesamt 1050 km.
26 Tage ab 3000 €/EZZ 300 €/China By Bike

„Entlang der Burmastrasse" von Südwestchina nach Nordburma (Mandalay). Weiter radeln wir zum Inle-See. Wir folgen der berühmten Burmastraße bis Mandalay. Dann weiter über Bagan nach Yangon. Abschlussaufenthalt in Yagon. 21 Radtouren von insgesamt 950 km/ 30 Tage ab 3400 €/EZZ 350 €/China By Bike

„Tal des Roten Flusses" von Südwestchina nach **Vietnam.** Wir passieren den berühmten Steinwald, den Fusian-See und die historische Stadt Jianshui, die Reisterrassen von Yuanyang sowie das Tal des Roten Flusses. Folgen dem Flusstal bis nach Vietnam und erreichen die vietnamesische Hauptstadt Hanoi. Dreitägiger Ausflug mit Bademöglichkeit in der Halong-Bucht. 12 Radtouren von insgesamt 825 km/23 Tage ab 2900 €/EZZ 250 €/China By Bike

Bei den verschiedenen Kombinationen haben wir die Möglichkeit, neben China auch die angrenzenden Staaten wie BURMA und THAILAND, LAOS und VIETNAM zu beradeln!/CHINA BY BIKE **TIPP!**

NA, LUST MITZUKOMMEN? – WELTWEIT OHNE EINSAMKEIT!

SCHWIERIGKEITSGRAD: Was für den einen schwierig, ist für den anderen ganz leicht zu erradeln. Deshalb steht am Ende der Reisebeschreibung die täglich zu fahrende Kilometerzahl.

Inklusivleistungen: Anreise, wenn nicht, steht Eigenanreise vor dem Preis/wenn Verpflegung im Preis inkludiert ist, steht sie als Kürzel in Klammern/Preisberechnung ist für das halbe DZ, wenn nicht, steht EZ oder DZ z.A./alle Preise sind für Reisen in der günstigsten Saison!/Inlandsflüge oder Bustouren/Reiseleitung/Begleitung/teilweise Eintritte und Besichtigungen/Mietrad (ist es nicht inkludiert, wird der Mietpreis erwähnt).

EVENTS UND UPDATES AUF DER INTERNETSEITE: WWW.DIE-BESTEN-SINGLEREISEN.DE

INLINER-REISEN

GROSSER SPASS AUF KLEINEN ROLLEN!
Zügig vorankommen und dabei die Umgebung genießen ist dieses Motto: Ob Inline-Cup, Rollerbladen oder Monday Night Skate, alle wollen dasselbe; auf acht Rollen, so weit wir wollen.

Wir rollen uns fit auf der wunderschönen Insel SARDINIEN/ITALIEN!
Inline-Touren nach Wohlfühltempo. Feine Straßenbeläge, wunderschöne Landschaften, romantische Sandbuchten und kristallklares Wasser – das ist Sardinien. Und auf diesem Inselparadies verbringen wir Inline-Ferien. Tagsüber skaten wir in der Gruppe, welche nach drei verschiedenen Stärkeklassen aufgeteilt werden. Übernachten werden wir im Club-Hotel Tirreno.
8 Tage, Eigenanreise, ab 565 €/EZZ 85 € (HP plus Lunchpaket)/EUROFUN

FÜR SINGLES MIT FREUNDEN! **TIPP!**
Individuell könnt ihr mit EuroFun die SCHWEIZ abrollen nach dem Motto:
Unbeschwert durch die Natur rollen, während das Gepäck von EuroFun zu den Unterkünften gebracht wird. Die Routen:
RHEINROUTE: flach und autofrei von Bad Ragaz über Rorschach bis zum Rheinfall bei Schaffhausen.
RHONEROUTE: fast durchwegs flach – von Brig über Montreux, Lausanne nach Genf, Mittellandroute: mit einigen Steigungen und Abfahrten von Zürich über Biel nach Estavayer-le-Lac.
5 Tage, Eigenanreise, ab 365 €/EZZ 105/(F)/EUROFUN

INLINESKATEN mit einem Clubaufenthalt kombinieren können wir z.B. im: ROBINSON CLUB **TIPP!**
AROSA.
ALDIANA nach dem Motto: „Skate with us and have fun" können wir im ALDIANA Side/

ALDIANA Djerba/ALDIANA **Tunesien.** Inline-Bahnen und -Parks erwarten uns im ALDIANA Side und ALDIANA Djerba. Schnupperkurs und Fitness-Skating-Camp gibt's im ALDIANA **Zypern.**
Mehr Infos über ALDIANA und ROBINSON siehe bei **Club & More.**

Termine und Updates auf der Internetseite: www.die-besten-singlereisen.de

Reiter-Reisen

Pferdeflüstern – weltweit ohne Einsamkeit

„Wandern im Sattel, den Takt des Hufschlags im Ohr, denn von rustikal bis superedel können wir die ganze Welt vom Rücken eines Pferdes aus erleben ..."
Wir erleben das Pferd als Medium zwischen Mensch und Natur, denn Wandern zu Pferd ist eine faszinierende Art und Weise, verschiedene Landschaften unerwartet und überraschend nahe zu erleben. Hoch droben, vom Pferderücken aus, haben wir permanent gute Aussicht! Und während der Fußwanderer nebenbei auf den Weg achten muss, können wir unbeirrt den Blick in die Ferne schweifen lassen.
Überraschenderweise wird das Reiten im Urlaub hauptsächlich von Frauen bevorzugt. Erstaunlich, denn wer reitet weltweit die meisten Turniere? ... Wer sind die Cowboys auf den Western- und Working-Ranches? ... Alles Männer! Und wer spielt die Hauptrollen seit eh und je in den Westernfilmen? Männer! Allen voran der „Pferdeflüsterer" Robert Redford. Er ist in die Lehre des echten Pferdeflüsterers gegangen, um dem Kinopublikum die vollendete Kunst eines Pferdeflüsterers zu präsentieren.
Also Cowboys, wo seid Ihr? Am besten fangt Ihr schon mal mit Westernreiten an. Das wäre der erste Schritt. Den Pferdeflüsterer könnt Ihr dann am Abend in der Pferdebar spielen, bei so vielen Damen wird der Erfolg bestimmt nicht auf sich warten lassen, wetten? ...
Mitten in der Natur und jenseits von großen Hotels knüpft Ihr schnell Kontakte zu Menschen, mit denen Ihr Euer Hobby teilen könnt.
Um reiten zu lernen, müssen wir kein Teenager sein. Reiten ist in jedem Alter erlernbar – vorausgesetzt, die Liebe zum Pferd ist grundsätzlich vorhanden.
Wem bisher ein Pferd als Wesen bekannt war, das nach allen vier Seiten steil abfällt, vorne beißt und hinten schlägt, der hat während eines Reiterurlaubs Gelegenheit, sich vom Gegenteil zu überzeugen. Der Umgang mit den Tieren, der Kontakt zu anderen Reitern und die fabelhaften Naturerlebnisse machen den Kopf frei. Das Wandern zu Pferd ermöglicht uns, die Dinge aus einer anderen Perspektive, ja von einer höheren Warte aus zu betrachten und bisher unbekannte Eindrücke zu bekommen.
Bei Sternritten werden täglich Ausritte von ein und demselben Standort aus in verschiedene Richtungen unternommen. Bei längeren Trails reiten wir täglich von Ort zu Ort, wo wir auch jeweils übernachten.
Nichtreiter sind auf fast allen Reiterhöfen herzlich willkommen. Von Fall zu Fall können sie in der Kutsche mitfahren, die Zügel in der Hand halten und so einen ersten kontrollierten Kontakt zum Pferd herstellen. Einige Reiterhöfe bieten sogar Kurse im Gespannfahren an.

Wer als Nichtreiter mit einem Reiter anreist, spielt Tennis, Golf, macht Wassersport, erkundet die Umgebung mit und ohne Fahrrad, entspannt sich bei den angebotenen Wellnesseinrichtungen oder verweilt am Meer. Auch Sprach- oder Kochkurse werden in manchen Häusern angeboten. Diese Angebote können natürlich auch die Reiter in Anspruch nehmen. Und lest mal die letzte Reise in diesem Kapitel – unterwegs im Zigeunerwagen!

LET'S GO WEST!

Das Reiten auf einem Westernpferd ist schnell erlernbar – nicht nur weil Westernreiten eine einfache und bequeme Reitweise ist, sondern sie ist nebenbei auch noch besonders pferde- und reiterfreundlich. Beim Westernreiten ist das Pferd im Wesentlichen frei von Zügelhilfen. Aktionen werden jeweils nur mit einem kurzen Impuls eingeleitet. Die meisten Ausreitprogramme sind für Anfänger und englische Reiter relativ schnell zu erlernen, sodass man schon bald ungestört die Landschaft genießen und sich und das Pferd mit geübten Anweisungen im Zaum halten kann. Das Westernreiten hat seinen Ursprung in der „Gebrauchsreiterei" der berittenen Kuhhirten Amerikas. Ein Hauch von Cowboyromantik gehört noch heute dazu.

Wildwest in DEUTSCHLAND.

Der Wilde Westen ganz nah im Osten. In der schönen Rhön, wo die Wälder noch Wälder sind und das Wasser noch klar und trinkbar ist, liegt das Domizil zwischen Hessen, Bayern und Thüringen für echte Freizeitreiter. Die leicht hügelige Landschaft mit weiten Feldern und Wiesen lassen schnell Wildwestromantik aufkommen. Doch übernachten müssen wir nicht unterm freien Himmel, sondern in gemütlichen Gästezimmern. Auf Westernpferden wie Quarter und Morgan Horses, Arabermix, Appaloosa oder Paint fühlen wir uns dann als echte Cowboys(girls). Für Einsteiger, Umsteiger und Fortgeschrittene.
1 Woche ab 655 €/EZZ plus 80 € (HP)/PFERD & REITER

Da Ihr jetzt Reiten könnt, kommt mit und lasst Euch überraschen, welche vielseitigen und aufregenden Reiterdestinationen unsere Welt zu bieten hat.

Das Glück der Erde liegt auf dem Rücken der Pferde!

KANADA, im *Land der endlosen Wälder, Seen und Berge* reiten wir über Wildblumenwiesen, die von Juni bis September vor Blütenpracht schier explodieren. Nebenbei fangen wir den Lachs, während Elche, Bären und Wölfe uns heimlich dabei beobachten. 1 Woche ab 650 €
Weiter geht's zum Wilden Westen in die USA, wo jeder erst einmal machen kann, was er will. Zunächst reiten wir als Trapper im Oregon-Pacific-Trail zu den Indianern. Wir passieren tiefe Wälder, galoppieren über die endlose Prärie entlang der alten Siedler-, Trapper- und Indianerpfade. Auf dem Rücken der Foxtrotters oder Appaloosas spüren wir das grandiose Gefühl von grenzenloser Freiheit.
1 Woche ab 920 €/PFERD & REITER

Die erfahrenen Reiter unter uns bekommen ihr *Cowboyfeeling beim Trail durchs Monument Valley*, dieser eindrucksvollen Canyonlandschaft mit den einzigartigen Steinformationen. Auf den Hochebenen genießen wir das farbenprächtige Panorama des Wilden

Westens und auf unseren Ritten durch Utah und **ARIZONA / USA** erleben wir die faszinierende Indianerwelt von gestern und heute.
1 Woche ab 2034 €/**PFERD & REITER**

Zwischen Montana und Wyoming, auf der Schively Ranch, wollen wir das echte und harte Cowboyleben spüren und gehen auf die *Working-Ranch*. Eine Cattle-Ranch, schön gelegen in den Pryor Mountains. Im Frühling und Herbst können wir auch an echten Viehtrieben teilnehmen, außerdem helfen wir beim Flicken der Zäune und beim Markieren der Rinder.
1 Woche ab 990 €/**PEGASUS**

Wer es bequemer haben möchte, geht auf die *Guest-Ranches* und macht Reiterferien mit Komfort im Apachen-Land in Arizona. Auf einem Quarter Horse reiten wir durch die schönsten Wildnisgebiete zum Fort Bowie, das noch in den 1860ern den Apachen-Pass bewachte. Wir wohnen in komfortablen Casitas (Holzhäuser).
8 Tage ab 720 €/**PEGASUS**

Wasserfälle, Schmetterlinge, Tropenwald und *Traumstrände* erleben wir in **COSTA RICA**. Reiten mit viel Kultur in kontrastreichen Landschaften. Geeignet nur für die erfahrenen Reiter, die anspruchsvolles Reiten im Dschungel und schnelle Ritte am Meer beherrschen.
8 Tage ab 1200 €/**PEGASUS**

Wir anderen sind in **MEXIKO** *auf Spurensuche*, um die Reste der Maya zu bestaunen. Den Tequila und die Tortilla werden wir probieren, während uns der Sombrero vor der Sonne schützt. Dann reiten wir durch dschungelbedeckte Ebenen und alpine Vegetation, Feuchtgebiete und Wüsten bis ans Meer.
8 Tage ab 1555 €/**PEGASUS**

Auf den Maya-Geschmack gekommen, reiten wir im Nachbarland **BELIZE** durch ein *unentdecktes Paradies* für Naturliebhaber. Im Herzen der alten Maya-Welt finden wir Ruinen im Überfluss.
8 Tage ab 1130 €/**PEGASUS**

TIPP! Eine **BADEVERLÄNGERUNG** einplanen, um im zweitgrößten Riff der Welt beim Schnorcheln oder Tauchen die bunte Unterwasserwelt zu erforschen.

Im ebenfalls vom Massentourismus verschont gebliebenen **HONDURAS** entdecken wir ganz versteckt im Regenwald antike Monumente, die einst für Könige und Götter erbaut wurden.
8 Tage ab 1090 €/**PEGASUS**

In Südamerika treffen wir uns dann alle wieder und reiten durch die *verlorene Welt der Inka* nach Machu Picchu in **PERU**, das zwischen den Anden und Amazonas liegt. Einen Abstecher machen wir nach **URUGUAY**, eines der unbekanntesten und kleinsten Länder Südamerikas, um seine Strände und Kultur zu entdecken. Von hier aus ist es nur ein Katzensprung zu den Gauchos in **BRASILIEN**. Doch bevor wir mit unserem Gaucholeben beginnen, haben wir noch

Zeit zum Relaxen am traumhaften Strand und Baden im Meer. Dann heißt es die „Mestizen" (Criollo-Kreuzungen) satteln und ab geht's in die Serra Gaucho. Am Tage reiten wir über weite Hochebenen und Weidelandschaften, durchzogen von glasklaren Flüssen und Bächen, und abends erwartet uns auf der Fazenda ein zünftiges Churrassco (brasilianischer Grillabend) mit Gauchomusik.
2 Wochen ab 1350 €/Pferd & Reiter

Gleich nebenan liegt ARGENTINIEN. Hier bekommen wir die besten Steaks, schauen uns den heißesten Tango in Buenos Aires an und reiten die besten Pferde in der endlosen Weite des Landes. In der Nähe der höchsten Gipfel übernachten wir auf echten Estancias.
6 Tage ab 799 €/Pegasus

Bleiben wir noch eine Weile in Südamerika. CHILE, *ein Land der Extreme*: 4500 km lang, aber nur max. 200 km breit, das Land mit der sonnendurchglühten Wüste Atacama, dem gemäßigten Regenwald und dem unbezähmbaren Feuerland. Im Westernstil reiten wir durch eine der grandiosesten Landschaften Chiles, die „Araucania" im Nationalpark Villarrica, der Heimat des Kondors, der Pumas und der Skunks. Beim Barbecue am Lagerfeuer campieren wir mit fantastischem Blick auf den leicht dampfenden Vulkan. In den Thermalquellen Los Pozones gönnen wir uns zwischendurch eine Entspannung. Das Pumagebiet Los Leones durchreiten wir mit besonderer Aufmerksamkeit.
1 Woche ab 700 €/2 Wochen 1450 €/Pferd & Reiter

Nun machen wir einen großen Sprung über den Teich nach Downunder, *zu den Aussies* in AUSTRALIEN. Von den Aboriginals wollen wir das Didgeridoo spielen lernen. Im Outback bekommen wir in einem historischen Pub ein frisch gezapftes australisches Bier. Hier in der Gegend wurden kostbare Edelsteine wie Saphire gefunden. Wer hilft mit beim Suchen? Um die Reisekasse aufzubessern? Vom Rücken des Pferdes aus beobachten wir dann die Kängurus, die Emus, die schwarzen Papageien und die Dingos oder was sonst noch alles so kreucht und fleucht. Wir reiten durch ausgedehnte Eukalyptuswälder vorbei an steilen Klippen, durch subtropische Regenwälder und entlang endloser langer Sandstrände. Einen Abstecher zum Ayers Rock (Uluru) und zum Great Barriere Reef, dem größten Riff der Erde, sollten wir unbedingt einplanen, wenn wir schon mal hier sind. Schade, es gibt hier noch so viel zu bereiten, aber wir müssen weiter.
1 Woche ab 920 €/Pegasus

Und zwar *zu den Kiwis* und Schafscherern ans schönste Ende der Welt, nach NEUSEELAND. Auf der Südinsel reiten wir durch Farmlandschaften und Feuchtgebiete, passieren ursprünglichen Regenwald und spektakuläre Schluchten, treffen auf mannshohe Baumfarne und genießen beim Reiten die alpinen Berglandschaften. Wir baden in Flüssen und unterm Wasserfall, in kristallklaren Seen und in Thermalquellen. Schlafen in Hütten und in Schafschererquartieren. Weil wir so weit gereist sind, wollen wir uns eine Verlängerung gönnen, um noch mehr von Land und Leuten zu erleben.
10 Tage ab 1300 €/Pferd & Reiter

AFRIKA WARTET!

Auf der Suche nach den „Big Five" (Elefant, Nashorn, Löwe, Büffel und Leopard) vom Rücken des Pferdes aus! Welch ein Abenteuer!

Khowarib-Trail in **NAMIBIA**. Enge Täler, schroffe Felsen und Trockenflussbetten lassen diese Landschaft zum Teil an Szenen aus Westernfilmen erinnern. Dann schier endlose Weite, auf der vor allem Springböcke anzutreffen sind. Aryc-Antilopen, Strauße und Giraffen kreuzen unseren Weg. Wir folgen den Löwen- und Leopardenspuren und vielleicht, mit etwas Glück, begegnen wir einer dieser scheuen Großkatzen. Übrigens, die Wildtiere empfinden uns hoch zu Ross nicht als Eindringling. Ob das wohl stimmt? ... Unterm Kreuz des Südens genießen wir abends am Lagerfeuer ein kühles namibisches Bier, gebraut nach dem deutschen Reinheitsgebot. Also Männer, wenn das kein Grund ist, dabei zu sein!

10 Tage ab 1060 €/**PFERD & REITER**

Unser nächstes Ziel ist eine *Wildsafari zu Pferd* im Okavango-Delta. **IN BOTSWANA** spüren wir Afrikas letztes Paradies auf. Nach der Regenzeit schwellen unzählige Flussarme, Kanäle und Seen an und bieten einer reichen Tierwelt Schutz. Wir beginnen gut vorbereitet, denn unser Wildparkführer erklärt uns, wie wir uns bei Begegnungen mit den wilden Tieren verhalten sollen. Na, das klingt schon beruhigender. In der Morgendämmerung – die beste Zeit für Wildbeobachtungen – starten wir unseren Wildnisritt und treffen auf Zebra- und Gnuherden, wie sie über die goldfarbenen Ebenen ziehen. Wir halten den Atem an, wenn wir auf eine Gruppe Elefanten oder Büffel stoßen, hören den Wind im hohen Gras und das Rascheln der Palmen, den Jagdschrei des Fischadlers und das entfernte Brüllen eines Löwen. Flusspferde, Elefanten, Hyänen, Antilopen, Impalas und mehr als 600 Vogelarten teilen sich das Paradies. Im kristallklaren Wasser spiegeln sich Papyrus und Seerosen.

6 Tage ab 2200 € und 11 Tage ab 4400 €/**PFERD & REITER**

Luxus gefällig? *Reiten wie in „Tausenundeiner Nacht"* in **MAROKKO**

„Die Erde ist ein Pfau, und sein Schweif ist Marokko", sagt ein altes Sprichwort. Prächtige Bauwerke der Königsstädte, in deren fantasievoller Vielfalt sich Lebensfreude und Kultur widerspiegeln. Schneebedeckte Gipfel des Hohen Atlas, Wüste, so weit das Auge reicht, fruchtbare Oasen und Berberdörfer, Eukalyptuswälder und Oleanderhaine, edle Pferde, Abenteuer und Exotik genießen wir bei dieser Reiter-Reise in Marokko.

Während wir im gemächlichen Trab oder im flotten Galopp auf unseren Araberpferden durch die faszinierende Wüstenlandschaft reiten, wird das 5-Sterne-Wüstencamp von einem Team auf- und wieder abgebaut. Abends zählen wir tausendundeinen Stern am Himmel und 5 Sterne in der Küche!

Vom leckeren, exotischen 5-Gänge-Menü lassen wir unseren Gaumen verwöhnen (Sternekoch reist mit). Orientalische Klänge verzaubern uns, bis wir uns völlig entspannt in unser Luxusschlafgemach zurückziehen. Träume aus Tausendundeiner Nacht werden uns bis zum nächsten Morgen begleiten.

1 Woche ab 1880 €/**PEGASUS**

Abenteuer **JORDANIEN**. Auf einem Vollblutaraber reiten wir wie einst „Lawrence von Arabien" zum Wadi Rum und den „Sieben Säulen der Weisheit". Unvergessliche Galoppaden genießen wir und

richten uns nur nach den schönsten Reitstrecken, den spektakulärsten Aussichten und natürlich den vorhandenen Wasserlöchern. Die rosarote Stadt der Nabatäer, Petra (Weltkulturerbe), werden wir bestaunen. Nach so vielen Wüstenerlebnissen waschen wir uns den Staub im Roten Meer ab und am Nachmittag sorgt dann das Tote Meer für porentiefe Sauberkeit. Auch für Nichtschwimmer, das Wasser trägt jeden. Und wie neugeboren reiten wir zur nächsten Spurensuche.
1 Woche ab 1590 €/**PEGASUS**

Auf den Spuren von Dschingis Khan. In der **MONGOLEI** reiten wir in der mongolischen Steppe durch unendliche Weiten. Wir passieren riesige Sanddünen, lernen Nomadenfamilien kennen, schlafen für eine Nacht mit ihnen in einer Jurte (Familienzelt). Mit etwas Glück begegnen wir Murmeltieren und Antilopen, während die Kondore über uns ihre Kreise ziehen. Khara-Khorum, die ehemalige Hauptstadt der Mongolei, die Ruinen des 1586 erbauten Klosters Erdene Zuu, das Palastmuseum und das Gandan-Kloster in Ulan Bator werden wir besichtigen.
13 Tage 1670 €/**PFERD & REITER**

EUROPA: So allmählich reiten wir wieder Richtung Heimat.
Kaum ein Land in Europa, das nicht auch eine alte Reitertradition vorzuweisen hat. Jedes Land können wir auf dem Rücken des Pferdes bereiten oder das Reiten dort erst einmal erlernen.
SPANIEN ist ein Land mit einer *jahrtausendealten Reit- und Pferdezuchttradition.* Noch vor gar nicht langer Zeit trieben Viehhirten zu Pferde auf den „königlichen Viehtriebwegen" das Vieh der Großgrundbesitzer auf die fruchtbaren, kühleren Sommerweiden. Diese Tradition lebt heute bei vielen Dorffesten weiter. Die hochstehende Pferdezucht konnte ebenfalls ihre Tradition erhalten. Gute Reitkunst und ein nobles Pferd zeichnen noch immer einen Gentleman aus und sind Zeichen für Ritterlichkeit, Größe, Macht und Güte.
Vom Atlantik bis hin zum Mittelmeer bietet Spanien unterschiedlichste Eindrücke für jeden Reiter. Vom Westernreiten über die spanische Reitweise „Dom Vaquera" bis hin zur klassisch-iberischen Reitweise reicht die Palette. Hinzu kommen die vielen Kombinationsmöglichkeiten für Reiter und Nichtreiter: Reiten und Baden, Reiten und Spanischlernen, „die Kul-tour", Reiten und Golfen. Events, wie z.B. Reiten auf einem stolzen Andalusier zum größten Pferdefest der Welt, nach Jerez. Wir entscheiden uns für die Costa Blanca, genießen die herrlichen Galoppaden auf feinem Sand, das Salz der Lagunen auf den Lippen, den Geruch der Orangen-, Zitronenhaine und Pinienwälder in der Nase und den Seewind auf der Haut. Der Reiterhof liegt beim ehemaligen Fischerort Torre La Mata inmitten der romantischen Lagunenlandschaft der Costa Blanca. Wenn wir nicht im Sattel sitzen, lockt der 1,5 km entfernte Strand.
1 Woche ab 350 €/**PFERD & REITER**

AZOREN (Portugal), *Paradies im Atlantik.* Ein wenig von Europa entfernt, aber sie gehören noch dazu. Wir reiten über die „Grüne Insel" Sao Miguel mit einer Wunderwelt aus Vulkanen, Sandstränden, exotischer Flora, Fauna und klaren Lagunen. Wir wohnen im komfortablen Herrenhaus nur 700 m vom Strand entfernt – ideal auch für Nichtreiter.
Mit Delfinbeobachtung, Strandleben, Hochseeangeln, Wanderungen und Jeep-Safari können wir unsere übrige Freizeit verbringen.
1 Woche ab 560 €/**PFERD & REITER**

Reittouren zu **FRANKREICHS** *Schlössern & Burgen* sind ein besonderes Highlight und die Natur-
und Nationalparkritte führen durch die schönsten Landschaften Frankreichs. Kommen dann
die sehr guten traditionellen Weine und die französische Gourmetküche hinzu, begeben wir
uns auf einen Reiterurlaub für Genusssüchtige. Unsere Reitwoche führt uns zu den Wein-
schlössern in Bordeaux.
Auf dem Rücken des Pferdes bewegen wir uns auf den Spuren großer Weine und besuchen
wunderschöne Schlösser. Von den Stränden des Ozeans mit seinen Sanddünen bis zum See
von Houtin reiten wir durch die berühmtesten Weingegenden der Welt. Alle großen Schlösser
dieser Gegend sind dem Weinkenner wohl bekannt: La Fite, Latour, Mouton, Margaux, um
nur einige zu nennen. Für unseren Genuss sorgen die vielen Weinproben auf berühmten
Weingütern, üppige französische Picknicks und die mehrgängigen Gourmetmenüs am Abend.
Übernachten werden wir zwei Nächte sogar in einem Schloss.
8 Tage ab 1590 €/**PEGASUS**

Doch **FRANKREICH** hat in seinem wunderschönen und vielseitigen Land noch viel mehr zu
bieten. *Im Westernstil* bereiten wir die Auvergne mit ihren längst erloschenen Vulkanen,
samtgrünen Grasteppichen, stillen Wäldern und verschlafenen Dörfern. In den Cevennen
lernen wir das Reiten ‚leicht gemacht' bei den Ausritten und können außerdem noch an
einem Kochkurs teilnehmen.
„Ein Jahr in der Provence", wie Peter Mayle in seinem Buch schreibt, bleiben wir nicht, aber
immerhin eine Woche, in der wir das Luberon per Pferd kennen lernen. Bei ansteckender
Lebensfreude ringsum bringt uns das Reiten so richtig viel Spaß. Die Sonne lacht den ganzen
Tag, wenn wir durch einen Zedernwald zu den Gipfeln des „Kleinen Luberon" reiten. Wir
besuchen die romantischen Städtchen Loumarin, Bonieux, Roussillon und Gordes. Schnuppern
den Duft der Lavendel- und Salbeifelder und fangen das besondere Licht der Provence mit
unseren eigenen Augen ein.
1 Woche ab 950 €/**PFERD & REITER**

Am Gardasee und in Südtirol, auf Sardinien und in der Toskana haben wir in **ITALIEN** sehr
abwechslungsreiche Reitmöglichkeiten.
Westernreiten in unberührter Natur – geschichtsträchtiges Land der Etrusker – exzellente
toskanische Küche und Weine erwarten uns in der Toskana. Eines der schönsten und natur-
belassensten Gebiete Italiens ist die Berglandschaft Monte Amiata in der südlichen Toskana.
Sie bietet uns optimale Möglichkeiten, von Geländeritten bis hin zum Trekking. Auf Grund
der Zuverlässigkeit und Ausgeglichenheit der Pferde können sich auch die Anfänger unter
uns auf traumhafte Ausritte in dieser großartigen Landschaft freuen. Vom Trail ans Meer
über die Thermen vom Sarturnia-Trail bis hin zum Schnupperkurs-Trail sowie Sternritten
und Western-Förderkursen haben wir hier viele Möglichkeiten, unseren Reiterurlaub zu
gestalten.
1 Woche, Westernreiten 490 €/**PFERD & REITER**

Die **SCHWEIZER** Berge sind nicht nur zum Skifahren und Wandern da. Wem das Wandern zu
mühsam ist, das Skifahren zu gefährlich, sollte es einmal auf dem Pferderücken versuchen. Im

Winter macht Reiten im Pulverschnee besonderen Spaß und im Sommer sind die Höhepunkte für echte Bergfans die imposanten Gipfel, die saftigen Alpenwiesen und die verträumten Dörfer. Auf den Spuren Napoleons reiten wir hinauf bis auf den „Großen St. Bernhard". Napoleon kam hier mit rund 5000 Reitern durch. Wir sind maximal 10 Reiter.
1 Woche 765 €/PEGASUS

Beim Westernreiten im Mühlviertel, ÖSTERREICH, wird jedes Greenhorn schnell zum Cowboy – um dann die Westernfreiheit auf dem Rücken des Pferdes über grüne Hügel, entlang idyllischer Bäche zu spüren. Auf alten Karrenwegen durchstreifen wir Wälder und Sumpfgebiete des Tannermoores und besuchen eine Highland-Rinderherde. Abends genießen wir Westernromantik am Lagerfeuer mit Countrymusic.
1 Woche ab 600 €, für Greenhorns (Anfänger) ab 420 €/PFERD & REITER

Schneeweiße Pferde, in Lipica, ältestes Gestüt der Welt und Heimat der legendären Lipizzaner, begrüßen uns in SLOWENIEN. Auf dem Rücken dieser barocken „weißen Perlen" werden wir die Kunst des Dressurreitens erlernen oder verbessern. Wir wohnen im Clubhotel Lipica, umgeben von einer Parklandschaft, Weiden, Seen und Wald.
1 Woche ab 450 €/PFERD & REITER

Weite Puszta, schnelle Pferde, scharfes Gulasch. Reiterland UNGARN
Ungarn ist das Land mit den unbegrenzten Reitmöglichkeiten und dem ältesten Reittourismus. Kein Wunder, wenn man über die endlose Puszta, wilde Berge und über so gute Pferdezuchten verfügt. Das Cserhát-Gebirge im Norden Ungarns und der ursprüngliche Ipoly-Nationalpark an der Grenze zur Slowakei bilden hier mit ihren Wäldern, Wiesen und Bergen eine abwechslungsreiche Reitkulisse. Schmucke alte Dörfer sowie gastfreundschaftliche Menschen mit jahrhundertealten Traditionen. Im Osten Ungarns liegen die endlosen Weiten der Puszta, in der man nach Herzenslust auf den edlen „Kisbèr-Pferden" galoppieren kann. Diese anglo-arabische Rasse wird auch Trakehner Ungarns genannt. In Tokaj steht der berühmte Tokajer in urigen Weinkellern zum Probieren bereit.
Unser Reitdomizil liegt zwischen dem Balaton-See und dem im südlichen Ungarn gelegenen Fluss Drava an der kroatischen Grenze. Wir reiten abseits aller touristischen Trampelpfade durch ein unbesiedeltes Land mit der Möglichkeit zur Tierbeobachtung von Ottern, Störchen und Weißschwanz-Fischadlern. Nichtreiter fahren in der Kutsche mit. Wir übernachten in Häusern, die der Naturschutzorganisation gehören und oft an Seeufern stehen, sodass wir nach dem Reittag noch schwimmen und in Ruhe die Natur genießen können.
1 Woche ab 770 €, für Nichtreiter 520 €/PEGASUS

In POLEN stehen uns auch wieder vielseitige Möglichkeiten für unseren Reiterurlaub zur Verfügung. Entweder wir lernen Gespannfahren im „100-Seen-Land" oder sind zu Gast bei Förstern während eines Kaschuben-Trails. Das einzigartige Reiterparadies im Grünen mit weichen Sandböden, sanften Hügeln, duftenden Wäldern und sauberen Badeseen liegt südwestlich von Danzig. Nichtreiter können diesen Trail im urigen Planwagen begleiten. In den Masuren haben wir die Chance bei einem Bernsteintrail, die kilometerlangen Strände der Frischen Nehrung längs zu galoppieren.

Nein, diesmal entscheiden wir uns für den Ritt in Pommern, nahe der deutschen Grenze. Mitten im Naturschutzgebiet, umgeben von unbegrenzt bereitbaren Wegen, Wiesen und Pfaden, mit Seen, deren Wasser so sauber ist, dass man es sogar trinken kann.
1 Woche ab 450 €/Pferd & Reiter

Über Highlands entlang dem Meer, durch Wälder und vorbei an Lochs reiten wir in Schottland/Grossbritannien. Schweigende Wälder, wo nur das Hufgetrappel unsere Gedanken übertönt. Ritte über endlose Hochmoore, wo sich Wildenten zwischen einsam weidenden Schafen niederlassen. Paul McCartney besang die Schönheit des Landstrichs in seinem Lied „Mull of Kintyre".
8 Tage ab 1050 €/Pegasus

Es gibt sie wirklich … die Elfen und Trolle in Island! Wir werden sie spüren, wenn wir auf unserem Isländer ins Trollental und durch Elfenstädte reiten. Charakteristisch sind alte Vulkane, Gletscher, Weiher und eine erstaunlich grüne Landschaft.
8 Tage ab 1110 €/Pegasus

Bevor wir nun nach Deutschland zurückkehren, wollen wir noch die ganze irische Landschaftsvielfalt an Donegals Küste in Irland kennen lernen. Endlose Strände und Wattgebiete, schroffe Berge im Hinterland mit Hochmooren und kleinen Wäldern, dazwischen Weiden und Felder. Viele Dichter ließen sich von dieser Landschaft inspirieren.
8 Tage ab 780 €/Pegasus

Na … *Lust, dabei zu sein*? – Weltweit ohne Einsamkeit!
Wenn nicht, auch kein Problem! In Deutschland haben wir schier unbegrenzte Möglichkeiten, in einer netten Runde einen Reiterurlaub zu verbringen. Oder das Reiten erst einmal zu lernen, um dann die vielen Reitmöglichkeiten weltweit voll auszuschöpfen.

Die Reiterhöfe bieten die unterschiedlichsten Reiterdisziplinen an.
Von englischer Reitweise über Western bis hin zu argentinischer oder spanischer Reitweise ist auch in Deutschland alles vertreten. Auch die Liste der Pferderassen ist lang – Warmblüter und Westernpferde, Haflinger und Isländer, Curly Horses für Allergiker, Araber-Berber aus dem Königreich Marokko, Criollos aus Argentinien, Andalusier aus Spanien und die Friesenpferde (auch die „schwarzen Perlen" genannt), ja sogar speziell ausgebildete Pferde für ängstliche Reitanfänger sind dabei. Alles bei Pferd & Reiter

Tipp!

Wellness: Nach dem Ausritt gibt es nichts Entspannenderes für Körper und Seele als die Sauna oder eine schöne Massage. Pferd & Reiter hat einige Hotels im Programm, die ihren Reitergästen ein exzellentes Wellnessprogramm bieten, ideal auch für Nichtreiter.

Alle angegebenen Preise sind Ab-Preise in der günstigsten Saison und beinhalten ein ½ DZ, EZ oder Zelt je nach Reise mit Verpflegung (teilw. oder Vollverpfl.) und Reitprogramm. Nichtreiter zahlen natürlich weniger. Anreise ist extra! Kann aber vom Veranstalter dazu gebucht werden.

CLUBS MIT REITPROGRAMM: Selbstverständlich können wir auch in den Clubs Reiten lernen oder die Umgebung hoch zu Ross erkunden.

Der ROBINSON CLUB AMPFLWANG/ÖSTERREICH hat seinen eigenen Reitbetrieb und ist eine der größten Reitanlage ihrer Art in Europa. Zwischen Wiesen und Wäldern in idyllischer Hügellandschaft im Hausruckwald können wir Pferdeglück pur erleben. Bei ROBINSON CLUB AROSA/SCHWEIZ, ist die Reitanlage nur 100 Meter vom Club entfernt. Fremdunternehmen. Die grandiose Schweizer Bergwelt. Ganz nah bei den Gipfeln auf 1800 m ü.d.M. können wir auf dem Rücken des Pferdes die imposante Bergwelt rund um Arosa genießen. Kutschfahrten, Reitunterricht und Ausritte.

Im ROBINSON CLUB FLEESENSEE/DEUTSCHLAND, reiten wir hoch im Norden hoch zu Ross vorbei an Seen, durch Wälder, auf Wiesen und beobachten die Störche beim Fröschefangen und wie sie durch das duftende Gras auf den Wiesen staksen.

Für alle Neueinsteiger, hier kommen wir in 11 Tagen aufs Pferd!

Eine moderne Reitanlage mit einer großen Reithalle sowie einem Dressur- und Springplatz. Reitunterricht, Ausritte, speziell „Country Cross" (Westernreiten), erwarten uns hier. Nach einem Einführungsritt geht es hinaus in die Mecklenburger Seenplatte. **ROBINSON**

ALDIANA SIDE/TÜRKEI: Hier können wir als erfahrene Reiter auf dem Rücken eines Arabers oder eines englischem Vollbluts im nahe gelegenen Pinienwald auf breiten sandigen Wegen und im Schatten der duftenden Pinienbäume reiten.

ALDIANA DJERBA/TUNESIEN: Wir reiten auf einem Araber oder Berber zu einem Wochenmarkt nach Midoun oder zu einer Berberhochzeit oder wir genießen die traumhaften Sonnenauf- oder Sonnenuntergangsritte vom Rücken des Pferdes aus.

ALDIANA/ZYPERN: Zwar ist dieser Reitstall 20 km vom ALDIANA entfernt, aber der Transfer erfolgt kostenlos durch das Reitstallpersonal. Eingebettet in einem Canyon, nahe eines Flussbettes, umgeben von duftenden Orangen- und Zitronenhainen, reiten wir hier im Western- oder englischen Stil auf Appaloosas und Vollblutpferden durch die unberührte und zugleich verträumte Landschaft Zyperns.

Mehr Infos über ROBINSON und ALDIANA stehen im Kapitel **CLUB & MORE.**

(Beim Cluburlaub ist der Preis fürs Reiten nicht im Clubpreis mit drin und muss extra bezahlt werden!)

Zum Abschluss noch eine tolle Idee – gerade auch für Nichtreiter – zum Lustmachen auf Urlaub mit Pferd, oder ...?

TIPP!

FÜR SINGLES MIT FREUNDEN: *hoch auf dem Zigeunerwagen* durchs grüne **IRLAND.**

Hi, Leute, versucht mal ein paar Freunde zusammenzutrommeln und dann geht's ab ins Zigeunerleben. Euer Zuhause auf Rädern wird von einem Pferd gezogen und begleitet Euch durch eine der schönsten Regionen Irlands. Im Schritttempo seid Ihr mit Pferd und Zigeunerwagen auf schmalen Straßen unterwegs und habt viel Zeit für Natur und Freunde. Übernachtet wird im Zigeunerwagen auf dem Stellplatz einer Farm, die auf Eurem Weg liegt. Gegessen wird entweder in einheimischen Pubs oder zünftig auf der Farm; natürlich könnt Ihr auch selber kochen. Für den Umgang mit dem Pferd braucht keiner spezielle Erfahrung, aber Geschicklichkeit und Tierliebe. Wer hoch zu Ross nebenher reiten möchte, mietet sich zusätzlich ein Reitpferd (295 €/Wo.).

8 Tage, Eigenanreise, ab 750 € (für Pferd und Wagen)/Verlängerung 570 €/Wo./Für Übernachtungsplatz, Pferdefutter u. Dusche/WC auf den Farmen ca. 20 €/Nacht.

Auch in den Bergen der **SCHWEIZ** könnt Ihr mit einem Zigeunerwagen unterwegs sein./ **EUROFUN**

EVENTS UND UPDATES AUF DER INTERNETSEITE: WWW.DIE-BESTEN-SINGLEREISEN.DE

MOTORRAD-REISEN

GET YOUR KICKS ON ROUTE 66

„Route 66" und „Easy Rider" – Feeling können wir überall nachempfinden, denn auch im Urlaub haben wir die Gelegenheit, auf einer Harley die grenzenlose Freiheit zu spüren!

Im ALDIANA Alcaidesa/**SPANIEN** wartet die Harley Davidson auf Easy-Rider-Touren, um Andalusien zu entdecken.

Im ROBINSON CLUB FLEESENSEE/**DEUTSCHLAND** und ROBINSON CLUB AMPFLWANG/**ÖSTER-REICH** können wir uns eine Harley für halbtägige Probefahrten ausleihen.

Das Kurvenreich in **NORWEGEN** beginnt gleich hinter Bergen. Danach wird jeder Bergzug – und davon gibt es jede Menge im Fjordland – zur Kurven- und Augenfreude. Wir erfahren das volle Spektrum der Fjordregion: Von der Küste mit dem Westkap geht es bis tief hinein in die bergige Welt der Fjorde. Wir befahren die schönsten Strecken nördlich von Bergen, darunter die viel besuchten touristischen Highlights wie den zum Weltkulturerbe geadelten Geirangerfjord. Aber auch unbekannte, einsame Schätze wie das Gaularfjell oder das Westkap liegen auf unserem Weg.

1 Woche, ab 1500 €/EZZ ab 200 €/(HP)/inklusive Fähre von Kiel nach Oslo und Motorradtransport/**FEELGOOD REISEN**

Seen-Süchte stillen; auf zu neuen Ufern. Wir starten in München, vorbei am Chiemsee nach Berchtesgaden. Zu den Highlights dieser Reise gehört sicher die Fahrt über die Rossfeld-Höhenringstraße. 16 km lang schrauben wir uns hier Kurve um Kurve in die hochalpine Bergwelt des Berchtesgadener Landes. Auf der Passhöhe erwartet uns ein gigantischer Rundblick auf die umliegende Berglandschaft bis hinein ins Salzburger Land. Eine wunderschöne 2-Tages-Tour durch das bayerische **VORALPENLAND/DEUTSCHLAND** und das **SALZKAMMERGUT/ÖSTERREICH**. Auf dieser Reise legen wir keinen Wert auf Schnelligkeit und viele Kilometer, sondern vielmehr auf den intensiven Genuss traumhaft schöner Strecken durch die abwechslungsreiche Gebirgslandschaft zu den vielen glasklaren Alpenseen.

2 Tage ab/bis München, 435 €/EZZ plus 25 €/(VP) inkl. BMW-Motorrad. Wer seine eigene BMW mitbringt, zahlt 347 €/Der Beifahrer zahlt 212 €/**MÜNCHNER FREIHEIT MOTORRAD-REISEN**

Abenteuer **PYRENÄEN** – durch das Tal der Geier. Diese Tour beginnt schon etwas anders. Mit dem Nachtzug reisen wir ab München nach Narbonne, wo wir unsere einzigartige Reise starten. 10 Tage führt uns diese Tour über 200 gigantische 3000er-Bergriesen, durch die wilden Pyrenäen, Okzitanien und die geschichtsreichen Bergdörfer. Schluchten, historische Gärten sowie romantische Brücken prägen die mächtigen aufragenden Fluchtburgen der Katharer. Wir erleben die pure Natur im Nationalpark Ordesa y Monte Perdido, wo noch Gänse- und Bartgeier ihre einsamen Runden über unsere Köpfe ziehen. Genießen landestypische Köstlichkeiten, lernen Land und Leute kennen und entdecken das ursprüngliche **SPANIEN**. Immer wieder finden wir einsame Schottersträßchen, Pässe und „Caminos". Karstige Berge, Katharer-Burgen, Baskenland, Biscaya und Carsossonne gehören zu unseren Zielen, bevor wir wieder mit dem Nachtzug unsere Heimreise antreten.

10 Tage, 2480 €/EZZ 200 € (VP)/inkl. BMW-Motorrad/Fahrer mit eigenem Motorrad 2062 €/ Der Beifahrer zahlt 1480 €/**MÜNCHNER FREIHEIT MOTORRAD-REISEN**

Frauen auf Motorradtour! Natur und traumhafte Orte in **MECKLENBURG-VORPOMMERN / DEUTSCHLAND** mit dem Motorrad entdecken. Kilometer-Abreißen steht nicht auf dem Programm, sondern ausgiebiges Fahren und Zeit genug, um die Umgebung zu genießen. Auch immer wieder Zwischenstopps, um in einem schattigen Café oder am Ufer eines Sees Pause zu machen.

Von Lübeck aus starten wir durch bis Güster, um uns den schwebenden Engel anzuschauen und die wunderbare Landschaft rund um die Mecklenburgische Seenplatte zu befahren. Entlang der Ostseeküste fahren wir weiter nach Stralsund durch die Vorpommersche Boddenlandschaft. Zwischendurch vertreten wir uns die Beine am Strand. Einen ganzen Tag haben wir für die Insel Rügen. Weiter fahren wir zur alten Hansestadt Greifswald und von dort in den Naturpark der Insel Usedom. Zurück fahren wir noch einmal an der schönen Küste entlang Richtung Lübeck.

7 Tage, Eigenanreise, ab 470 €/EZ nicht möglich (3x HP)/**FRAUENREISEN HIN UND WEG**

Auch in weiter Ferne beginnt das Abenteuer mit dem Easy Rider: „On the road again" Grenzenlose Freiheit spüren mit dem Bike durchs Abenteuerland **NAMIBIA**. Gleich von Windhoek aus in Richtung Südost über den Kupferberg und den Spreetshoogte beginnt unsere Bikertour nach Solitaire mit atemberaubenden Ausblicken, so weit das Auge reicht. In Sossusvlei erklimmen wir die höchsten Sanddünen der Welt, um die fantastischen Ausblicke auf das umliegende Dünenmeer zu erhaschen. Nach der täglichen Routenbesprechung fahren wir in Richtung Norden und durchqueren Ghaub und Kuiseb Danyon auf dem Weg nach Swakopmund. Wir passieren die Mondlandschaft und die Welwitschia-Flächen. In Swakopmund wohnen wir im Strandhotel und jeder sucht sich im großen Angebot seine persönliche Freizeitgestaltung selber aus.

Weiter geht's am nächsten Tag zu den Felsgravuren in Twyfelfontein, den Orgelpfeifen und dem Verbrannten Berg. Über Schotterpisten, durch Berge und ausgetrocknete Flussbetten halten wir Ausschau nach den hier beheimateten Wüstenelefanten und anderem Wild. Im Himba-Dorf erzählt uns das Nomadenvolk Spannendes über sein Leben.

Frühmorgens brechen wir mit dem Auto auf zur Wildbeobachtung im Etosha NP und am Nachmittag pirschen wir weiter auf Schusters Rappen.

Auf jeden Fall werden wir bei der AfriCat-Stiftung die Geparden und Leoparden aus nächster Nähe kennen lernen. Wir logieren in Hotels, Lodges und Guesthouses.

Wir fahren an 9 Tagen zwischen 85 und 320 km.

13 Tage, eigene Anreise, ab 4700 € (HP) alle Parkeintritte, Programm und Flughafentransfers sind inklusive. Das Motorrad der Firma Britz (BMW F 650) und die Versicherung sind inkludiert, nicht jedoch das Benzin.

Tipp!

Nicht-Motorradfahrer können als Beifahrer die grenzenlose Freiheit spüren und im Begleitfahrzeug an der Reise teilnehmen. / **Boomerang**
(Boomerang ist Fernreisen-Spezialist für Erlebnisreisen)

Termine und Updates auf der Internetseite: www.die-besten-singlereisen.de

AKTIV & SUN ✳

AKTIV & SUN

AUF DIE PLÄTZE, FERTIG, LOS – GEMEINSAM DER SONNE ENTGEGEN!

Das gemeinschaftliche Urlaubserlebnis steht im Mittelpunkt. Gerade in schnelllebigen Zeiten, in denen wir aus beruflichen Gründen sehr angespannt sind, ist es besonders im Urlaub wichtig – ganz entspannt – Leute mit gleichen Ideen und Interessen kennen zu lernen.

Nicht selten entstehen hier aus locker geknüpften Urlaubsbekanntschaften jahrelange Freundschaften. Zusammen Sport treiben, gemeinsam beim Wandern zu Fuß, per Fahrrad oder Jeep das Land entdecken, beim Frühstück mit netten Leuten klönen und abends ausgiebig feiern, alles ist möglich. Gruppenzwang ist tabu, jeder genießt seinen persönlichen Freiraum – Urlaub soll einfach nur Spaß machen!

Die kleineren alternativen Aktiv-Reiseveranstalter haben mit ihren spezifischen Konzepten seit Jahren einen festen Platz auf dem deutschen Reisemarkt erobert, Tendenz deutlich steigend.

Ihre Markenzeichen sind kleine, individuelle Häuser, die in landestypischer Architektur gebaut sind und sich abseits der Touristenströme befinden.

Überschaubare Gruppengröße mit einem Durchschnittsalter – je nach Veranstalter und Reise – zwischen 25 und 50 Jahren und höher.

Die hier im Kapitel „Aktiv & Sun" beschriebenen Reisen sind entweder nur für Singles oder für Singles und Paare gleichermaßen geeignet.

SINGLES & FRIENDS BEI SUNWAVE:

Bella Italia, im Herzen der Toskana, wo die Natur noch unberührt und die Luft rein ist. Wo die Farben und Düfte noch aus vergangenen Zeiten sind und man die Stille voll genießen kann, liegt unser Ziel in der TOSKANA / ITALIEN. In einem Gebiet, das einst von Etruskern besiedelt war und wo die Weinberge weiche Hügel in die Landschaft malen, erstreckt sich auf über 650 ha die Fattoria Casabianca. Duftende Olivenhaine, blühende Wiesen und Wälder erstrecken sich, so weit das Auge reicht, und locken zu ausgedehnten Wanderungen. Weinliebhaber, aufgepasst: Eine Weinprobe mit Besichtigung durch die traditionellen Weinkeller steht auf dem Programm.

SPORT / FITNESS / WELLNESS: Großer Pool / Tennis / Volleyball / Reiten
LAND UND LEUTE: San Gimignano / Florenz / Siena / Mountainbiketouren
1 Woche ab 488 € (F) / inkl. Programm / **SUNWAVE**

HEISSE THERMALQUELLEN des Bagni die Petriolo, in denen das Wasser in einer Kaskade mit **TIPP!** 42 Grad aus dem Felsen kommt, liegen in der Nähe unserer Fattoria Casabianca und laden zum ausgelassenen Wellnessvergnügen ein

Tapas, Strand und weiße Dörfer in Andalusien an der COSTA DE LA LUZ / SPANIEN

Auch „Küste des Lichts" genannt. Dort, wo sich unter strahlender Sonne Atlantik und Mittelmeer berühren und das tiefblaue Meer auf unendliche feinsandige Strände trifft – dort liegt unser Feriendomizil, im südlichsten Zipfel Spaniens. Traumhafte Städte wie Sevilla, Cádiz oder Jerez de la Frontera liegen vor der Tür und wollen erobert werden. Cádiz, eine der ältesten Städte Europas, und Jerez de la Frontera, die Stadt des Sherrys. Sevilla mit der größten gotischen Kathedrale der Welt und dem Reales Alcázares, einem Höhepunkt der christlich-isla-mischen Baukunst. Jeden Abend erstrahlen die Städte in ihrem alten Glanz, voller Schönheit und südländischem Flair, sodass einem klar wird, warum der Barbier von Sevilla, Don Juan oder Carmen hier ihre Kulisse haben.

Zahara de los Atunes, ein kleiner ursprünglicher Fischerort mit kleinen Restaurants, Cafés und Strandbars, liegt 3 km von unserem Urlaubsdomizil entfernt. Wir können barfuß am Strand hinlaufen – oder kurz mit unseren Mietwagen hinfahren. Unsere Apartmentanlage, im landestypischen Stil erbaut, liegt direkt am Meer, nur durch Dünen und feinen Sandstrand getrennt. Auch hier sind Restaurants, Strandbars und Einkaufsmöglichkeiten vorhanden.

SPORT / FITNESS / WELLNESS: Tennis/Beachvolleyball/Basket-, Hand- oder Fußball/Paddeltennis-plätze (ein Mix aus Squash und Tennis)/Surfen/Reiten

LAND UND LEUTE: Ausflüge nach Cádiz, Jerez de la Frontera und Sevilla/Mountainbike-touren/Wale und Delfine beobachten/Mit der Katamaranfähre schnell mal nach Afrika über-setzen, um dort durch die exotischen Basare zu schlendern.

1 Woche ab 710 €/EZZ ab 140 € (F/2 x A)/inkl. Programm/SUNWAVE

Sonne, viel Strand, Sport und Meer haben wir auf MALLORCA / SPANIEN.
Doch erst mal zur Insel. Ihr „Ballermann-Image" hat sie längst abgestreift und glänzt durch ihre Vielfältigkeit und schnelle Erreichbarkeit aus Deutschland. Hunderte kleine und einsame Buchten, verträumte Dörfer und interessante Orte wie Valdemossa oder Déja mit alten histo-rischen Bauten. Wir reisen im Frühjahr und Spätsommer auf die Insel. Im Mai und Juni erstrahlt die Insel in voller Blütenpracht und im September und Oktober lässt sich der Spätsommer bei herrlichen Temperaturen genießen.

Unser Wohnort ist Colónia de Sant Jordi im Süden der Insel mit kleinen Cafés, Bars und gemütlichen Fischrestaurants. Die 4 km lange Strandpromenade verbindet den berühmten Naturstrand „Es Trenc" mit dem hübschen Hafen. Das Meer ist flach und türkisblau. Die Strände sind umgeben von Pinienwald und Naturschutzgebieten.

SPORT / FITNESS / WELLNESS: Tennis/Surfen/Segeln/Reiten/Wasserski/Tauchen

LAND UND LEUTE: Ausflüge nach Palma de Mallorca/Besuch von einem der schönsten Wochen-märkte/eine Fahrradtour und eine Wanderung

1 Woche ab 600 €/EZZ ab 175 € (HP)/inkl. Programm/SUNWAVE

Für alle drei beschriebenen Sunwave-Reisen ist ein Mietwagen für jeweils drei Personen für Ausflüge im Reisepreis inkludiert. Außerdem sind die beschriebenen Reisen von Sunwave für Mitte 20- bis Mitte 40- und Ende 20- bis Ende 40-jährige Reiseteilnehmer!

TIPP! WEITERE SINGLE-REISEN von Sunwave stehen in den Kapiteln: Wellness- (Sylt), Sprach- (Teneriffa) und Segel-Reisen (Kroatien).

ACTIV & FUN – SPEZIELL FÜR SINGLES UND ALLEINREISENDE BEI **AKTIVIDA**
Wild zerklüftete Berglandschaften, urwüchsige Täler und Schluchten, tropisch anmutende Terrassenlandschaften, Palmenhaine, Bananenplantagen, der faszinierende Regenwald sowie schöne, naturbelassene Buchten und Strände und über das Jahr hinweg sonnenverwöhntes und warmes Klima sind das Markenzeichen auf LA GOMERA.

Wir wohnen im Hotel Jardin Concha in Valle Gran Rey, im ruhigen Ortsteil La Calera, am Berghang mit einem herrlichen Ausblick auf das Meer, die Bananenplantagen, die Palmen und die Berge. Das Frühstück genießen wir mit Blick auf den blauen Atlantik. Zu Fuß sind es nur 10 Minuten bis zum Strand.

Wir können aus verschiedenen ACTIVIDA-Programmen wählen wie: Inselrundfahrt, Wandern, Biken, Tauchen, Bootstour und Salsa-Kurs.

Der Reiseablauf kann von uns sehr individuell mitgestaltet werden. Bestimmte Unternehmungen werden terminlich festgelegt, andere Events können frei ausgewählt werden. Natürlich kann jeder auch einfach nur relaxen.

Das **AKTIVPROGRAMM** ist im Reisepreis inkludiert und beinhaltet:

4 Wandertouren / 2 Mountainbiketouren / MTB-Benutzung / 1 Bootstauchgang oder 1 Schnupperkurs für Anfänger / 1 Inselrundfahrt / 1 Bootsexkursion

2 Wochen ab 1249 € / EZZ 260 € (14 x F / 10 x A) / **ACTIVIDA TOURS**

TANZEN: SALSA für Anfänger (10 Stunden) inklusive. / **ACTIVIDA TOURS**   **TIPP!**

„Insel des ewigen Frühlings" wird **TENERIFFA / SPANIEN** auch genannt. Sie ist die größte und vielseitigste Insel der Kanaren. Imposantes Wandergebiet im Gebirge, atemberaubende Barrancos (Schluchten), urzeitliche Bergwälder und eine grandiose Lavalandschaft auf 2000 m Höhe, aus deren Mitte sich majestätisch der Pico del Teide (3718 m) erhebt.

Unser Hotel Medano / Hotel Playa sur Tenerife liegt direkt am größten Natursandstrand im sonnenverwöhnten Süden unmittelbar am Meer. El Médano, Lieblingsbadeort der Insulaner und Treffpunkt für Surfer aus aller Welt, verwöhnt uns das ganze Jahr über mit relativ gleich bleibenden, milden Temperaturen und Wetterverhältnissen. Sonnenstunden gibt es hier reichlich und Baden können wir während des ganzen Jahres. Eine schöne Holzpromenade führt uns von unserem Hotel den Strand entlang automatisch in den Ort mit seinen Cafés, Tapas-Bars, Restaurants und den großen, schattenspendenden Lorbeerbäumen. Die brasilianische Cocktailbar mit guten Caipirinhas bietet in der „Happyhour" einen prima Einstieg ins Nachtleben. Genau wie auf La Gomera gilt auch hier wieder: „Wie es uns gefällt!"

Das Aktivprogramm ist im Reisepreis inkludiert und beinhaltet pro Woche: 1 Entdeckertour / 2 geführte Wandertouren / 1 geführte Mountainbiketour / MTB-Benutzung / Kajakverleih

1 Woche ab 869 € / EZZ ab 109 € (7 x F / 5 x A) 2 Wochen ab 1249 € / **ACTIVIDA TOURS**

SINGLES ONLY IM FROSCH SPORTCLUB, POLYCHRONO / GRIECHENLAND!
Sport, viel Party und ganz locker nette Leute kennen lernen, das sind die Zutaten im Sportclub Kosmas für Singles only. Von Mai bis Ende Oktober tobt hier in Polychrono das Leben. Tagsüber können wir uns die Zeit in einer netten Gruppe mit Biken, Wandern, Surfen, Segeln oder Beachvolleyball- und Bouleturnieren vertreiben und abends beginnt dann die Open-Air-Party mit Musik aus den 60ern bis heute, so richtig zum Abtanzen.

Die hübsche, kleine Hotelanlage mit gepflegtem Garten und großem Pool liegt sehr ruhig und traumhaft nah zum Meer. Am hellen Sandstrand ist selbst in der Hochsaison genügend Platz, um sich zwischendurch von dem vielen Trubel zu erholen.

SPORT / FITNESS / WELLNESS: Beachvolleyball / Boule / Katsegeln / Fitness / Mountainbiketouren / Surfen / geführte Wanderungen und Nordic Walking / Wasserspiele

LAND UND LEUTE: Ausflüge nach Thessaloniki und Afytos/Entdeckungstour Kassandra/Bus- und Bootsausflug zum Berg Athos/Sithonia-Rundreise
1 Woche ab 559 €/EZZ ab 129 € (HP)/für 25- bis 42-jährige Reiseteilnehmer/**FROSCH SPORTCLUB**

TIPP! 2 – 3 x pro Woche zeigt uns Frosch die korrekte Technik und die unterschiedlichen Schritt-varianten bei den geführten Nordic-Walking-Touren/**FROSCH SPORTCLUB**

Von Mitte August bis Mitte September ist für **SINGLES ONLY** zwischen 25 und 42 Jahren der Sportclub Tropical, **FOURKA/GRIECHENLAND**, geöffnet.
Ganz im Westen der Halbinsel Chalkidiki liegt die kleine Hotelanlage im Bungalowstil inmitten eines riesigen Gartengeländes mit herrlichen Pflanzen./**FROSCH SPORTCLUB**

In einer der schönsten Buchten des Golfes, der Cala Liberotte, mit einem tollen Blick übers Meer liegt der attraktive Frosch Sportclub, Hotel Le Quattro Lune, auf **SARDINIEN/ITALIEN**. Eine grandiose Felsküste, versteckte Strände, tiefe Grotten und fantastische Schluchten bilden hier die landschaftlichen Höhepunkte. Das typisch sardische Kleinstädtchen Orosei lädt uns mit seinen verwinkelten Gässchen, einem restaurierten historischen Viertel und sonnigen Piazzas zum Bummeln, Leutegucken und Eisschlecken ein.
SPORT/FITNESS/WELLNESS: Boule/Ballspiele/Canyoning/Fitness/geführte Wanderungen/Moun-tainbiketouren/Höhlenwandern/Kajak/Tennis/Trekking
LAND UND LEUTE: Ausflüge an die Costa Smeralda und in die Berge/nach Alghero/Bosa oder in das wegen seiner Wandmalereien berühmte Dorf Orgosolo

TIPP! „GROTTENGUT" für Taucher; Orosei Diving Center
1 Woche ab 535 €/EZZ ab 99 € (HP)/**FROSCH SPORTCLUB**

Im Nationalpark Cilento, **KAMPANIEN/ITALIEN**, zieht die Natur alle Register: lange Sandstrände, sauberes Wasser, schroffe Felsklippen und ein grün bewaldetes Hinterland mit Bergen bis 2000 m Höhe. An der Küste finden wir typisch italienisches Leben, urtümliche Ortschaften und jede Menge Kulturschätze. Der Cilento-Nationalpark wurde aufgrund seiner intakten Natur und seiner traditionellen Dörfer von der UNESCO zum Weltkulturerbe der Menschheit erklärt.
Und hier, mitten im Herzen des Cilento, umgeben von Bergen und dem tiefblauen Meer, liegt der Sportclub il Tempio, in Marina di Casal Velino, einem typisch italienischen Dörfchen mit kleinem verträumtem Hafen, einer schönen Uferpromenade und einem Dorfplatz zum Leute-gucken. In Adrianos Rock-Bar können wir uns während der Saison auch mal bis in die frühen Morgenstunden vergnügen.
SPORT/FITNESS/WELLNESS: Windsurfen/Katsegeln/Tauchen/Schnorcheln/Aqua-Gymnastik/Beachvolleyball/Aerobic/Body-Shaping
EVENT: Beachvolleyball-Camp

TIPP! **SCHNUPPERKURSE** in Windsurfen, Katsegeln und Tauchen
1 Woche ab 599 €/EZZ ab 99 € (HP)/**FROSCH SPORTCLUB**
Bei allen Frosch Sportclubs inklusive: geführte Wanderungen und Mountainbiketouren u.v.m./
FROSCH SPORTCLUB

Sun und Fun mit SFI / Kölner Club Reisen

Zwischen einer *buchtenreichen Küste und einer fruchtbaren Küstenebene*, hinter der steil das Taurusgebirge aufsteigt, liegt der Sportclub Olympos Mitos an der lykischen Küste/Türkei. Inmitten eines 28.000 qm großen, wunderschön angelegten Gartens ist der im Jahre 2005 neu gebaute Sportclub mit viel Liebe zum Detail entstanden. Ein Swimmingpool mit separatem Whirlpool, Strandliegen mit Sonnenschirmen, die großzügig auf den riesigen Rasenflächen verteilt sind, sowie Hollywoodschaukeln laden zum Verweilen ein. An der Poolbar können wir unseren Sundowner genießen. Im Chalet- und Baumhausdorf „Olympos" laden Gartenrestaurants, Biergärten und Pubs zum Genießen und zum Feiern ein, bei heißen Rhythmen können wir dann die Nacht zum Tag werden lassen.

Sport / Fitness / Wellness: geführte Wanderungen und Mountainbiketouren teilw. inklusive/Selfnessprogramm (siehe auch Wellness-Reisen)/Bootstouren/Schnorcheln/Gleitschirmfliegen/Canyoning/Kanutouren und Segeltörns kosten extra.

Land und Leute: Phaselis mit seinen drei Häfen als antikes Handelszentrum/Tagesausflüge nach Antalya/Halbtagesausflüge zum großen Wochenmarkt in Kumluca/Besuch eines Hamam

1 Woche ab 529 €/EZZ k.A.(HP)/**SFI / Kölner Club Reisen**

Das *im traditionellen Kykladenstil* erbaute Hotel Hotel Naxos Beach/**Griechenland** befindet sich knapp 100 Meter zur Strandbar und zur Bike-Station. Naxos mit seinem vielseitigen Landschaftsbild ist die größte und fruchtbarste Insel der Kykladen. Hier finden wir noch versteckte und verträumte Buchten, menschenleere Sandstrände und kleine Dörfer zwischen den Bergen. Im Sommer sorgt der Meltemi (Wind) für erträgliche Temperaturen und für ein Surfparadies auf Naxos.

Sport / Fitness / Wellness: Beachvolleyball/Mountainbiking/Surfen/Wandern und Kultur/Yoga/5 Tibeter/Klangmassage/Fußreflexzonenmassage/Open-Air-Fitnessclub am Hotelpool

Sprache: Griechisch-Crashkurs

Land und Leute: Ausflüge zu Traumstränden/idyllischen Häfen und dem Gipfel des Zas (1004 m)/kulturellen Sehenswürdigkeiten, die sich um die Mythen und Sagen von Theseus und Ariadne ranken

1 Woche ab 444 €/EZZ ab 59 € (HP)/**SFI / Kölner Club Reisen**

Abseits von Bettenburgen liegt der Sea Club zentral und dennoch ruhig in Cala Ratjada/**Mallorca / Spanien** an der Nordostküste und ist idealer Ausgangspunkt für Sport, Kultur, Partys und ruhige Strand- oder Pooltage. Hier hat in den 60ern und 70ern die Londoner Szene ihre Sommer verbracht – die entspannte Atmosphäre hat überlebt. Die Gebäude gruppieren sich um den Garten mit Frühstückspavillon, Bar und Swimmingpool. Zur Meerseite liegt die große Terrasse zum Unterhalten, Kartenspielen oder zum Genießen der mallorquinischen Küche. Inklusivprogramm mit Orientierungsrallye, Wandern im Sonnenuntergang, Radtour, Salsa-Kurs und BBQ.

Sport / Fitness / Wellness: Salsa/Wandern/Biketouren/Segeln/Fitness- und Wellnessprogramme

1 Woche ab 399 €/EZZ ab 99 €

Tanzen: Salsa Kurs!

Tipp!

Event: „My Generation": Party für alle ab 30 an der Bar, am Pool und auf der Gartenterrasse ohne Aufpreis! (eine Woche jeweils im Mai und September)/**SFI**/**Kölner Club Reisen**

Nicht nur Flugangsthasen starten mit Rainbow in die Sonne ...

Low Budget für alle Sonnenhungrigen und Flugangsthasen ... und jedes Alter bei Rainbow! Wo sich einst Odysseus in die Prinzessin Nafsika verliebt hatte, hat sich **Korfu**/**Griechenland** heute zu einem Ferienziel von weltweiter Ausstrahlung gewandelt. Unvergleichliche landschaftliche Schönheit und grandiose Bauwerke, hier sanfte und dort felsige Meeresküste wetteifern miteinander. Korfu scheint in zwei verschiedenen Welten zu leben: Die eine ist die Zurückgezogenheit in die friedliche Idylle und die andere Amüsement und fröhlicher Ferienbetrieb am blauen Meer mit viel Sonne und langen Sandstränden.

Mit dem Reisebus geht's zuerst nach Venedig, dann weiter mit einer Minikreuzfahrt nach Korfu.

17 Tage, Bus und Fährpassage, im Korfu Paradise Fun Club, ab 417 €, EZ nicht möglich (HP)/ Ferienzeltanlage Vatos ab 269 €/Einzelzelt plus 10 € (HP)/Apartment ab 407 €/EZZ ab 152 € (HP)/inkl. Programm/**RainbowTours**

Großes Sport-, Freizeit- und Ausflugsangebot/Mountainbike-Station/**RainbowTours**

Action, Spass und Lagerfeuerromantik in Verdon/Frankreich

Dort, wo die sonnendurchflutete Provence sich von einer sanften Hügellandschaft in eine Berglandschaft verändert, befindet sich die tiefste und gewaltigste Schlucht Europas – der Grand Canyon Du Verdon. Er mündet in das unvergleichliche Balu des Lac de St. Croix. Keine störenden Geräusche von Motorbooten, Trinkwasserqualität und Wassertemperaturen um 24 Grad lassen unseren Urlaub hier zum Spaß werden. Der weitläufige Campingplatz bietet neben der fantastischen Aussicht auf See und Berge eine Bar, einen Shop und gepflegte sanitäre Anlagen.

Sport und Fitness: Mountainbike-, Trekking- und Kanutour inklusive, Canyoning/Wildwasserschwimmen/Climbing/Mountainbiking/Paragliding extra

10 Tage, Busanreise, ab 299 €/im Caravan Home (VP)/Einzelbelegung nicht möglich

Zelt: 10 Tage, Busanreise, ab 269 € im Zelt/Einzelzelt plus 70 € (VP)/inkl. Programm/**Rainbow Tours**

„Kalliszte – die Schöne" tauften die Griechen einst die Insel **Korsika**/**Frankreich**. Sandstrände und idyllische Buchten direkt vor der Haustür – bizarre Berglandschaften, saubere Flüsse und geschichtsträchtige Städte im Hinterland. Bereits im Frühling zeigt sich die Insel von ihrer besten Seite, wenn unzählige Blumen blühen und sich selbst die Strände in ein Meer von Margeriten verwandeln. Selbst im warmen trockenen Hochsommer präsentiert sich Korsika noch im satten Grün.

Sport und Fitness: Mountainbiken/Schnorcheln/div. Ballspiele/Sportprogramm u.v.m.

10 Tage, Busanreise und Fährpassage, 229 € im Bungalow/EZZ 30 € (VP) inkl./VL-Woche im EZ ab 169 €/inkl. Programm

Es können auch Zelt- und Caravan-Unterkünfte gebucht werden.

RainbowTours (für jeden Geldbeutel, für jedes Alter und für alle Flugangsthasen)

Trekking & Enjoy mit Gomera Trekking Tours

Mit Baden, Entspannen & Genießen auf der wildromantischen Insel La Gomera / Spanien – ein Paradies für Wanderer und Naturfreunde.

In der ersten Woche begeben wir uns auf eine 7-tägige Trekkingtour von Ort zu Ort mit täglichen Wanderungen von 3 bis 6 Stunden bei durchschnittlicher bis guter Kondition. Wir wandern auf den alten Dorfverbindungswegen und Eselspfaden, die einst die einzige Verbindung zwischen den Einwohnern darstellten. Die zweite Woche verbringen wir im Valle Gran Rey, im ursprünglichen, malerischen Ortsteil La Calera. Von hier aus genießen wir ein herrliches Panorama auf Bananenplantagen, Meer und Palmen und haben viel Zeit zum Baden, Relaxen, Biken oder für Bootstouren.

2 Wochen ab 1235 €/EZZ 8. – 15. Tag 220 € (6 x F/8 x A)/Gomera Trekking Tours

Trekking & Enjoy auf El Hierro / Spanien, Kleinod im Atlantik, gilt als Geheimtipp unter den Kanaren mit seinen roten Vulkanbergen und grünen Hochebenen. Wir erleben eine außergewöhnliche landschaftliche Vielfalt und lernen die Herzlichkeit der Einheimischen mit ihren traditionellen Bräuchen und modernen Ideen kennen. Wir durchstreifen den einzigartigen Lorbeersilberwald, riesige Kiefernwälder und bestaunen das grandiose Tal von El Golfo. Eindrucksvolle Farbkombinationen und faszinierende Naturschauspiele begleiten uns auf Schritt und Tritt. 7 Wandertage zwischen 3 bis 5 Std. bei durchschnittlicher bis guter Kondition. Ansonsten haben wir viel Zeit zum Baden und Relaxen oder andere Aktivitäten.

2 Wochen ab 1550 €/EZZ 10. – 15. Tag 180 € (7 x F/9 x A/Gomera Trekking Tours)

Trekking & Enjoy auf La Palma / Spanien, die „Schweiz der Kanaren", ist ein Paradies für Wanderer und Naturliebhaber. Im Insel-Norden erleben wir eine üppige subtropische Vegetation und legendäre Fossilien aus der Urzeit – die Drachenbäume von La Tosca – im UNESCO-Reservat Los Tilos tauchen wir in die immer grünen Lorbeerwälder ein und im Süden bestaunen wir die Farbkontraste der erdgeschichtlich jüngsten Vulkanlandschaften der Kanaren. Wir besuchen die Hauptstadt Santa Cruz im Osten der Insel und das beschauliche Städtchen Los Llanos im Landesinneren. 7 Wandertage zwischen 2,5 bis 6,5 Std. bei durchschnittlicher bis guter Kondition. Zum Baden und Relaxen verbringen wir 5 Tage am schönsten Palmenstrand der Insel in Puerto Naos.

2 Wochen ab 1415 €/EZZ 10. – 15. Tag 190 € (8 x F/8 x A)/Gomera Trekking Tours

Wer hat Lust ... einmal ein Fischer, Holzfäller, Hirte oder Weinbauer zu sein?
Und sich unter die einheimische Bevölkerung zu mischen ...?
Die neue Reiseidee von Gomera Trekking Tours – von Mensch zu Mensch!

In der Provence / Frankreich werden wir frühmorgens mit Alain wilde Kräuter in den Bergen sammeln, um am Nachmittag aus diesen Wildkräutern ätherische Öle herzustellen.
Nach unserem Besuch in der Parfumstadt Grasse ernten wir fachgerecht Rosenblüten und Jasmin, kosten Rosenblütenkonfitüre und lassen uns kulinarisch in der Biocreperie in Chateauneuf de Grasse verführen. In Nizza zeigt uns Mireille Demas, wie man „savoir-vivre à la français" kocht. Wir sind bei der Oliven- und Zitrusfrüchteernte dabei, kosten Orangenwein und Olivenpaste. Pierre zeigt uns die Flora und Fauna und abends werden wir mit köstlichen Gerichten verwöhnt.

1 Woche, Eigenanreise, ab 880 € (VP)/Gomera Trekking Tours

In Sizilien / Italien fahren wir mit den Fischern aufs Meer hinaus, ernten südländische Früchte, stampfen den Wein mit den Füßen oder flechten aus Gräsern und Hölzern Körbe. Je nach Jahreszeit helfen wir bei der Ernte und Verarbeitung der Produkte, kochen köstliche sizilianische Spezialitäten und lernen spezielle Rezepte kennen. Als Belohnung feiern wir am letzten Abend Fiesta auf sizilianische Art. Wir wohnen auf umgebauten ehemaligen Landgütern und genießen feinste sizilianische Küche.

1 Woche, Eigenanreise, ab 820 € (HP) / Gomera Trekking Tours

Auf 2200 m Höhe beobachten wir mit einem Experten und Teleskop den Sternenhimmel über Teneriffa / Spanien. Auf dem Meer erfreuen wir uns während einer Delfin-und Whalewatchingfahrt der Meerestiere. Der Hirte Ramón zeigt uns den traditionellen Ziegenhirtensprung „salto del pastor". Beim Winzer kosten wir vom besten Inselwein und auf der Bananenplantage erzählt uns der Landwirt alles über die „kanarische" Frucht.

Die Feste feiern, wie sie fallen: Im Februar startet der Karneval in Santa Cruz, im Juni erleben wir in La Orotava „Corpus Christi" und im November kommen Weinliebhaber beim großen Weinerntefest in Icod auf ihre Kosten, „Bienvenido"!

1 Woche, Eigenanreise, ab 1550 € / Gomera Trekking Tours

Und wer hat Lust auf ein Floßabenteuer – wenn das Floß tanzt?

Ein selbst gebautes Floß zu fahren ist ein Erlebnis der besonderen Art. Auf dem Fluss Olt in Rumänien befahren wir rund um den Geisterwald das transsilvanische Kernland. Vom sanften Dahingleiten bis zum regelrechten „Floßtanz" an Stromschnellen. Diese Reise ist ein Aktivitäten-Mix aus Floßtour auf dem Fluss Olt, Wanderungen auf der „Hohen Rinne" und Fahrradtouren zu Hirtendörfern rund um Hermannstadt. Zelte und Hütten oder bei den Einheimischen im Heu sind unsere Übernachtungsmöglichkeiten. Freude, Teamgeist und die Bereitschaft an der Mitarbeit sind Voraussetzung für diese Tour.

15 Tage, Eigenanreise, ab 885 € (VP) / EuroFun

Zum Trekking & Relaxen auf ins touristische Niemandsland. Noch ...! Denn zurzeit ist Barlavento / Kapverden noch nicht so leicht zu erreichen. Für uns kein Problem, wir unternehmen eine kleine Kreuzfahrt und stechen mit einem gecharterten hochseetauglichen Schiff in See. Fliegende Fische, manchmal Delfingruppen und mit viel Glück begleiten uns sogar Wale! Wir entdecken auf unseren Wanderungen abgelegene, wunderschöne Strände und Ruinen mittelalterlicher Dörfer, vor denen einst Piraten lauerten. Weiter durch grüne Täler, über steile Pässe mit traumhaften Aussichten. Picknicken mal am Strand und auch mal im Nebelwald. Wir besuchen eine Grogue-Destillerie, natürlich mit Probe, und wohnen auch mal bei einer Familie. Zum Abschied spielen für uns einheimische Musiker ihre traditionelle kapverdische Musik. Dann fliegen wir nach Boavista, der „Sahara im Atlantik". Kilometerlange, fast menschenleere weiße Strände und türkisfarbenes Meer werden wir für vier Tage auf dieser Trauminsel genießen. Nach dem Motto „Wie es uns gefällt" macht jeder, was er will:

Strandwanderung, Inselrundfahrt, Strand-BBQ mit Fisch und Musik, auf einem Sand-Buggy auf einsamer Wüstenpiste cruisen oder gar nichts tun.

2 Wochen ab 1990 € / EZZ ab 120 €, nur für 7 Nächte möglich (F / 10 x A / 7 x Lunchpaket / 1 x BBQ) plus Programm / **ONE WORLD**

Ursprünglicher Regenwald, aktive Vulkane, paradiesische Bademöglichkeiten und eine einzigartige Vogelwelt, darunter Kolibris, Tukane und Papageien, sind der Reichtum dieses einmaligen Naturparadieses in **Costa Rica**.

Wir haben die Wahl, entweder wir unternehmen eine Wanderwoche vom Paramo bis zum Pazifik oder eine Radwoche vom Vulkan Poas bis zur Halbinsel Nicoya oder machen beides. Aber für Entspannung pur sorgt eine Woche Relaxen unter Palmen an der Puerto Viejo an der Südkaribik. Also, wer nicht zwei Wochen lang aktiv sein will, macht die Wander- oder Radwoche mit und gönnt sich anschließend die Erholungswoche am Meer …

14 Tage, Eigenanreise, ab 1245 €/EZZ 140 € (F)/**Anderereisewelten**

Erwähnenswert: Die „Schweiz Mittelamerikas" wird Costa Rica genannt, nicht nur wegen seiner vielen Berge, sondern auch weil seine Bewohner seit Generationen so konfliktfrei zusammenleben, dass das Land ohne Armee auskommt. (Wer hat das gewusst?)

Inklusivleistungen: Anreise, wenn nicht, steht Eigenanreise vor dem Preis/die Verpflegungsart steht als Kürzel in Klammern/Preisberechnung ist für das halbe DZ, wenn nicht, steht EZ oder DZ z.A./alle Preise sind für Reisen in der günstigsten Saison! Außerdem sind einige geführte Wanderungen und Radtouren, Unterhaltungsprogramme und vieles mehr im Reisepreis inkludiert.

Events und Updates auf der Internetseite: www.die-besten-singlereisen.de

---

Club & More

Gemeinsam in geselliger Runde

Ob ALDIANA, ROBINSON oder CLUB MED, sie alle haben sich neu definiert und längst vom bisherigen Clubimage abgegrenzt.

Neben exklusiven neuen Anlagen, die kaum einen Wunsch offen lassen, sind die älteren Clubs durch umfangreiche Renovierungen zu neuem Glanz erstrahlt. Allein die Wellnesstempel und Fitnesseinrichtungen, oft mit einem 5-Sterne-Standard, lassen jedes Wellness- und Fitness-Herz höher schlagen. So wurden bei ROBINSON neun Wellnessanlagen vom Deutschen Wellness Verband e.V. mit „sehr gut" zertifiziert.

Eingefleischte Golfer haken bereits einen Club nach dem anderen ab, weil sie keinen der Golfplätze verpassen wollen, die bei den Clubanlagen liegen. Wassersportfreaks finden in den Wassersportzentren optimale Bedingungen.

Ausprobieren, wovon wir im Alltag schon immer geträumt haben:

… wir lernen bei den vielen Sport-, Unterhaltungs- und Kreativangeboten unkompliziert und schnell Leute kennen, greifen beim Schnupperkurs zum Golf- oder Tennisschläger oder wagen uns zum ersten Mal auf ein Surfbrett oder aufs Segelboot.

Niemand drängt uns zu irgendetwas, im Gegenteil, es bleibt uns vollkommen selbst überlassen, wann wir was ausprobieren möchten.

Ob Wasser- oder Ballsport, ob wir reiten oder golfen, wandern oder mountainbiken, tanzen oder malen wollen, einen neuen Trendsport ausprobieren oder unsere persönliche Leistung perfektionieren möchten, im Club wird jeder auf seine Kosten kommen!

Und was gibt es Schöneres, als sich nach einem erlebnisreichen Tag im Wellnesscenter zu entspannen, ganz nach der Maxime „Wohlbefinden für Körper, Geist und Seele".

Gemeinsame Gaumenfreuden am runden Tisch: Bei einem gemütlichen Smalltalk oder einem tief schürfenden Gespräch können wir die verschiedenen kulinarischen Genüsse, von „Nouvelle Cuisine" bis zu exotischen Spezialitäten, vom vertrauten Steak, frischen Salat-, Obst- und Gemüsevariationen, gefolgt von verführerischen Desserts und umfangreichen Käseplatten, in vollen Zügen genießen.

Antike Städte besichtigen, in fremden Ländern über die Basare bummeln und mit neu gewonnenen Freunden auf Entdeckungstour gehen, denn Kultur und Sehenswürdigkeiten liegen manchmal gleich um die Ecke.

„URLAUB UNTER FREUNDEN" IM **ALDIANA**

Mit alten Freunden feiern, neue Freunde gewinnen – in einer Atmosphäre, in der man sich verstanden fühlt und fallen lassen kann: Clubgefühl statt Fremdeln, Emotion statt Etikette, persönliches Miteinander statt kühlem Kopfnicken – das ist ein Urlaub unter Freunden. Außer im Hochkönig gibt es in allen ALDIANA-Anlagen All-Inclusive À LA ALDIANA: Neben dem kulinarischen Angebot – inspiriert vom Sternekoch Manfred Schwarz – sind Tischwein und Softdrinks sowie auch Getränke an den Bars inklusive, außerdem viele Sport- und Wellnessprogramme. Im ALDIANA fühlen sich alle wohl, ob Singles, Paare oder Familien.

Auf der Sonneninsel der Götter liegt der ALDIANA / ZYPERN

Zypern ist nicht nur die Sonneninsel der Götter, sondern auch eine großartige Natur- und Kulturlandschaft mit einer 9000-jährigen Geschichte. Die Berge sind bis zu 2000 Meter hoch und malerische Buchten wechseln sich ab mit langen Sandstränden. Noch bis in den Oktober hinein ist hier das Mittelmeer 24 Grad warm.

In einer ruhigen, ländlichen Gegend direkt am Strand, inmitten einer großzügigen Gartenanlage, liegt der ALDIANA Zypern. Durch die kurzen Wege erreicht man alle Bereiche des Clubs schnell und bequem.

Sportfans kommen beim Tennis oder Tauchen, beim Katamaransegeln oder beim Surfen, beim Radsport oder bei den vielen angebotenen Ballspielen voll auf ihre Kosten. Für Kulturinteressierte hat die Insel sehr viel zu bieten und für die Entspannung sorgt das Wellnesscenter. Für die Geselligkeit sorgt ein abwechslungsreiches Abendprogramm.

SPORT / FITNESS / WELLNESS: Tennis / Katamaransegeln / Surfen / Tauchen / Radsport / div. Ballspiele / Fitnesscenter / Wellnesscenter

LAND UND LEUTE: Ausflüge und Bootstouren

EVENTS: Kitewochen / Tennis-Camp-Wochen / Inlineskating-Camp / EUROTOQUES Kochclub / Katamaran-Spezialwoche / Streetball-Tour u.v.m.

1 Woche ab 989 € im DZz.A. (AI)/**ALDIANA**

TIPP! SINGLE-GOLFWOCHE: Näheres siehe im Kapitel GOLF-REISEN

Get Together – gemeinsam statt einsam – Urlaub unter Gleichgesinnten
Urlaubsspecials für Alleinreisende zu bestimmten Terminen. **Tipp!**
Das Programm: Get-Together-Begrüßungscocktail/Get-Together-Treffs/Gemeinsames Dinner/
Ausflüge und Touren im Team/Groovige Disco-Abende/Spannende Aktionen rund um Sport
und Spiel (Das genaue ALDIANA Get-Togehter-Programm wird im jeweiligen Club auf die
Teilnehmerzahl und die örtlichen Möglichkeiten abgestimmt.)
Get Together im ALDIANA **Zypern**/ALDIANA Fuerteventura/ALDIANA Alcaidesa **Spanien**/AL-
DIANA Side/ALDIANA **Tunesien**

Fantastische Ausblicke über weit geschwungene Bucht im ALDIANA **Sarigerme**/**Türkei**
Am Hang erbaut, bietet der ALDIANA Sarigerme von nahezu allen Zimmern und dem Restau-
rant fantastische Ausblicke über den breiten Sandstrand und die weit geschwungene Bucht.
Ideal ist die stete Brise, die auch im Hochsommer für ein angenehmes Klima sorgt. Das wissen
Tennisspieler und Fitnessfans sehr zu schätzen, aber vor allem Wassersportler finden hier op-
timale Bedingungen. Taucher begeistert die herrliche Unterwasserwelt mit ihren vielfältigen
Höhlen. Und Entspannung pur bietet das Wellnesscenter. Zum Schlemmen lassen wir uns
mittags gemütlich an einem der Tische am Pool nieder, immer das Meer im Blick!
Die ungezwungene Atmosphäre des Clubs zieht besonders Singles und Paare an.
Sport/Fitness/Wellness: Tennis/Katamaransegeln/Surfen/Tauchen/Radsport/div. Ballspiele/
Fitnesscenter/Wellnesscenter
Events: Flirten mit Erfolg/Tennis Cup/Aerobic-Marathon/WeinseminarWeinWissen/Yoga mit
Beata/EUROTOQUES Kochclub/Beachvolleyball-Camp u.v.m.
Land und Leute: Ausflüge und Bootstouren
1 Woche ab 1019 € im EZ (AI)/**ALDIANA**

Weitere ALDIANAs mit **Kochclub und Weinseminar** im Programm bei ALDIANA Alcaidesa und **Tipp!**
ALDIANA Fuerteventura.

„Flirten mit Erfolg": Singles & Alleinreisende, die gerne flirten und es perfekt beherrschen **Tipp!**
wollen, können sich im ALDIANA Sarigerme in das Geheimnis des Flirtens einweihen lassen!
Themen sind unter anderem: „Wie erkenne ich, dass mein Gegenüber Interesse an mir hat?"
Die Grundregeln der Körpersprache. Das Geheimnis von „Wie fange ich an ...?"
Nur an bestimmten Terminen!

ROBINSON: „Zeit für Gefühle"
Im ROBINSON Club können wir uns so viel Zeit nehmen, wie wir möchten, und endlich das
realisieren, was wir schon lange vorhatten. Ob wir nun im Wellnesstempel relaxen oder einmal
den Golfschläger in die Hand nehmen, Fitness ausprobieren oder uns zum Lesen in eine ruhige
Ecke verkrümeln. Wer möchte, hat sogar die Möglichkeit, im Theater auf der Showbühne zu
stehen ...
Alles kann – nichts muss. Zum „Einfach-mal-Ausprobieren" gibt es die Schnupperangebote.

Zeit, Kräfte zu entdecken – im ROBINSON CLUB CAMYUVA/Kemer/Türkei
Wunderschön gelegen in einer großen Bucht, die von einem unberührten Bergvorsprung

eingerahmt ist. Das 100.000 qm große Clubareal ist dicht mit Pinien bewachsen, die schattige Liegewiese reicht bis zum breiten Kieselstrand. Das Wasser wird rasch tiefer. Beliebte Treffpunkte zum Relaxen und Flirten sind die Boots- und Badestege am Strand.

Hier treffen wir auf Menschen, die genau dasselbe wollen wie wir – von Sonnenaufgang bis weit nach Sonnenuntergang ein grenzenlos tolles Urlaubsfeeling genießen. Mit viel Musik, guter Laune und Spaß an sportlichen Aktivitäten.

„Ausatmen – einatmen – ausatmen – einatmen. Im Camyuva sind wir hautnah am sportlichen Puls der Zeit. Auf dem Wasser, unter Wasser, am Strand und natürlich in der WellFit-Oase werden Sport und Fitness hier zu einem einzigartigen Urlaubserlebnis", meint Andy Sasse, Mr. Aerobic und WellFit-Experte im ROBINSON CLUB CAMYUVA.

SPORT / FITNESS / WELLNESS: Tennis / Surfen / Segeln / Tauchen / Bogensport / Sportstainment (Spiele und sportl. Wettbewerbe) / WellFit / GroupFitness / Open-Air-WellFit / Laufen / Walking

KREATIV: Seiden-, Baumwoll-, Öl- und Acrylmalerei für Einsteiger, Serviettentechnik

LAND UND LEUTE: antike Stadt Phaselis 3 km und Olympos 20 km vom Club entfernt.

EVENT: World Fitness Tour / WellFit-Camp (beide Events inklusive)

1 Woche ab 1178 € im EZ (AI)/**ROBINSON**

ZEIT FÜR DIE LEICHTIGKEIT DES LEBENS, im ROBINSON CLUB JANDIA PLAYA / **FUERTEVENTURA / SPANIEN**

Genießt inzwischen Kultstatus, der erste ROBINSON CLUB überhaupt und damit „erste Adresse für Robinson-Urlaub par excellence". Die Anlage liegt zwei Kilometer vom Fischerort Morro Jable entfernt, in einem 60.000 qm großen, gepflegten Gartengrundstück auf Meereshöhe mit direktem Zugang zum öffentlichen, 20 km langen Sandstrand im Süden Fuerteventuras.

Das Sonnenparadies im Sport-, Party- und Kult-Club. 300 Sonnentage zum Surfen, Katamaransegeln, Tennisspielen, Partymachen oder einfach, um die Füße in den feinen Sand zu graben.

SPORT / FITNESS / WELLNESS: Tennis / Surfen / Segeln / Inlineskating / Sportstainment / WellFit / Group Fitness / Body&Mind

KREATIV: Seiden- und Textilmalerei / Serviettentechnik

LAND UND LEUTE: Yachttouren / Enduro-Touren / Wandern / Mountainbiken / geführte Harley-Davidson-Touren

EVENT: Sport & Party Wochen mit der LoveParade / Beachvolleyball-Camp

1 Woche, ab 1157 € im EZ (VP)/**ROBINSON**

ZEIT, UM REINE BERGLUFT ZU SCHNUPPERN, im ROBINSON CLUB AROSA / **SCHWEIZ**

Die grandiose Schweizer Bergwelt. Ganz nahe bei den Gipfeln befindet sich der Club auf 1800 m ü.d.M., an einer ruhigen Waldrandlage und einem kleinen Teich im Sport- und Höhenkurort Arosa. Grüne Wiesen, malerische Berghütten und die grandiosen Dreitausender wie der Weißhorngipfel inspirieren zum Bergwandern, Nordic Walking und Biken, aber auch um immer wieder zwischendurch die Traumkulissen beim Sonnenbaden zu genießen. Der Sommer Fun-Park, ein rasanter Parcours mit Halfpipe für Inlineskater, liegt gleich um die Ecke und wer Rasensport bevorzugt, kann auf einem der höchstgelegenen Golfplätze Europas einlochen.

SPORT / FITNESS / WELLNESS: Angeln / Tennis / Badminton / Squash / Sportstainment / Golf / Reiten / River-Rafting / WellFit / Laufen / Walking / Nordic Walking / Inliner / Hockey
LAND UND LEUTE: Bergwandern mit Wanderführer / Ausflüge mit der Arosa Card / Tret- und Ruderboote / Strandbad / Eislaufen
EVENT: Walking Special / Mountainbike Special / WellFit-Alpentour / Golfwochen für Fortgeschrittene
1 Woche, Eigenanreise, ab 553 € im EZ (VP) / **ROBINSON**

ZEIT FÜR GROSSE KULTUREN UND MAL-GAR-NICHTS-TUN, ROBINSON CLUB LYTTOS BEACH, **KRETA / GRIECHENLAND**
Unzählige Zeugnisse großer Kulturen können wir auf Kreta besichtigen und anschließend im blumenreichen Garten unter einer der vielen Palmen findet jeder einen schattigen Platz, um die neu gewonnenen Eindrücke Revue passieren zu lassen, oder wir springen einfach ins erfrischende Meer, direkt am Club.
Aber auch der Ball spielt hier eine wichtige Rolle. Beim Tennis können wir auf 15 Quarzsandplätzen den Ball aufschlagen und den Golfball können wir auf der clubeigenen Übungsanlage, beim Putting Green, Chipping Green, und 3 Spielbahnen, zwischen 50 – 140 Meter einlochen.
Nur 5 km vom Club entfernt wartet der erste zeitgemäße Kreta Golf Club mit 18 Spielbahnen und atemberaubenden Blicken auf die Lassithi-Hochebene, das Dikti-Gebirge und das Meer darauf, entdeckt zu werden.
SPORT / FITNESS / WELLNESS: Tennis / Surfen / Segeln / Golf / Bogensport / Sportstainment / WellFit / Masters
KREATIV: Studio für Acryl-, Öl und Seidenmalerei / Servietten- und Mosaiktechnik u.v.m.
LAND UND LEUTE: Ausflüge mit Geländewagen sowie klassische Touren auf der Insel
EVENT: Tennis-Camp / Sport & Party Woche / Tennis-Masters / ROBINSON GOLF- MASTERS
1 Woche ab 1048 € im EZ (VP) / **ROBINSON**

CLUB MED – CLUBURLAUB AUF FRANZÖSISCH MIT INTERNATIONALEM FLAIR
Der Esprit von CLUB MED ...
... bedeutet Großzügigkeit und Raffinesse, Geselligkeit und Weltoffenheit.
CLUB MED ist nicht nur Inbegriff eines Clubs, sondern auch der Club der ersten Stunde. Bereits 1950 eröffnete er sein erstes Clubdorf in Alcudia, Mallorca. Wer gerne mit internationalen Gästen Urlaub machen möchte, ist hier goldrichtig.
Alle im CLUB MED beschäftigten Personen (GOs – Gentils Organisateurs) sprechen neben ihrer Muttersprache eine weitere Sprache – meist Englisch.
Mit „D" gekennzeichnete Clubdörfer bieten in einigen Bereichen deutschsprachige Betreuung und sind entsprechend bei deutschen Gästen beliebt. CLUB MED unterscheidet zwischen drei verschiedenen Clubtypen, wobei für uns nur die Clubs für „volljährige Gäste only" relevant sind. Singles können in den hier beschriebenen Clubdörfern halbe Doppelzimmer buchen. (Achtung, begrenzte Kontingente) D.h. frühzeitig buchen!
Die Preise sind AI („alles inklusive"). Angebote, die nicht im Preis inbegriffen sind, werden in den ClubMed-Katalogen mit einem Stern gekennzeichnet.
Alle nachfolgend beschriebenen Clubdörfer sind für „volljährige Gäste only".

Dolce Vita auf Französisch, im CLUB MED Otranto **Apulien / Italien**
Blumenreiches Schmuckstück an einer schönen Bucht mit glasklarem Wasser. Die Lage dieses renovierten hübschen Bungalowdorfes ist traumhaft. Hier unter der großzügig scheinenden Sonne Süditaliens, wo sich Adria und Ionisches Meer begegnen, steht die Geselligkeit ganz weit oben auf dem Programm. Italienische Köstlichkeiten genießen wir in spannender internationaler Runde und können dabei sogar noch unsere Sprachkenntnisse mal wieder auffrischen! Bei Salsa-Kursen und Abenden unter freiem Himmel findet die Party kein Ende! Keine Angst, das Clubgelände ist so groß, dass sogar regelmäßig eine urige Bimmelbahn zwischen Clubzentrum und Disco hin- und herpendelt! Aber auch das faszinierende Umland lockt uns immer wieder mit seinen zahlreichen Highlights, auch mal das Clubdorf zu verlassen.
Sport / Fitness / Wellness: Tennis/Golf-Einführung/Fitness mit Club Med Gym/Schnorcheln/Kajak
Land und Leute: Lecce/Alberobello, UNESCO-Weltkulturerbe/Otranto/Markt in Maglie/Cutrofiano/Torri del Salento/Il Tacco
1 Woche halbes DZ ab 925 €/DZz.A. ab 1039 € (AI)/**CLUB MED**

Party und Sport in einer fröhlichen Atmosphäre, im CLUB MED **Kemer/Türkei**
Die Lage ist wunderschön, die Bungalows sind komfortabel. Am türkisfarbenen Meer verbinden sich Party und Sport zu einer fröhlichen Atmosphäre. Hier befindet sich eines der größten Wasserskizentren des ClubMed! Nicht nur zum Speisen genießen wir die türkische Wärme im Open-Air-Restaurant, sondern auch heiße Nächte sowie romantische Stunden bei Mondschein erleben wir in der Open-Air-Disco unten direkt am Meer!
Sport / Fitness / Wellness: Wasserski/Wakeboard/Windsurfen/Schnorcheln/Club Med-Fitness/Tennis/Kletterwand/Salsa-Kurse
Land und Leute: Perge und Aspendos/Antalya/Demre/Myra und Simena/Bootsfahrt zu 3 Inseln und nach Phaselis/Märchenhaftes Instanbul/Pamukkale
1 Woche halbes DZ ab 914/im DZz.A. ab 1037 (AI)/**CLUB MED**

Das Paradies liegt ... im CLUB MED **Djerba la Fidèle/Tunesien**
In diesem Clubdorf gibt es alles im Überfluss. Der lange weiße Sandstand gehört zu den schönsten Tunesiens. Eine ständige Brise eignet sich für genussvolle Ausfahrten mit dem Katamaran. Beachvolleyball-Spiele reihen sich aneinander. Ein neu eingerichteter Fitnessbereich lockt mit vielen variationsreichen Disziplinen. Cocktails löschen den Durst. Musik und Rhythmen durchströmen die Luft und fordern zum Tanzen auf.
Sport / Fitness / Wellness: Beachvolleyball und Beachsoccer/Segeln/Windsurfen/Club Med-Fitness und Fitnesswochen mit Club Med Gym/Tennis
Besonderes Highlight: Crazy Afternoon
Land und Leute: Inselrundfahrt/Markt in Zarzis/Jeep-Touren/Tataouine und Chenini
1 Woche ab 898 € im DZz.A./(AI)/**CLUB MED**

Tipp! **Kein DZZ in der Nebensaison!**

Tipp! **Tanzen:** In allen drei Clubdörfern können wir Salsa tanzen lernen!

VOM MEERESGRUND BIS ZUM HIMMEL ist alles so schön im CLUB MED **TURQUOISE/TURKS & CAICOS** ...

... dass wir unsere Augen nicht schließen möchten. Das trifft sich gut, denn hier wird bis zum Ende der Nacht gefeiert. Das renovierte Clubdorf ist noch viel schöner als vorher. Es erstreckt sich entlang eines herrlichen, feinen Sandstrandes. Das türkisfarbene und transparente Meer ist bekannt für den Reichtum der Unterwasserwelt. Viel Freude haben auch Fans von Geschwindigkeiten und Hochgefühlen, denn sie genießen Segeln auf Katamaranen, fliegendes Trapez und Trampolin.

SPORT / FITNESS / WELLNESS: Club Med-Fitness/Segeln/Windsurfen/fliegendes Trapez/Tennis

LAND & LEUTE: Boots- und Segelbootausflüge/die Grotten von Middle Caicos

1 Woche halbes DZ ab 1860/DZz.A. ab 2064 € (AI)/**CLUB MED**

WICHTIG: In allen hier beschriebenen Clubdörfern ist das ½ DZ auf Anfrage!

INKLUSIVLEISTUNGEN: Viele Leistungen sind bereits beim Cluburlaub im Reisepreis inkludiert. Von der Vollpension (VP) über die Tischgetränke; bei ALDIANA sowie CLUB MED und einigen ROBINSON CLUBS gibt's neuerdings das All-Inclusive-Konzept, d. h., auch die Bargetränke sind mit im Reisepreis enthalten. Beim vielseitigen Sportangebot können wir uns auch fast ohne Nebenkosten austoben. In den Wellness- und Fitnesslandschaften haben wir freien Eintritt und nur spezielle Kurse, Beautybehandlungen, Massagen und Wohlfühlbäder müssen extra bezahlt werden.

Im Reisepreis ist die Anreise inkludiert, wenn nicht, steht Eigenanreise vor dem Reisepreis!

„Keine Hotelanlage hat mehr in ihrem Repertoire zu bieten als eine Clubanlage, und das alles in geselliger Runde."

EVENTS UND UPDATES AUF DER INTERNETSEITE: WWW.DIE-BESTEN-SINGLEREISEN.DE

GOLF-REISEN

AUF ZUM ERSTEN ABSCHLAG – GOLF, EIN TRENDSPORT FÜR ALLE!

Beim Golf treffen vollkommen unterschiedliche Menschen aufeinander, deren gemeinsamer Nenner gleichermaßen Spaß, Sport und Erholung ist.

Es ist unerheblich, ob wir auf den herrlichen Greens als Schüler gegen einen Angestellten um ein besseres Handicap spielen oder ob wir als Student zusammen mit einer Geschäftsfrau und einem Lehrling auf der Driving Range üben.

Golf zu spielen ist pure Faszination und hat mit dem elitären Duktus von einst nichts mehr zu tun. Wie bei unseren Nachbarn in England, Irland und Schottland entwickelt sich das Konzentrationsspiel um den kleinen weißen Ball mehr und mehr zum Trend- und Nationalsport. Mittlerweile spielen über 500.000 Menschen in Deutschland auf gepflegtem Grün im abwechslungsreichen Gelände, um Berufs- und Alltagsstress zu vergessen.

Golfsportler werden immer jünger, mehr als 46 Prozent der Golfspieler sind jünger als 40 Jahre, jeder neunte Golfspieler ist erst 21 Jahre alt oder jünger.

Wir haben die Wahl; ob wir im Urlaub locker und entspannt in einem Schnupperkurs den

Schläger das erste Mal in die Hand nehmen wollen oder nach Feierabend auf einem Golfplatz in unserer Nähe.

Eines ist allerdings ziemlich sicher: Es ist schwer, von diesem Sport nicht begeistert zu sein. Wer erst einmal seinen Ball auf der Driving Range gespielt hat, ist begeistert und überrascht zugleich.

DIE NEUE IDEE FÜR GOLF SPIELENDE SINGLES!

Ist der **„SINGLE-GOLFCLUB"** Where golf singles meet!

Europaweit und demnächst auch weltweit.

Der erste Single-Golfclub wurde am 1. September 2003 in der Schweiz aus der Taufe gehoben. Am 1. März 2004 folgte dann in Berlin der erste regionale SingleGolfclub in Deutschland und seit Anfang 2005 gibt es einen SingleGolfclub Austria. Was lag näher, als in diesen drei Ländern eine Turnierserie mit einem Finale zu spielen – der European Single Golf Cup war geboren. Weitere 10 europäische Länder für SingleGolfclubs sind in Vorbereitung, um dann auch dort die nationalen Single-Turniere ausspielen zu können. Dann wird das Finale erst richtig europäisch.

Neben der nationalen und der europäischen Mitgliedschaft soll dann auch eine internationale Mitgliedschaft entstehen. Sodass ein internationales Netzwerk an Golfspielern entsteht. Egal wohin dann der Golfsingle reist, er trifft immer auf „gleich gesinnte Golfer(innen)"! Das Interesse, einen anderen Golfsolisten zu treffen, kann rein privater Natur sein, doch auch Golfen und dabei in einer fremden Sprache zu kommunizieren, geschäftliche Kontakte in ferne Länder zu knüpfen sind möglich.

EVENTS des SingleGolfclubs: Golfsafari im Allgäu **DEUTSCHLAND**/Golfen an der Costa Blanca **SPANIEN**/Golfsafari auf Teneriffa/Golfreise nach Ägypten/Golfen an der Algarve **PORTUGAL**/Inselgolfen an Nord- und Ostsee u.v.m.

Auf der Homepage **WWW.SINGLEGOLFCLUB.DE** befinden sich alle Infos über den SingleGolfclub. Zur besseren Kommunikation untereinander hat jedes Land eine Homepage in der jeweiligen Landessprache und in Englisch stehen. Im Mitgliederverzeichnis gibt jedes Mitglied die Sprachen an, die es spricht, sodass man auch in Frankreich jemanden suchen und finden kann, der neben Französisch noch Deutsch, Spanisch, Englisch oder eine andere Sprache spricht.

TIPP! SINGLEGOLFCLUB DEUTSCHLAND Fon: 0041-71 333 59 05

AUF DIE PLÄTZE ... FERTIG, GOLF!

Preiswert Golfen für jedermann mit einer Mitgliedschaft bei der **VcG (VEREINIGUNG CLUBFREIER GOLFSPIELER)**.

Die beste Gelegenheit für einen unproblematischen Einstieg auf den Golfplätzen von über 600 DGV-Mitgliedsvereinen und den rund 270 öffentlichen Spiel- und Übungsmöglichkeiten.

Aber nicht nur in Deutschland sind wir als VcG-Mitglied herzlich willkommen: Auch ausländische Golfplätze stehen uns offen. So können wir auch im Urlaub – ob Alpen oder Küste – einfach abschlagen.

Mehr Infos gibt's direkt bei der VcG: 0611 – 34104-0 oder unter **WWW.VCG.DE**

„Spirit of Golf" im ALDIANA Alcaidesa, **ANDALUSIEN / SPANIEN**
Wie eines der berühmten „weißen Dörfer" Andalusiens ist die romantisch verwinkelte Anlage terrassenförmig an einem zum Meer gelegenen Hügel gebaut. Von fast allen Teilen des Club-dorfes haben wir fantastische Ausblicke auf das Mittelmeer bis hin zum Felsen von Gibraltar. Den kilometerlangen Sandstrand erreichen wir über einige Stufen.
Der Club liegt im Herzen eines der exklusivsten Golfzentren Europas.
Außer den 18 Loch Alcaidesa Links-Golf-Course, der nur ca. 10 min. Fußweg entfernt liegt, gibt es 7 weitere Golfanlagen in 15 bis 35 km Entfernung.
GOLFUNTERRICHT: für alle Spielstärken
GOLFPAUSEN: Ballspiele / Tauchen / Moutainbiken / Fitness- und Wellnesscenter
EVENTS: Golfsafari / Mentales Training für Golfer / Weinseminar Wein-Wissen
1 Woche ab 1094 im DZ z.A. (AI)/**ALDIANA**

„SINGLE GOLF" für Golf spielende Singles und Alleinreisende, um Gleichgesinnte kennen zu lernen und sich in Golfrunden und einem Golfturnier zu messen. Ein abwechslungsreiches Rahmenprogramm sorgt dafür, dass es nicht nur beim „Fachsimpeln" bleibt. Golf- und Event-Professionals betreuen uns während der gesamten Zeit. Auch beim Einschlagen (HCP-Spieler) bzw. beim Training (Beginner) stehen die Pros für alle Fragen, Tipps und Tricks zur Verfügung. Am letzten Spieltag ist in der Regel ein vorgabewirksames Turnier vorgesehen, damit wir auch die Möglichkeit haben, unser Handicap zu verbessern.
Weitere **SINGLE-GOLFWOCHEN** finden im ALDIANA **TUNESIEN** / ALDIANA Andalusien / ALDIANA Djerba statt.
WICHTIG: Frühzeitiges Buchen sichert die Teilnahme.

TIPP!

GET TOGETHER – Urlaubsspecials für Alleinreisende siehe bei **CLUB & MORE**

TIPP!

Zeit, das Grün zu entdecken – im ROBINSON CLUB AMPFLWANG / **ÖSTERREICH**
Golfeinsteiger-Paradies und Märchenlandschaft für Entdecker.
Im Dreieck Passau – Linz – Salzburg ist eine Golfregion entstanden, die wohl unter Golfhard-linern wie auch Golfeinsteigern als Geheimtipp gehandelt wird.
Vier Golfanlagen bieten Golfgenuss vom Feinsten in wunderschöner Landschaft. Nicht nur räumlich genau im Zentrum aller vier Golfanlagen, sondern auch als einer der ältesten Golf-plätze der Region erfreut sich die ROBINSON GOLF CLUB AMPFLWANG (9-Loch) Anlage, direkt auf dem Gelände der Clubanlage, größter Beliebtheit.
Clubhaus mit gemütlichen „Stüberl" für das Bier und die Brotzeit nach der Runde, Driving Range mit überdachten Abschlagplätzen, zwei Putting Greens und einem Pitching Green zum Verbessern des kurzen Spiels.
ROBINSON GOLF ACADEMY: Golfunterricht für alle Spielstärken.
EVENTS: Golf-Themen-Turniere: Single-Turniere / Sonnenwende-Turnier / Early Morning Cup u.v.a.
GOLFPAUSEN: Tennis / Biken / Kreativ / Nordic Walking / Reiten / Masters u.v.m.
1 Woche, Eigenanreise, ab 700 € im EZ (VP)/**ROBINSON**

AUSSCHAU HALTEN NACH SINGLE-GOLFTURNIEREN!

TIPP!

Tipp! Sparen: An bestimmten Terminen: 1 Nacht/Woche weniger zahlen und Greenfee inkl. auf der clubeigenen Anlage!

Zeit, den ersten Abschlag zu wagen im ROBINSON CLUB NOBILIS/Türkei
Das beliebte Golf-Eldorado: In den Pinienwäldern von Belek gibt es im Umkreis von 15 km 5 Golfanlagen mit 8 Golfplätzen internationalen Standards.
Die 18-Loch-Anlage des ROBINSON GOLF CLUB NOBILIS lässt keine Wünsche offen und wurde von Golf-Fachmagazinen mehrfach ausgezeichnet; 18 Spielbahnen mit breiten, durchgehenden Fairways und altem Pinienbestand und – als großes Unterscheidungsmerkmal zu allen anderen Anlagen in Belek – erhöht gelegene und nach hinten ansteigende Greens, sodass der Golfer beim Anspielen die Fahne gut erkennen kann. Kleine Teiche und der Acisu-Fluss stellen den Golfer vor interessante Aufgaben.
ROBINSON GOLF ACADEMY: Golfunterricht für alle Spielstärken.
Golfpausen: Fitness/Reiten/Wassersport/Tennis/Wellness/Malen/Robinson Golf Masters u.v.m.
Event: Tommy Hilfiger Young Golf Week: mit Siegerpreisen und Give-aways von Tommy Hilfiger. Spieler mit Hdcp. – 36 und besser.
1 Woche ab 1062 € im EZ (VP)/**ROBINSON**
10 weitere ROBINSON CLUBS sind ideal zum Golfspielen!
Nähere Infos stehen im Kapitel Club & More.

Für Einsteiger und Golfinteressierte „ohne Platzreife" in Crans Montana/Schweiz
Golf hat in Crans Montana fast hundert Jahre Tradition und das alljährliche European Masters in der ersten Septemberwoche gehört zu den „Top Events". Auf 7 Plätzen in der näheren Umgebung können wir unser Handicap verbessern. Mit einer Driving Range und zwei 9-Loch-Golfplätzen bietet Crans auch für Einsteiger und Golfinteressierte „ohne Platzreife" optimale Bedingungen. Ein Golf-Schnuppertag gehört zum Frosch-Programm.
Der Ort, Crans Montana, auf dem schönsten und sonnigsten Logenplatz über dem Wallis gelegen, mit einem einzigartigen Panorama der Bergriesen vom Matterhorn bis zum Mont Blanc. Der Frosch Sportclub Carlton liegt in optimaler Lage, leicht oberhalb von Crans.
Eine weitläufige Sauna mit Ruheraum, Bar und Außenterrasse im obersten Stock gibt den grandiosen Blick auf die Walliser Berge frei.
Golfpausen: Geführte Wanderungen/Workshop in Nordic Walking/Tennis/Klettern/Mountainbiken
Events: Golfwochen/Wanderwochen/Outdoorwochen
Crans im September: Golf-Master-Woche/Weinlese und tolles Wetter
1 Woche, Eigenanreise, halbes DZ ab 280 €/EZZ ab 140 € (HP) inkl. geführte Touren und Aktivprogramme/Frosch Sportreisen
Nähere Infos über Frosch Sportreisen stehen bei Aktiv & Sun

A-ROSA für Golfliebhaber – in Kitzbühel/Österreich
Eingebettet zwischen Wildem Kaiser und Pass Thurn liegt das im Stil eines Tiroler Schlosses erbaute A-ROSA Resort direkt am Golfclub Kitzbühel. Ein mondäner Ort, der zu jeder Jahreszeit die exklusivsten Sportereignisse mit einzigartigem luxuriösem Flair verbindet.

Wohlfühlurlaub auf höchstem Niveau. Ein absolutes Highlight ist die Bar: Bei einem Sundowner können wir den überwältigenden Blick auf das Alpenpanorama genießen.
Golfliebhaber und solche, die es werden wollen, werden hier auf ihre Kosten kommen. Fantastische Golfplätze laden zum schönen Spiel ein. Kitzbühel ist das Golfzentrum der Alpen. Der 9-Loch-Platz liegt direkt am Hotel, drei weitere in Kitzbühel mit insgesamt 45 Loch und 19 Anlagen. / 1 Woche, Eigenanreise, ab 903 € im EZ / (HP-Plus) / **A-ROSA**

Zwei ganzjährig bespielbare Turnier-Golfplätze im A-ROSA Scharmützelsee / Deutschland
Hier haben wir vier Golfplätze mit insgesamt 63 Loch zur Auswahl und können unser Hcp auf den zwei ganzjährig bespielbaren Turnier-Golfplätzen zu jeder Jahreszeit verbessern.
Mit seiner Kombination an Golfplätzen ist das A-ROSA Scharmützelsee einzigartig. Arnold Palmer und Nick Faldo haben hier ihre Plätze für die Ewigkeit geschaffen. Der Arnold-Palmer-18-Loch-Platz zählt zu den schönsten Plätzen in Deutschland und auch in Europa. Auch Golfanfänger kommen auf ihre Kosten: Driving Range und Kurzplatz liegen direkt am Resort.
1 Woche, Eigenanreise, ab 903 € im EZ / (HP-plus) / **A-ROSA**

Golfen vor der grandiosen Kulisse der Lübecker Bucht im A-ROSA Travemünde / Deutschland
Golf wird hier ebenfalls groß geschrieben. Hier können wir uns beim Spiel auf einem der drei Golfplätze ganz in der Nähe vom Resort entspannen. Wir haben die Wahl zwischen 9- und 18-Loch-Golfplätzen. / 1 Woche, Eigenanreise, ab 903 € im EZ / (HP-Plus) / **A-ROSA**
Nähere Infos über die A-ROSA Resorts stehen im Kapitel **Wellness-Reisen**.

Ausgesuchte Golfhotels von Europa Wanderhotels, die besonders singlefreundlich sind:
Ferienhotel „Die Gewürzmühle", Radstadt, Salzburger Land / Österreich
„Endlich Genuss – Wandern und Golfen" zwischen Radstädter Tauern, Bischofsmütze und Dachstein.
1 Woche, Eigenanreise, ab 380 € im EZ (HP) inklusive geführte Themen-Wanderungen / 30 % Greenfee auf dem 18-Loch-Golfplatz / Europa Wanderhotels

Spezielle Golfwochen!

Tipp!

Hotel Ansitz Golserhof, Dorf Tirol, Südtirol / Italien
Das Dorf Tirol – oberhalb der Kurstadt Meran und am Fuße des Naturparks Texelgruppe gelegen – bürgt mit seinem milden Klima und der Fülle der Natur zu allen Jahreszeiten für beste Erholung und das große Spiel.
1 Woche, Eigenanreise, ab 540 € (3/4 Genießerpension) geführte Wander- und Nordic-Walking-Touren / Aquafitness / Benutzung der exklusiven Spa- & Wellnesslandschaft / 30 % Greenfee auf den Golfplätzen Passeier & Lana / Europa Wanderhotels

Singlewochen und Golf-Spezialwochen mit 50 % Greenfee.

Tipp!

Wanderhotel Kirchner, Nationalpark Hohe Tauern, Salzburger Land / Österreich
Majestätisch im Hintergrund thront der Großvenediger, der die weiß leuchtenden Gletscherflächen weithin sichtbar überragt.

1 Woche, Eigenanreise, ab 450 € im EZ (HP) inklusive: geführte Wanderungen/Nordic-Walking-Kurs/Gymnastik/Golf-Schnupperstunde mit dem Chef/30 % Greenfee auf dem 18-Loch-Platz/**EUROPA WANDERHOTELS**

TIPP! Wenn **GOLF DAS HAUPTTHEMA IM URLAUB** werden soll, lohnt es sich, auch einmal die Golf-Kataloge der großen Reiseveranstalter zu durchstöbern. Denn sie sind randvoll mit schönen Golfhotels in allen Preislagen und Größenordnungen mit den dazugehörigen Golfanlagen. Golf spielt man nicht allein, sondern in geselliger Runde. Doch ein Hotelaufenthalt lässt sich nicht mit einem geselligen Clubaufenthalt vergleichen. Hinzu kommt noch der oft hohe Einzelzimmeraufpreis, gerade bei den internationalen Hotels.

Also macht es Sinn, genau wie bei den Wellnesshotels, erst einmal den Preisteil nach günstigen Angeboten zu durchsuchen. Bietet dann das auserwählte Hotel noch ein umfangreiches Sportangebot an, so sind die Chancen, nette Leute kennen zu lernen, wesentlich größer.

TIPP! VIELE **GOLFHOTELS** VERFÜGEN AUCH GLEICHZEITIG ÜBER UMFANGREICHE UND SCHÖNE **WELLNESSBEREICHE**, so lässt sich der Golfurlaub wunderbar mit einem Wellnessurlaub kombinieren!

Wer ganz weit weg möchte, sollte auch mal an eine Kombination aus Golf- und Sprachreise denken. Denn erstens kann man günstig und für längere Zeit in einer Gastfamilie wohnen und zweitens nach dem Sprachunterricht (auch Ferienkurse sind möglich) sein neu gelerntes Vokabular auf dem Golfplatz anwenden. Näheres siehe **SPRACH-REISEN**.

INKLUSIVLEISTUNGEN: Anreise, wenn nicht, steht Eigenanreise vor dem Preis/die Verpflegungsart steht jeweils als Kürzel in Klammern, neben dem Preis/Preisberechnung ist für das halbe DZ, wenn nicht, steht EZ oder DZz.A./alle Preise sind für Reisen in der günstigsten Saison! Golf-Schnupperkurse sind meistens im Preis inkludiert. Golfen und Golfunterricht müssen extra bezahlt werden.

EVENTS UND UPDATES STEHEN AUF DER INTERNETSEITE: WWW.DIE-BESTEN-SINGLEREISEN.DE

WELLNESS-REISEN ✿

WELLNESS-REISEN

„Mensch, sei gut zu deinem Körper, damit deine Seele Freude hat, darin zu wohnen."
(Therese von Avila)

Wellness und Selfness sind ungebrochen Trendsetter im Urlaub.
Gesundheit wird immer wichtiger, wenn Stress im Alltag und Druck von außen wachsen. Wer beruflich erfolgreich sein will, muss nach unseren westlichen Maßstäben gesund, fit und vital sein – der Körper wird zum Erfolgsfaktor.
EINTAUCHEN IN DIE WELT DES WOHLBEFINDENS: Die Angebote in der Wellnesswelt sind sehr vielfältig: von zart duftenden Kräuterbädern über Ayurveda- und Kneipp-Kuren bis hin zu den Thalasso-Therapien.
Reif für die Insel? Wie wär's mit einer Thermalkur auf Ischia? Oder reif für Selfness? Mit Yoga in einer blühenden Parklandschaft oder Tai-Chi auf einem Rasen im Morgentau bringen wir Körper, Geist und Seele wieder ins Gleichgewicht.
Wir sollten uns öfter mal eine Auszeit gönnen und Abstand nehmen vom hektischen Treiben des Alltags. Ganz gleich, ob wir unseren Körper bei einer Thermalkur regenerieren, eine Woche auf einer Beautyfarm verbringen oder aber eine Wander-, Fahrrad- oder Erlebnisreise mit Wellness kombinieren, alles ist möglich und tut gut. Denn überall auf der Welt blubbern und dampfen Thermal- und Mineralquellen und laden zum Baden ein.

SINGLE & FRIENDS AUF DER SINGLE-INSEL SYLT / DEUTSCHLAND
Brandung an der Westseite und Wattenmeer im Osten. Urwüchsige Dünen, grüne Deiche und majestätische Kliffs. Endlose Traumstrände und unberührte Natur, Entspannung, Ruhe, Wellness, aber auch Sport, Shopping und Lifestyle und ...
1750 Sonnenstunden im Jahr erwarten uns hier.
Abgesehen davon, dass der Aufenthalt auf Sylt allein schon Wellness bedeutet, bietet das neu gestaltete Syltness-Center zusätzlich ein großes Wellness-, Beauty-, Thalasso- & Fitnessprogramm an. Im 4500 qm großen, großzügig angelegten Westerländer Day Spa mit seinem lichtdurchfluteten Sportcenter können wir bei fernöstlichen Entspannungstechniken den Sonnenuntergang über dem Meer erleben. Eintauchen in die Heilkräfte des Meeres bei einer Thalasso-Therapie und die Energie der ayurvedischen Massage spüren.
Unser Singlehotel liegt gleich um die Ecke (nahe der Fußgängerzone Friedrichstraße, Westerland).
Für Mitte 20- bis Mitte 40- und Mitte 30- bis Mitte 50-jährige Reiseteilnehmer!
4 Tage ab 299 € im EZ (F) inklusive Wellnesspaket mit 1 x Hamam / 1 Tag Bade- und Saunalandschaft / Fahrrad inkl. Ausflug und Nordic Walking an je einem Tag plus Freizeitgestaltung und Reiseleitung / SINGLE & FRIENDS BEI SUNWAVE

WELLNESSVERGNÜGEN mit Single & Friends in der Toskana, siehe AKTIV & SUN TIPP!

WELLNESS IN GESELLIGER RUNDE!
Das heißt auch: Wellnessurlaub mit hohem Spaßfaktor! Denn auch „Lachen ist gesund"!
Nirgendwo sonst haben wir mehr Gelegenheit dazu als in einem Club, mit seinem vielseitigen

Sportangebot, den 8er-Tischen in den Restaurants sowie dem täglich wechselnden Sportstainment und Abendprogramm! Längst haben sich die renommierten Clubs dem internationalen Standard der Wellnesswelten angepasst. Neun Robinson Clubs wurden sogar vom Deutschen Wellness Verband mit „sehr gut" zertifiziert.

WELLNESS BEI ALDIANA – NACH DEM MOTTO:

- **FEEL WELL:** Rundum wohlfühlen mit professioneller Betreuung in den
- **WELLNESCENTERN:** Sie haben fast immer Indoorpool, Sauna, Dampfbad oder Hamam
- **BODY & MIND:** Rückenfitnessprogramme/Stretch & Relax/Sonnengruß
- **FITNESS & FUN:** Fitness/Jogging/Nordic Walking/Aerobic/Aqua Fit, Body Fit/Cycling/Flexi Bar
- **PERSONAL COACHING:** Personal Training/Personal Training mit Sportmedizin. Betreuung (nur im Alcaidesa, Fuerteventura und Tropical)
- **BEAUTY & ENTSPANNUNG:** z.B. mit Massagen/ayurvedische Massage/Physiotherapeutische Behandlung/Thalasso-Therapie/Hot Stones/kosmetische Programme u.a.

Das **„ALEGRA VITALCENTER"** – eine besondere Wellnesswelt bei Aldiana
Fit werden und gesund bleiben, sich und seinem Körper etwas Gutes gönnen – unter diesem Motto hat Michael Keller, Dr. für Traditionelle Chinesische Medizin und Heilpraktiker, die Programme des Alegra Vitalcenters ausgesucht und zusammengestellt. Ob Massagen oder Physiotherapie, „klassische" kosmetische Behandlungen oder Thalion-Thalasso – alle Anwendungen fördern Vitalität und Wohlbefinden. Die Alegra Vitalcenter befinden sich im ALDIANA Alcaidesa und ALDIANA Fuerteventura sowie im ALDIANA Tropical.

ALDIANA Alcaidesa, **ANDALUSIEN/SPANIEN**
Das Wellnesscenter befindet sich in einem frei stehenden, zweistöckigen Wellnessgebäude mit maurisch geschwungenen Formen und eleganter Einrichtung.
1 Woche, inkl. Anreise, ab 1024 € im EZ (AI)/**ALDIANA**

ALDIANA **FUERTEVENTURA/SPANIEN**
Das frei stehende Wellnesscenter vereint alle Einrichtungen für Erholung, Schönheit und Fitness. Von den Behandlungsräumen und der Wellnessterrasse haben wir eindrucksvolle Ausblicke über die botanische Gartenanlage und den Atlantik.
1 Woche, inkl. Anreise, ab 1074 € im EZ (AI)/**ALDIANA**
EVENTS: Wellness & Fitness-Erlebniswochen/Yogawochen/Physiotherapiewochen u.v.m
Mehr Infos über die ALDIANAs siehe Kapitel **CLUB & MORE** und **GOLF-REISEN**.

DIE WELLNESSWELT VON ROBINSON: „Zeit für Gefühle"
Basierend auf den fünf Säulen des Wohlbefindens wurde das ganzheitliche WellFit-Konzept entwickelt. Um ein positives Lebensgefühl und Körperbewusstsein, Vitalität und seelische Ausgeglichenheit zu erlangen.

DIE FÜNF WELLFIT-SÄULEN:

- **GROUPFITNESS & WORKOUT:** Kondition aufbauen, überflüssige Pfunde loswerden, inneres Gleichgewicht und Harmonie erhalten. Und jede Menge Spaß an der Bewegung gewinnen, wie z.B. beim Aerobic, Aqua Fit, Geräte-Fitness, Step u.v.m.

- **PERSONAL TRAINING:** Vor den Fitnessgeräten sind alle Menschen gleich, aber wie wir sie verlassen, liegt an uns und an der Qualität der Personal Trainer. Vom Beratungsgespräch über Fitness- und Gesundheits-Check bis hin zum Ernährungsplan – er ist für uns da.
- **FEELGOOD:** ist ein Entspannungsbad für die Seele; in dem wir die Zeit und die Ruhe genießen und uns nach allen Regeln verwöhnen zu lassen. Ob wir uns für Ayurveda oder Massagen, für Thalasso oder Beautybehandlung entscheiden, liegt bei jedem selbst.
- **BODY&MIND:** Der Körper wird gestrafft, die Verspannungen des Alltags lösen sich und die Psyche unternimmt einen Höhenflug. Bei Yoga, Feldenkrais, Pilates, autogenem Training, Qigong oder Tai-Chi u.v.m., der Erfolg wird sich schnell einstellen.
- **WELLFOOD (CUISINE VITAL):** Gute Laune auf gesunder Linie: Ernährungstipps rund um das ABC der Vitamine und Spurenelemente bekommen wir bei der Ernährungsberatung und im WellFit-Kochkurs. An der WellFit-Station probieren wir die gesunden Köstlichkeiten.

Alle Robinson Clubs bieten Wellness mit unterschiedlichem Programm an.

WELLFIT-EVENTS-WOCHEN: WellFit Camps/WellFit Festival/WellFit Best Age oder Evian Live Young Week, um nur einige zu nennen.

ROBINSON CLUB CALA SERENA, **MALLORCA / SPANIEN**
Zeit, um sich richtig verwöhnen zu lassen –
In der Gegend von Cala d'Or ist der ursprüngliche Zauber der Insel noch erhalten. Kleine romantische Buchten, türkisfarbenes Meer. Auf einer Halbinsel lieg der neu geschaffene, im mediterranen Stil erbaute Club auf einem 120.000 qm großen Gelände.
WELL- UND FITNESS: Fitnessraum/Body&Mind-Raum/WellFit-Oase auf 2000 qm mit: Sanarium, finnischer Sauna, Indoor-, Outdoorpool, Ruhebereich/GroupFitness/Body&Mind/ FeelGood-Abteilung/Personal Training/Massagen/Beauty/Thalasso/Ayurveda- und Bäder-Anwendungen
EVENTS: Nordic Skating/Box-Camp/Evian Live Young Week/Bike Spezial u.v.m.
1 Woche, inkl. Anreise, ab 1222 € im EZ (VP)/**ROBINSON**
Mehr Infos über die ROBINSON CLUBS stehen bei **CLUB & MORE**.

INFO: Wohlfühlurlaub mit geprüfter Qualität! Neun ROBINSON CLUBS wurden vom Deutschen Wellness Verband e.V. mit „sehr gut" zertifiziert: CLUB AMADÉ/CLUB SCHWEIZERHOF/CLUB FLEESENSEE/CLUB CALA SERENA/CLUB JANDIA PLAYA/CLUB CAMYUVA/CLUB NOBILIS/CLUB LYTTOS BEACH/CLUB KYLLINI BEACH

- „Neue Wege" gehen.
- Neue Erfahrungen sammeln.
- Selfness heißt das neue Wort.
- Selfness – zu sich selbst finden.

„*Selfness*", meint Professor Hoax, „ist die Kompetenz, das eigene Leben in den Griff zu bekommen. Von den Erfahrungen und Anregungen, die man durch ein (Urlaubs)programm bekommt, erwartet man eine nachhaltige Veränderung, die einem hilft, sich selbst besser zu verstehen und kompetenter zu handeln."

Reisen zu den Quellen der großen meditativen Traditionen wie Yoga, Qigong, Zen und Meditation. Natur erleben im Bachtelhof im ALLGÄU / DEUTSCHLAND.
Fasten – Ayurveda – Qigong – Genusswandern
In einer sanften Hügellandschaft, umgeben von Wiesen, am Rande der Allgäuer Alpen liegt der Bachtelhof. Ein Ort, der durch seine Lage und Atmosphäre Ruhe und Entspannung ausstrahlt und die vielfältigen Freizeitmöglichkeiten des Allgäus direkt vor der Türe bietet. Der ehemalige Bauernhof hat Zimmer für 12 Personen und ist für Seminargruppen ideal geeignet. Ob wir an einer Qigong-, Meditations- oder an einer Wanderwoche teilnehmen, Frühlings-, Sommer- oder Herbst-Fasten wollen, den Ayurveda-Massage-Grundkurs oder die Ayurveda-„Königswoche" in Anspruch nehmen, aber auch Yoga – Im Licht der Freude –, oder einfach nur eine Naturwoche im Allgäu erleben wollen, bleibt uns überlassen, die Auswahl ist jedenfalls groß.
1 Woche, Eigenanreise, ab 545 € im halben DZ oder EZ/(VP) NEUE WEGE

Lachen ist mehr als gesund: Yoga – Lachen – Heilen
Morgens stimmen wir uns mit sanften Stretch-Übungen des MANTRA-Yogas und dessen heilender Wirkung heiter auf den Tag ein. Nach dem Motto „Lachen ist die beste Medizin" werden wir vormittags mit Übungen aus dem LACH-YOGA (Hasya-Yoga) des indischen Arztes Dr. Kataria sowie durch traditionelle indische Entspannungstechniken unsere Lebensfreude spürbar steigern. Wir lassen den Tag mit BHAJANS (spirituelle Lieder aus Indien) und Meditationen besinnlich heiter ausklingen. Beide Kurse sind aufeinander aufbauend, können aber auch einzeln belegt werden. Wir wohnen im Seminarhaus Florian bei KITZBÜHEL / ÖSTERREICH. Auf der Reither Sonnenterrasse gelegen, bietet es einen traumhaften Blick auf die Kitzbüheler Alpen und den Wilden Kaiser.
2 Wochen, Eigenanreise, ab 1490 €/1 Woche 790 €/EZZ 12 €/Tag (HP plus mittags Salatbuffet, vegetarische Vollwertkost aus rein biologischem Anbau) NEUE WEGE

„*Selfness – mach dein Ego fit*" im Sportclub Olympos Mitos / GRIECHENLAND
Kurse an 5 Tagen/Woche/halb- bis ganztägig: individuelle Grundlagen zur gesunden Ernährung, Pilates/Körpertraining, Besuch eines türkischen Hamam (Dampfbad), persönliches Bewegungsprogramm und Gesprächskreise. Geleitet werden die Kurse von Diplom-Sportlehrern bzw. Diplom-Psychologen mit fachübergreifender Zusatzausbildung.
Ein Fitness- und Wellnessprogramm wird ebenfalls im Club angeboten: Ganzkörpertraining zur Muskelstraffung, ein Pilates, Koordinations- und Haltungsverbesserung, ein Balance-/Stressabbau-Training, Walking und eine angeleitete Massage paarweise in der Gruppe. Dieses Programm ist bereits im Reisepreis enthalten.
1 Woche inkl. Anreise, ab 529 €. Weitere Informationen über den Sportclub Olympos Mitos, siehe im Kapitel AKTIV & SUN. SFI / KÖLNERCLUB

HOTEL NAXOS BEACH, KYKLADEN, GRIECHENLAND,
bietet neben dem Sportprogramm ein Fit- und Wellnessprogramm mit Yoga, 5 Tibeter, Klang-massage, Fußreflexzonenmassage im Fitnessclub an. Mehr über **SFI/KÖLNERCLUB** steht im Kapitel **AKTIV & SUN**.

FASTENTAGE in Ratzeburg/**DEUTSCHLAND**
Ratzeburg, ein kleines, hübsches, über tausend Jahre altes Städtchen, liegt malerisch auf einer Halbinsel im gleichnamigen See. Mitten im Naturpark Lauenburgische Seen, einem wunderschönen und wasserreichen Gebiet nordöstlich von Hamburg.
Fasten betrifft den ganzen Menschen, jede einzelne Körperzelle, seine Seele, seinen Geist. Fasten ist bewusstes Verzichten auf körperliche Nahrung und damit ein Reinigungsprozess mit größerer Empfänglichkeit für das, was in uns und um uns herum geschieht.
Wir sind untergebracht im Gästehaus des schönen Domklosters, in unmittelbarer Nähe zum Dom (eine eindrucksvolle romanische Backsteinbasilika). Das Gästehaus liegt auf einem See-grundstück direkt am Ratzeburger See. Damit uns das Fasten leichter fällt, wird eine erfahrene Fasten- und Meditationsleiterin uns während der Fastenzeit ein Programm mit meditativen Elementen und Ausflügen in die Natur anbieten.
9 Übernachtungen, Eigenanreise, ab 550 € im EZ (Fastenverpflegung z.B. Brühe und Tee und Aufbau-Essen aus biologischem Anbau)/ **FRAUENREISEN HIN UND WEG**

WOHLFÜHLFERIEN IM Casa el Morisco in **ANDALUSIEN/SPANIEN**
ANDALUSIEN: *Land des Lichts, des Flamencos und der maurischen Paläste.*
Neben seinen vielfältigen landschaftlichen Schönheiten und seinen kulturellen Sehenswür-digkeiten ist es außerdem für die vielen Sonnentage pro Jahr bekannt.
An der Costa del Sol sind die Temperaturen im Sommer durch eine Brise vom Meer angenehm warm und im Winter sonnig mild.
Casa el Morisco, umgeben von Hügeln mit vielen Obstbäumen, in einem zum Meer hin of-fenen Tal, ist nicht nur ein grünes Paradies, sondern auch ein Ort der Ruhe und Entspannung. Ca. 1 km vom Meer, 20 km östlich von Málaga.
Das Haus bietet an 5 Tagen in der Woche ein wechselndes Programm an: Yoga und Qigong, Tanzen und Singen, Trommeln oder Meditation. Außerdem Workshops wie Gesprächskreise und Informationen zu Themen wie gesunde Ernährung oder alternative Heil- und Entspan-nungsmethoden.
1 Woche, Eigenanreise, ab 525 €/EZZ 35 € ohne und 77 € mit Dusche auf dem Zimmer (VP), vegetarisch, inkl. Getränke/Wein)/**NEUE WEGE**

Selfness mit viel Strandurlaub an einer ruhigen Traumbucht im **PILION/GRIECHENLAND.**
Seit uralten Zeiten haben die Dichter die Schönheit der Halbinsel Pilion besungen. Homer preist sie als die Sommerresidenz der Götter, Heimat der mythischen Zentauren und Argo-nauten. Pilion war der Schulplatz für den jungen Herkules und für Achilles. Hier wurde der Gott der Medizin, Aeskulap, in die Heilkunst eingeweiht ... und genau in dieser Umgebung werden wir auch zu uns selbst finden.
Schon im Altertum war Pilion berühmt für seine zahlreichen Heilkräuter (rund 2000 Arten). Unsere Unterkunft liegt nur 200 m von einer ruhigen Badebucht mit weißem, sauberem

Kiesstrand, malerischen Felsen und türkisblauem, klarem Wasser entfernt. In dieser schönen Umgebung können wir an Qigong-Kursen teilnehmen, „Griechisch für den Alltag" in einem kleinen Sprachkurs lernen und griechische Tänze üben, in Kombination mit einem erholsamen Strandurlaub. Qigong ist eine Lebenskunst, die Strömungen der Lebensenergie Qi in unserem Körper und in der Natur zu erfahren.

2 Wochen, inkl. Anreise, ab 900 €/EZZ ab 200 € (HP)/inkl. Qigong, griechische Tänze und Sprachkurs/**ONE WORLD**

MEDITATIV – im Frühjahr auf **IBIZA/SPANIEN**

Fernab vom Partygeschehen, in einmaliger schöner Lage am Meer haben wir ideale Möglichkeiten für ein spirituelles Training mit Yoga und Meditation. Bewegungsmeditation meist im Freien mit weitem Blick über die Küste. Der stille Ort hat zwei Tavernen und liegt weit ab vom Touristenrummel. Wanderwege führen durch duftende Pinienwälder oder direkt an der herrlichen Steilküste entlang mit weitem Blick bis nach Formentera. Hatha-Yoga-Übungen helfen uns, Körper, Geist und Seele in Harmonie zu bringen. Stilles Sitzen, Atemerfahrung/intuitives Atmen, Atemreise und das Forschen „Wer bin ich?" bringen uns zu einer tiefen Begegnung mit uns selbst und der wahren Quelle unseres Seins.

1 Woche, Eigenanreise, ab 650 €/EZ a.A./(HP)/**ANDEREREISEWELTEN**

AYURVEDA-KUREN IM Coconut Bay Resort, **KERALA/INDIEN**

In einer der schönsten Buchten der indischen Südküste liegen die Bungalows in einem Palmenhain. In der Nähe von Kovalam, dem beliebtesten Badeort Südindiens mit seinem pittoresken Leuchtturm, den gemütlichen Restaurants und den bunten kleinen Läden. Das Open-Air-Restaurant bietet die ganze variationsreiche Palette indischer ayurvedischer Küche. Das zum Coconut Bay gehörende Ayurveda Center wurde von der Regierung Keralas mit dem Oliven Leaf ausgezeichnet. Dieses Prädikat wird nur an Zentren vergeben, die Ayurveda-Behandlungen nach traditioneller Überlieferung praktizieren. Wer kein oder nur wenig Englisch spricht, bekommt einen Übersetzer.

FREIZEITANGEBOTE: Schnorcheln/Katamaransegeln/Strandspiele.

AUSFLÜGE: „Backwater"-Tour/zum Shopping nach Trivandrum oder Kovalam u.v.m.

2 Wochen, inkl. Anreise, ab 1740 €/EZZ ab 11 € pro Tag/(VP) inkl. Ayurveda-Kur/Yoga/Meditation/**NEUE WEGE**

AYURVEDA-KUR in **SRI LANKA** (Gruppenreise ab/bis Deutschland)

Das Barberyn Weligama bietet neben den hervorragenden Behandlungen schöne Übungsplätze für gemeinsames Yoga & Meditation. Ein interessantes tägliches Hausprogramm mit Kulturveranstaltungen oder Ausflügen in die nähere Umgebung.

2 Woche, inkl. Anreise, ab 1890 €/EZZ ab 14/Tag € (VP) inkl. Ayurveda-Kur/Yoga/Meditation (deutschprachig)/**NEUE WEGE**

Ankommen – aufatmen – zur Ruhe kommen, **YOGA, MEDITATION** in **GOA/INDIEN**

Eine wunderschöne Zeit erwartet uns an den traumhaften Palmenstränden von Goa mit seinen berühmten Sonnenuntergängen an der arabischen See.

Hier wollen wir uns regenerieren und mit Yoga, Meditation, Ayurveda unsere eigene Kraft wiederentdecken. Inmitten der indischen Kultur, der Leichtigkeit des Lebens am Strand, im Kontakt mit den Rhythmen der Natur und des eigenen Körpers.

Wir verbinden das angenehme entspannte Leben an der Küste Goas mit einem intensiven Yogakurs und bekommen eine Einführung in die klassischen Atemtechniken. Es wäre von Vorteil, bereits minimale Yogakenntnisse oder vergleichbare Körperfitness mitzubringen.

2 Wochen, inkl. Anreise, ab 1690 €/EZZ 290 € (F) inkl. Yogakurs (deutschsprachige Kursleitung)/ **NEUE WEGE**

Die **WELLNESS-INSEL ISCHIA / ITALIEN** hat sich neu entdeckt; denn nicht nur für die Wellnessfans bietet Ischia mit seinen vielen Thermalquellen ungeahnte Wellnessmöglichkeiten, auch immer mehr Kulturbesessene kommen auf die Insel, um an Ausstellungen, Musikveranstaltungen und Volksfesten teilzunehmen. Junge Menschen strömen auf die Insel, um hier in ungezwungener Atmosphäre an einem der vielen Sportangebote teilzunehmen, vom einfachen Schwimmen im warmen Meerwasser über Windsurfing am Maronti-Strand und in der Citara-Bucht, Segeln oder Tauchen siehe unter „cookdiving.com".

RUN BODY RUN: Alljährlich wiederkehrendes Highlight ist der Inselmarathon und der „Ischia Run", wobei auch Stadtläufe und ein zahlreiches Rahmenprogramm für jedermann stattfinden. Ein ganz besonderer Leckerbissen für Marathonläufer und die, die es einmal werden möchten, ist die Marathonstrecke, denn sie wird in 4 Etappen auf allen drei Inseln des kampanischen Archipels, Ischia, Procida und Capri, gelaufen. Also ich würde bei so viel Traumkulisse wahrscheinlich als Letzte ins Ziel laufen. Der 10 km lange „Ischia Run" findet im September statt. Also nichts wie „run" und hinterher Wellness pur in einer der vielen Thermalanlagen. Infos und Anmeldebedingungen siehe www.ischiarun.com.

Die Insel Ischia ist vulkanischen Ursprungs – worauf auch heute noch die zahlreichen Thermal-Mineralquellen hinweisen. Zu den berühmtesten Quellen zählen:

Die **CASAMICCIOLA-TERME**, deren zahlreiche Thermalquellen schon früh Berühmtheiten wie Henrik Ibsen und Giuseppe Garibaldi anlockten.

Die **APHRODITE-APOLLON-GÄRTEN** in Sant' Angelo. Die beiden miteinander verbundenen Thermalgärten mit Thermalbecken und Meerwasserpool sind in eine reich blühende subtropische Anlage eingebettet.

TROPICAL-GÄRTEN in Sant' Angelo. Oberhalb von Sant' Angelo am westlichen Ortsausgang liegen die jüngsten Thermalgärten der Insel an einem kleinen Hang.

Die **POSEIDON-GÄRTEN** in Forio sind die berühmteste Anlage der Insel und werden von den Citaras-Quellen gespeist. Sie breiten sich auf 60.000 qm zwischen dem Citara-Strand und den Lavafelsen von Cuotto aus.

Die **NITRODI-QUELLE** in Barano war schon den Römerinnen als Jungbrunnen bekannt. Sie sollte sie nicht nur gesund, sondern auch klug machen. Es ist zwar keine große Thermalanlage, aber noch immer pilgern viele Menschen hierher.

DER THERMALPARK NEGOMBO liegt in der bezaubernden Bucht von Dan Montano in Lacco Ameno. Der Park bietet 11 Meerwasser- und Thermalbecken und einen herrlichen Sandstrand, ein Kosmetikzentrum mit Sauna und türkischen Bädern.

Viele Hotels auf Ischia besitzen auch mehrere Thermalbecken mit unterschiedlichen Temperaturen in ihren Anlagen.
Zentral und trotzdem ruhig liegt das PARCO AURORA TERME **** STERNE HOTEL, direkt am Strand von Ischia Porto, nur wenige Schritte zum Strand und ca. 200 m von der Flaniermeile „Corso Vittoria Colonna" gelegen, hier ist abends immer was los. Ein kleines Hotel mit nur 124 Betten auf drei Etagen. Ein Thermal- und ein Mineralwasser-Schwimmbecken mit Sonnenterrasse gehören zum Hotel. Wellnessanlage mit kosmetischer Abteilung/SPA-Bereich mit kostenloser Benutzung des „Römischen Erlebnisses".
WEITERE AKTIVITÄTEN: Tennis/Boccia/geführte Wanderungen
1 Woche, inkl. Anreise, ab 870 € im EZ (HP)/ISCHIA TOURIST

TIPP! SPAREN: An bestimmten Terminen ist der tägliche Eintritt in den Thermalpark Castiglione im Reisepreis enthalten. ISCHIA TOURIST

PARCO SMERALDO TERME HOTEL****PLUS
Das Hotel liegt ruhig inmitten eines Gartens mit subtropischer Vegetation am langen Maronti-Strand. Entspannend ist die Sitzterrasse mit Blick aufs weite Meer. Am hoteleigenen Strand sind Liegen und Sonnenschirme inklusive. Thermalpool mit Panoramablick bis zum malerischen Fischerhafen Sant' Angelo.
Thermalbecken/Kuranlage/Aphrodite-Apollon-Gärten in der Nähe.
1 Woche, inkl. Anreise, ab 1050 € im EZ (HP)/ISCHIA TOURIST

Falls das Parco Smeraldo einmal ausgebucht sein sollte, ist auch das oberhalb des Parco Smeraldo gelegene 4-Sterne-Hotel San Giorgio Terme eine sehr gute Alternative.
1 Woche, inkl. Anreise, ab 890 € im EZ (HP)/ISCHIA TOURIST
Ischia Tourist bietet in seinem Katalog nicht nur Wellnessurlaub auf Ischia, sondern auch Ausflugsprogramme rund um den Golf von Neapel!

GOLF VON NEAPEL
Wer seinen Wellnessurlaub auf Ischia verbringt, sollte ein paar Tage mehr einplanen und sich die Sehenswürdigkeiten rund um den Golf von Neapel nicht entgehen lassen.
Ein Highlight nach dem anderen können wir hier erleben: Mit der Fähre auf dem Wasser oder mit dem Bus entlang der atemberaubenden amalfitanischen Küste und wer träumt nicht davon, die rote Sonne bei Capri ins Meer versinken zu sehen? Götter, Gräber und Gelehrte am Golf von Neapel, es waren nicht nur die Römer und Griechen, die ihre Spuren hier sehr eindrucksvoll hinterlassen haben. Wenn mir Leute erzählen, dass sie ihren Urlaub Jahr für Jahr im selben Land verbringen, so könnte ich es für diesen Landstrich verstehen.

WOHLFÜHLURLAUB IN A-ROSA-RESORTS
Erst im Jahre 2004 wurde das A-ROSA Scharmützelsee/Deutschland eröffnet und bereits ein

Jahr später mit dem SPA-Diamond ausgezeichnet; somit gehört es zum besten SPA-Resort Deutschlands. Inzwischen sind zwei weitere, das A-ROSA Travemünde und A-ROSA Kitzbühel, hinzugekommen.

Wohlfühlurlaub auf höchstem Niveau ist das Konzept von A-ROSA. Exklusive Wohn-, Ess- und Wellnesskultur mit einem großen Sportangebot. Außerdem befinden sich die Resorts an außergewöhnlich schönen Standorten, sei es in den Bergen, direkt am Meer oder mitten im Wald an einem See gelegen. Ein persönlicher Gastgeber empfängt uns bereits bei der Ankunft. Sie sind bei allen persönlichen Wünschen und Fragen ihres Gastes behilflich und zeigen ihm die vielfältigen Möglichkeiten, die das Resort während seines Aufenthaltes bietet.

Die Comfort-Zimmer und Suiten aller Resorts sind mit Telefon, Kabel-TV, Radio, Internetanschluss, Safe, Bad, WC, Bademantel, Föhn, Kosmetikspiegel, Handtuchwärmer ausgestattet.

Wir haben die Wahl: Im Marktrestaurant mit Front-Cooking oder in einem Fine-Dining-Gourmetrestaurant genussvoll speisen oder wir lassen uns in der Weinwirtschaft mit deftigen Köstlichkeiten verwöhnen.

Inklusivleistungen beinhalten: HalbpensionPlus (Frühstück, Kaffee und Kuchen, Abendessen) (im A-ROSA Scharmützelsee zusätzlich Mittagessen, da VollpensionPlus), nichtalkoholische Getränke zu den Hauptmahlzeiten, Mineralwasser auf dem Zimmer, freier Eintritt in das SPA-ROSA für den Schwimm-, Sauna- und Ruhebereich, Bademantel und Slipper, freie Nutzung von Sportgeräten, kostenfreie Teilnahme an Gruppenkursen, professionelles Entertainment- & Edutainmentprogramm.

WELLNESS im SPA-Resort des Jahres im A-ROSA SCHARMÜTZELSEE / DEUTSCHLAND
Mitten im Wald, direkt am Scharmützelsee, nur 70 Kilometer südöstlich von Berlin erwartet uns eine exklusive Wohlfühlwelt, ganz weit weg vom Stress. In dem 4200 qm großen Wellnessbereich befindet sich das Original-Ayurveda-Zentrum. Wie bereits anfangs erwähnt, wurde dieses Resort zu einem der besten Golf- und Wellness-Resorts des Jahres 2005 gewählt und bekam außerdem den 3. Rang unter den besten deutschen Wellnesshotels im „Feinschmecker".

BEAUTY & CARE: drei Pools, Außen- und Innenerlebnisschwimmbecken / sieben verschiedene Saunatypen / Ruheräume mit Blick auf den See / medizinisches Gesundheitscoaching von PREMEDION (Privatinstitut für Präventivmedizin) / Ayurveda-Anwendungen auf einer ganzen Etage / Hot-Stone-Massage / Caracalla-Wanne / Badycare mit 7-Ckakren-Energiebehandlung / Rasul / AQUA-ROSA / Beautybehandlungen / Fitnesskurse und -geräte / Ernährungsberatung
SPORT / FITNESS: Fitnesskurse und -geräte / vier eigene Golfplätze mit insgesamt 63 Loch, siehe Golf-Reisen / Tenniszentrum mit insgesamt 14 Sand-, Rasen- und Hallen-Plätzen / Pferdesportzentrum Alwin Schockemöhle / Wassersport und Yachtakademie
1 Woche, Eigenanreise, ab 904 € im EZ / VP-Plus / 3 Nächte EZ ab 387 €/**A-ROSA**

Wie wär`s denn mal mit einem Urlaub an der Lübecker Bucht? Mit dem Charme eleganter Seebadtradition präsentiert sich hier das A-ROSA-TRAVEMÜNDE / DEUTSCHLAND im Stile der Jahrhundertwende, kombiniert mit Elementen der Moderne.

Die schöne lange Promenade lädt zum Flanieren ein, überall flattern die weißen Segel der vielen Boote im Wind, große Pötte verlassen den Hafen in Richtung Skandinavien oder Baltikum.

Sandstrände, die nicht nur für Sonnenanbeter da sind, auch Strandläufer kommen hier voll auf ihre Kosten. Die imposante Steilküste lädt zum Wandern ein, speziell im Frühling, wenn auf den Feldern der goldgelbe Raps einen unbeschreiblichen Kontrast zum tiefblauen Meer bildet. Kein Wunder, dass auch Thomas Mann die Lübecker Bucht so liebte und hier seine großen Werke schrieb.

Und weil die Ostsee sehr selten Badewannentemperatur hat, kann man das ganze Jahr über im Spa-ROSA das modernste und exklusivste „Original Thalasso Zentrum" Deutschlands mit all seinem Drum und Dran erleben.

Meerwasser, Meerklima, Meersalz und Bewegung – das sind die zentralen Elemente der Thalasso-Anwendung: löst Verspannungen, baut Stress ab, hilft bei Schlafstörungen, Nervosität und Erschöpfung, stärkt die Muskulatur und bringt die Gelenke in Schwung.

Nur direkt am Meer mit seinem typischen Reizklima lässt sich Original-Thalasso wirkungsvoll erleben. Sprudel-, Algen- und Meeresschlick, Ganzkörper-Meerespeelings, die verwöhnende Thalasso-Wanne mit mehr als 170 Düsen. Das Resort verfügt über eine eigene Pipeline, durch die das Meerwasser direkt ins SPA-ROSA geleitet wird.

BEAUTY & CARE: 4500 qm Spabereich mit Thalasso-Zentrum/2 Innen- und 1 Außenpool mit Meerwasser/Ayurveda-Anwendung/Hot-Stone-Massage/Pantai Lulur/Reiki/Thai-Massage/verschiedene Themensaunen und Dampfbäder/Eisgrotte/Whirlpool/Kneipp/Dermatologikum für Haut, Allergien und medizinische Kosmetik/Ernährungsberatung

SPORT & FITNESS: Gerätebereich mit Fitness- und Personal Trainer/Kursprogramm/in der Nähe drei Golfplätze (insgesamt 96 Loch), Fairways mit Blick auf die Ostsee/Tennis/Reiten/Segeln/Wind- u. Kitesurfen/Hochseetörn/Hochseeangeln

Ausflüge: z.B. in die „Schleswig-Holsteinische Schweiz" nach Lübeck und Hamburg

1 Woche, Eigenanreise, ab 903 im EZ/HP-Plus/für 3 Nächte ab 387 €/A-ROSA

Ein weiteres Wellnesshotel von A-ROSA befindet sich in Kitzbühel

A-ROSA im Golffieber: Mehr hierüber steht im Kapitel GOLF-REISEN.

Wandern und Wellness bei den EUROPA WANDERHOTELS. Von den 66 Wanderhotels, die sich gemeinsam in einem Katalog – Europa Wanderhotels – zusammengeschlossen haben, verfügen mindestens 22 Hotels über hervorragende Wellnesslandschaften.

HOTEL CHESA MONTE IN TIROL/ÖSTERREICH: 1 Woche ab 625 € im EZ (HP) nach dem Motto: Bringt viel, kostet nichts! Als Hotelgast können wir kostenlos an folgenden 5 Programmwochen teilnehmen: 4-Elemente-Workshop/Ernährungsworkshop/Funktionelle Gymnastik & Yoga/Früchte des Herbstes/Schlaftraining

HOTEL DAS WALDHEIM IM SALZBURGER LAND/ÖSTERREICH: 1 Woche ab 350 € im EZ (HP) inkl. 20 min. aktives Erwachen/2 x wtl. Entspannung & Wohlbefinden/3 x gef. Wanderung/1 x gef. Radtour oder eine Woche mit Elementen aus Qigong, Meditation u. bewusstem Wandern

BIOHOTEL DABERER, DELLBACH KÄRNTEN/ÖSTERREICH: 1 Bio-Wohlfühlwoche ab 580 € im EZ (¾ Genießerpension)/inkl. je 1 x Gesichtsmassage m. Wirkstoffen/Sprudelbad/Aromakörperpackung/2 x Heublumenauflage/Wandern/Nordic Walking u.v.m.

TAUBERS VITALHOTEL, PUSTERTAL, SÜDTIROL/ITALIEN: Alpine Wellnesswoche ab 500 € im EZ (HP)/inkl. Kräutersammeln/Brotbacken u. Brotaufstrichzubereitung mit den Kräutern/Heublumen-Fußbäder/Wandern/Nordic Walking/Spa- & Wellnesslandschaft/Freischwimmbad 30 Grad. Eine weitere Themenwoche: Wein-Feinschmecker- und Schokoladenwochen. Nicht nur der Wein wird verkostet, auch die beste Bioschokolade.

HOTEL ANSITZ GOLSERHOF, DORF TIROL, SÜDTIROL: Wellnesswoche im „Reich der Sinne" ab 540 € im EZ (3/4 Genießerpension)/Panorama-Freibad/Tiroler Waldsauna/Dampfbad „Tausendundeine" Nacht"/Aromagrotte u. -dusche/Beautyabtlg./Fitnessraum/Gesundheitstrainingswochen mit Rückenschule/mentales Training und pulskontrolliertes Ausdauertraining

SPAREN: Spezielle Single- und Golfwochen mit 50 % Greenfee auf zwei Golfplätzen. Alle Preisangaben der Europa Wanderhotels sind ohne Anreise!

TIPP!

EUROPA WANDERHOTELS SIEHE AUCH BEIM THEMA WANDERREISEN!

Die Reiseveranstalter bringen jährlich eine Neuauflage ihrer Wellnesskataloge heraus. Das Angebot ist überwältigend. Doch um eines vorwegzunehmen, es handelt sich hier nicht um Gruppenreisen, sondern man bucht den Wellnessurlaub im Baukastensystem, d.h. das Hotel mit Frühstück oder Halbpension und nach Bedarf das Wellnesspaket und die Anreise dazu. Leider nehmen internationale Hotelketten einen hohen Einzelzimmeraufpreis. Jedoch sind klassische Kur-/Wellnesshotels seit eh und je auf Alleinreisende eingestellt und haben demnach auch zivile EZ-Zuschläge, wobei sogar einige Wellnesshotels keinen Aufpreis nehmen, wie z.B. das Lindner Hotel in Leukerbad, Schweiz, siehe bei DERTOUR.

SPAREN: Um ein Schnäppchen zu erhaschen, selbst in Hotels der höheren Kategorie, empfiehlt es sich, im Preisteil eines Reisekataloges nach niedrigen EZ-Zuschlägen zu recherchieren! Wichtig ist es, beim Preisvergleich darauf zu achten, welche Leistungen bereits im Grundpreis enthalten sind. Aber auch einen Kurzuschuss gibt es nach wie vor von den Krankenkassen. In den Veranstalterkatalogen stehen bei den jeweiligen Hotels, mit welchen Krankenkassen sie zusammenarbeiten.

TIPP!

Bei den nachfolgenden Reisen aus den Wellnesskatalogen von FIT-Reisen/TUI-Vital/Wellnesswelten von DER TOUR/Neckermann Care sind die Preise für das Einzelzimmer angegeben. Die Anreise ist nicht im Preis enthalten!

FIT-REISEN – WELTWEIT!
Fit-Reisen hat auf seinen Internetseiten spezielle Angebote für Alleinreisende eingerichtet. Mit Hotels, die keinen Aufschlag fürs Einzelzimmer berechnen oder die Einzelzimmer ohne Aufschlag nur zu bestimmten Zeiten anbieten. Des Weiteren werden Hotels, die besonders bei Single- und Alleinreisenden beliebt sind, aufgeführt.

AYURVEDA VILLAGE – MEEDHUPPARU ISLAND RESORT, MALEDIVEN
Die Malediven, ein Traumziel für Taucher und Schnorchler und für alle, die einmal richtig an

schneeweißen Stränden ausspannen und im kristallklaren türkisfarbenen Meer eintauchen möchten. Ein Beweis mehr, dass wir auch als Alleinreisende Spaß auf den Malediven haben können. 1 Woche, inkl. Anreise, ab 1194 € im EZ/(AI, ohne alkoh. Getränke)

TERME RADENCI – PANONSKE TERME, SLOWENIEN
Im Länderdreieck Österreich, Ungarn, Slowenien liegt Radenci, das Bad der drei Herzen und Member of European Spa World. Die Terme wurde von der Stiftung Warentest im Januar 2005 mit dem Gesamturteil „gut", Baden mit „sehr gut" bewertet.
6 Tage, Eigenanreise, ab 325 € im EZ (AI, plus einige Behandlungen)/**FIT-REISEN**

NECKERMANN „CARE"
Ein Single kommt selten allein! Neckermann hat Wellnesspakete für Damengrüppchen geschnürt. Also Mädels, versucht mal ein paar Freundinnen zusammenzutrommeln:
Und ab geht's unter dem Motto „Wellness – the girl's best friend" im TRIHOTEL am „SCHWEIZER WALD" IN ROSTOCK/DEUTSCHLAND: 2 Nächte ab 213 € im EZ/3 Nächte ab 289 €/inklusive: Ü/F/1 x Ladies-Dinner/1 x Gesichtsbehandlung/Cleopatrabad/Aromaöl-Teilkörpermassage und … „Sex and the City"-Videoabend mit Cocktail

HOTEL AN DER THERME, 3 STERNE, BAD SULZA/DEUTSCHLAND, es liegt in der Thüringer Toskana des Ostens. Umgeben von Weinbergen, Burgen und Schlössern.
1 Woche ab 238 € im EZ (F)/HP plus 12 €/Tag. Bei dem Preis brauchen wir nicht weiter zu überlegen, ob ein EZ-Zuschlag inkludiert ist. Einziger Unterschied: Wer mehr zahlt, wohnt im Haupthaus mit direktem Zugang zur Toskana-Therme. Die anderen müssen etwas laufen, sparen dafür aber die Hälfte des Reisepreises! Das Highlight ist der Liquid-Sound-Tempel: schwerelos schweben in der körperwarmen Thermalsole, umhüllt von Wärme, farbigem Licht und Unterwasserentspannungsmusik.

HUNGUEST HOTEL HELIO, 3½ STERNE, HEVIZ/UNGARN, am Ortsrand von Héviz, nur 500 m vom Thermalsee entfernt. 1 Woche im EZ ab 266 €/(HP) 34 Grad warmes Thermal-Hallenbad. Héviz verfügt neben seinen berühmten Heilquellen über den größten Thermalsee Europas mit einer Wassertemperatur von selten unter 30 Grad (auch im Winter). EZ ohne Aufpreis von Nov. bis März (nicht an Silvester)/NECKERMANN CARE.
Alle Preisangaben bei Neckermann sind ohne Anreise!

DERTOUR „WELLNESSWELTEN"
LINDNER HOTEL & ALPENTHERME, 4 STERNE, LEUKERBAD/SCHWEIZ, umgeben vom imposanten Panorama der Walliser Alpen. 1 Woche im EZ ab 490 € (F)/HP plus 33 €/Tag
Das Lindner Hotel nimmt keinen EZ-Zuschlag für die gesamte Saison!
Mit 22 Thermalbädern bietet Leukerbad das größte Thermalangebot der Alpen.

HOTEL ROMA, 4 STERNE, ABANO TERME, VENETO/ITALIEN, in zentraler Lage am Anfang der Fußgängerzone von Abano Terme direkt an der Piazza Repubblica. Exklusives, renoviertes Haus im architektonischen Stil aus dem 19. Jh.

1 Woche im EZ ab 470 € (HP). Der Urlaubsort ist das älteste Thermalzentrum Europas und liegt in einer wunderschönen Lage, zu Füßen des Euganeischen Hügels in Venetien.

AQUALUX SPA & WELLNESSHOTEL, 4 STERNE, BAD SALZSCHLIRF / DEUTSCHLAND, zwischen den Mittelgebirgen Rhön und Vogelsberg. 1 Woche im EZ ab 385 € (F)/HP plus 16 €/Tag. Das Hotel nimmt zwar einen EZ-Aufschlag, dennoch handelt es sich bei diesem Angebot um ein sehr gutes Preis-Leistungs-Verhältnis. Das Hotel verfügt über ein Thermalsolebecken mit Mineralien des Toten Meeres. Einmalig ist die Aqualux-Bade- und Besonnungseinrichtung, d.h., während man schwimmt, wird man braun.
Alle Preisangaben bei DERTOUR sind ohne Anreise!

EIN SCHÖNES GESCHENK: Gutschein für ein Wellnesswochenende zu einem besonderen Anlass **TIPP!** zu verschenken kommt immer gut an.

TUI „VITAL"
WELLNESSZENTRUM PROMENADA, 3 STERNE, SWINEMÜNDE / POLEN. Nur 100 m vom Strand entfernt, direkt neben der Strandpromenade
Das Haus ist ein autorisiertes Zentrum der Firma Thalgo. 1 Woche im EZ ab 224 € (VP) Günstiger ist Wellness nirgends zu haben, zwar gibt's hier keine Thermalquellen, dafür aber die Ostsee vor der Tür, und bei dem Wellnesspaket lacht nicht nur die Geldbörse, sondern auch der Körper. „Verwöhnen & Entspannen": 4 x Warm-up mit einem Trainer / 1 Teilkörpermassage / 1 asiat. Ganzkörperstempelmassage / 1 Unterwassermassage / 2 x Fußakupressur / 2 x Jacuzzi / 3 x Wechselbäder. Gesamt 95 €. Auf nach Polen!

RAMADA HOTEL LIMES-THERMEN AALEN, 4 STERNE, SCHWÄBISCHE ALB / DEUTSCHLAND, hoch über den Dächern der Stadt, eingebettet in die sanften Hügel der Ostalb. 1 Woche im EZ ab 350 € (F)/HP plus 22 €/Tag. Das Hotel ist durch eine Glasarkade (Bademantelgang) mit dem Thermalbad verbunden. Kein EZ-Aufpreis während der gesamten Saison.

Kurzurlaub „Abschalten und Kraft tanken" im

ROMANTIK HOTEL BOLLANT'S IM PARK, BAD SOBERNHEIM / DEUTSCHLAND (Nahe/Hunsrück). Das kleine Romantik-Hotel im liebevoll restaurierten Jugendstilensemble mit denkmalgeschützter Hofanlage liegt eingebettet in einen schönen Park direkt an der Nahe.
2 Nächte, im EZ ab 249 € inkl. (F)/3-Gang-Dinner/Wellnesspräsent/1 x Heilerdetherapie im Kräuterdampfbad/1 Traubenkernöl-Einreibung,
Original Felke-Heilfastenkuren nach Buchinger sind weitere Spezialitäten des Hauses.
Alle Preisangaben bei **TUI** sind ohne Anreise!

EVENTS UND UPDATES AUF DER INTERNETSEITE: WWW.DIE-BESTEN-SINGLEREISEN.DE

SEE- UND FLUSS-REISEN ⛵

See- und Fluss-Reisen

Wir lernen auf einer Reise viele Länder kennen und brauchen nur einmal einchecken, den Rest überlassen wir unserem Käpt'n.

Auf See-Reisen in schwimmenden Hotels
Auf zu neuen Welten, an fremde Ufer, endlich unsere Träume leben und einfach nur an sich denken. Auf einer Seereise fahren wir mit voller Kraft voraus zu neuen Horizonten.

Mit der Geburt des ersten AIDA-Schiffes im Jahre 1996 entstand ein völlig neues Kreuzfahrtkonzept: „Cluburlaub auf dem Wasser". Seitdem ist das Durchschnittsalter der Passagiere deutlich gesunken.
Auch NCL (Norwegian Cruise Line) hat sich einer Verjüngungskur unterzogen, denn seit einigen Jahren legt sie auf ihren Schiffen das Freestyle Konzept auf, was bedeutet – Freestyle Dining: das Essen in bis zu 10 verschiedenen Restaurants, wann, wo und mit wem wir möchten – ohne zugeteilte Tische oder festgelegte Sitzordnung. Freestyle Kleidung: gepflegter Freizeitlook ist immer passend. Gala-Abende können wir, müssen wir aber nicht mitmachen. Freestyle Auswahl: Eine ganze Flotte weltweit.
Auf den klassischen Kreuzfahrtschiffen erfreuen sich Themen-Kreuzfahrten wie Literatur-, Golf-, Mal- und Weinreisen immer größerer Beliebtheit.
Vom kleinen überschaubaren Hochseekreuzer mit wenigen Passagieren an Bord bis hin zu den Giganten der Meere mit tausenden von Passagieren ist so ziemlich alles auf unseren Weltmeeren unterwegs. Die Angebote bewegen sich auf einer Range von „Low Budget" über „Mainstream" (Mittelklasse) bis hin zur Luxusklasse. Für jeden Geldbeutel gibt's das passende Schiff.

Urlaub auf dem Schiff, das heißt: viele Länder, Inseln und Kulturen, Strände und Häfen erleben und entdecken ohne Zeitverlust und völlig stressfrei, denn während das Schiff zum nächsten Hafen fährt, vergnügen wir uns beim Speisen oder beim Wellness, beim Chillen oder beim Flirten. Ohne lästiges Kofferein- und -auspacken lernen wir jede Menge Neues kennen, und immer wieder treffen sich alle an Bord ... Die beste Voraussetzung, Kontakte zu knüpfen, neue Freunde zu finden aus aller Herren Länder!

Einzelkabinen sind rar, auf manchen Schiffen können wir eine halbe Doppelkabine buchen, **Tipp!** das spart viel Geld (nicht auf den amerikanischen Schiffen). Doppelkabinen zur Einzelnutzung haben hohe Aufschläge zwischen 50 und 80 %. Doch an bestimmten Terminen bieten die Reedereien ihre Doppel- und Einzelkabinen ohne Aufschlag an.

Kontakt mit einem Kreuzfahrt-Spezialisten aufnehmen. **Tipp!**
Zum Beispiel: Reiseland Globetrotter stellt Euch Eure ganz persönliche Seereise aus dem Angebot aller Kreuzfahrtanbieter zusammen!
Der Vorteil: Möglichkeiten, auf vielen Schiffen eine ½ DK buchen zu können.
Auch mal mit einer Gruppe aufs Schiff zu gehen.
Schnell und unkompliziert die Termine der Singleangebote und „Specials" zu erfahren.
Kontakt: Reiseland Globetrotter (siehe Veranstalter von A bis Z im Anhang)

Club- und Fun-Schiffe

Hier geht es zu wie in einem Club an Land: In den verschiedenen Restaurants haben wir freie Tischwahl, die Atmosphäre ist locker und leger und im Programm mischen sich viele Sportarten mit viel Unterhaltung.

Leinen los und Anker gelichtet!

AIDAClubschiffe – auf Kurs Lebendigkeit

Nach dem großen Erfolg der AIDAcara, die 1996 mit völlig neuem Kreuzfahrtkonzept (Cluburlaub auf dem Wasser) startete, ließ Seetours im Frühjahr 2002 das Schwesterschiff AIDA-vita vom Stapel, im Sommer 2003 gefolgt von der AIDAaura, und im Jahre 2004 kam die AIDAblu dazu. Und ein Ende ist nicht abzusehen, denn das nächste Schiff, die AIDAdiva, steht schon in der Warteschleife. Das Konzept ist aufgegangen. Im 4-Sterne-Bereich mit einem sehr guten Preis-Leistungs-Verhältnis wird hier gelebt, genossen und gefühlt, wie es uns gefällt. Individuell, fantasievoll und vielseitig, für Junge und Junggebliebene. Vergnügen zu bereiten auf unseren Reisen durch das Mittelmeer, rund um die Kanaren und auf der Ostsee. Im Winter auch durch die traumhafte Welt der Karibik und Mittelamerika, Kanaren und Dubai (arabische Halbinsel).

Nicht nur die Landgänge, auch der Seetag ist was ganz Besonderes, denn er gehört uns ganz allein. Entspannt an Deck die Gedanken über das Meer schweifen lassen; genüsslich die Gaumenfreuden an jeder Ecke genießen; sich mit neu gewonnenen Freunden austauschen; am abwechslungsreichen Bordprogramm teilnehmen oder den Seetag zum Wellnesstag machen! Gerade die AIDAblu hat eine Wellnessoase, die keine Wünsche offen lässt, und von fast allen Räumen aus hat man das Meer immer im Blick! Weil die AIDAblu größer ist als ihre Schwesternschiffe, haben wir auf allen Decks mehr Bewegungsfreiheit.

Genauso vielseitig wie die Schiffe selbst können wir unsere Landgänge gestalten. Ob es die archäologischen Kulturstätten sind, Sightseeing, Shoppingtouren oder Natur pur, uns entgeht nichts. Wo wir gerade einlaufen und wonach uns der Sinn steht: Radtouren voller Erlebnisse, geführte Wanderungen, Nordic Walking, neue Trendsportarten ausprobieren, Golfen, Tauchen oder Schnorcheln. AIDA hat für alle Aktivitäten die passende Ausrüstung für uns an Bord.

Selbst das Golferherz lacht auf den AIDA Schiffen: Ein Golf-Pro zeigt uns die Schwungtechnik. Putting Green an Bord und traumhafte Golfplätze an Land, welche von den AIDA Schiffen auf ihren Routen angesteuert werden. Golfeinsteiger und Fortgeschrittene finden hier ihren Level. Im Preis ist der Aufpreis von 25 bis 50 % für Doppelkabinen zur Alleinbenutzung enthalten.

Mit der AIDA durchs Mittelmeer

... hier ist das Lächeln zu Hause ...

Freitag, 22:00 Uhr, Palma de Mallorca: Endlich ist es so weit!

Erleuchtet vom Feuerwerk in Begleitung der passenden „farewell"-Musik legt unser Schiff ab und sticht in See.

Samstag, 10:00 Uhr, auf hoher See:

Nach der 1. durchtanzten Nacht bin ich froh, dass ich das Frühstück nicht verschlafen habe, denn heute ist Seetag! Das heißt, Essen gibt's den ganzen Tag. Gemütlich begebe ich mich an Deck. Die Sonne glitzert aufs Meer, und karibische Klänge ertönen aus den Boxen . Ein Duft von den köstlichsten Speisen streichelt meine Nase und die Stimmung am Pool ist gelassen und fröhlich. Urlaub! Das Motto heute ist Frühschoppen! Echt gelungen, kann ich nur sagen und lasse mich auf einer Liege nieder. Gute Gelegenheit, den Alltag hinter sich zu lassen, heute erforsche ich das Schiff und informiere mich über das zahlreiche Angebot an Landausflügen für die kommende Woche.

SONNTAG, 08:00 UHR, KORSIKA:
Unser Schiff erreicht den Hafen von Ajaccio, der Geburtsstadt Napoleons. Die landschaftlich traumhafte, nach den verschiedensten Kräutern duftende Insel bietet ein breites Angebot an kulturellen Sehenswürdigkeiten und türkisfarbenen Buchten. Ich mache beides, am Morgen einen Ausflug und am Nachmittag Strand!

MONTAG, 08:00 UHR, CIVITAVECCIA / ROM:
Wie gut, dass ich gestern früh schlafen war, denn heute wartet eine der wohl aufregendsten europäischen Städte auf uns. Ich schließe mich ein paar netten Leuten an, die ich gestern Abend beim Essen kennen gelernt habe, um Rom individuell zu Fuß zu erforschen. – Völlig k.o., lasse ich mich, zurück an Bord, in der Sauna nieder, um von hier aus entspannt aufs Meer zu schauen und die Eindrücke des Tages Revue passieren zu lassen.

DIENSTAG, 09:00 UHR, CANNES:
Wer kennt es nicht, „Ein Jahr in der Provence" von Peter Mayle, immerhin haben wir einen ganzen Tag Zeit, um einen der schönsten und abwechslungsreichsten Flecken dieser Erde zu erobern. Also raus aus der Koje und auf geht`s! Diesmal hatte ich die Qual der Wahl zwischen dem Spielcasino von Monte Carlo, einem Einkaufsbummel durch Nizza, einer Mountainbike-tour durchs Landesinnere vorbei an Lavendelfeldern und typisch provenzalischen Dörfern oder doch lieber zu Louis de Funès nach St. Tropez, um mir das Schauspiel der Promis und Möchtegernpromis in dem pittoresken Hafen bei einem „Pastis" anzusehen ...?

MITTWOCH, 13:00 UHR, BARCELONA:
Nach der Open-Air-Party gestern Abend haben wir uns lieber gleich für das Langschläferfrühstück verabredet. Das nächste Highlight haben wir bereits erreicht. Barcelona, hier haben wir zwei Tage und eine ganze Nacht Zeit, um die „Trendcity" unsicher zu machen. Unsere AIDA schläft heute hier im Hafen und hält die Gangway für uns durchgehend bis morgen 18.00 Uhr geöffnet.

FREITAG, 06:00 UHR, PALMA DE MALLORCA:
Schade, es ist so weit ... Zeit, von Bord zu gehen, ein Albtraum! Für mich allerdings nicht, denn ich habe gestern noch schnell meinen Verlängerungsaufenthalt an Land für eine weitere Schiffswoche umgebucht. Neapel, ich komme!!!
1 Woche, inkl. Anreise, ab 1607 € in der Dkz.A. (VP, inkl. Tischgetränke)/**AIDA**

EVENTS: „Ein Krimi auf See" – Wer hätte das gedacht? Auf hoher See nicht nur dem Täter, sondern auch unseren eigenen Talenten auf die Spur kommen. Unter Anleitung der Kommissare Stefan Slupetzky (Autor ausgezeichneter Kriminalromane) und Schauspieler und Regisseur Jan Marc Kochmann finden wir während einer Vielzahl von Krimi-Events heraus, ob nicht vielleicht sogar ein künftiger Bestsellerautor, Filmemacher oder Schauspieler in uns steckt.

WEITERE EVENTS AUF DEN AIDA SCHIFFEN: Nordic Walking and more/AIDA – Lauftrophy/Rennrad-wochen/Golfwoche/Beachvolleyballwoche/Fitnesswochen

Transatlantik

Wer das Erlebnis Schiff voll auskosten möchte, entscheidet sich für die Transatlantikroute. Hierbei haben wir die Gelegenheit, das grenzenlose Angebot der Aida Schiffe in Anspruch zu nehmen, und lernen sogar noch einige Karibikinseln kennen. Beste Kombi aus Entspannung pur und Erlebnis total.

14 Tage, inkl. Anreise, ab 3660 € in DKz.A. (VP, inkl. Tischgetränke)/**AIDA Cruises**

Arabische Emirate – Schätze des Orients

Die arabische Metropole Dubai lockt mit seinen Prachtstraßen, Prunkbauten, Tophotels und Traumstränden. Wir haben die Wahl, neue architektonische Megaprojekte zu bestaunen oder unser Geld in den edelsten designten Shoppingcentern zu lassen. In **Oman** gehen wir auf Entdeckungstour von Tausendundeins arabischen Abenteuern. Im 15.000 km^2 großen Sanddünengebiet erleben wir die Faszination der Wüste hautnah. Abu Dhabi lädt mit seinen traumhaften weißen Sandstränden zum Baden ein. Während wir über die Corniche – Abu Dhabis Prachtpromenade – bummeln, bestaunen wir die glitzernden Glaspaläste und Moscheen, von denen es so viele gibt wie Tage in einem Jahr!

1 Woche, inkl. Anreise, ab 2243 € in der DKz.A. (VP, inkl. Tischgetränke)/**AIDA Cruises**

Klassische Kreuzfahrten

Tagsüber geht es auch hier locker und sportlich zu. Abends jedoch, wenn die Sonne untergeht, ist gesellschaftliche Kleidung angesagt. Freie Tischwahl haben wir hier zwar nicht, dafür aber lädt der festlich geschmückte Speisesaal mit wunderschön eingedeckten Tischen zum Dinner ein.

Ein Herz für Singles!

Die Peter Deilmann Reederei hat ein Herz für Singles und extra einen Folder speziell für Singles aufgelegt.

Willkommen auf dem Traumschiff **„MS DEUTSCHLAND"**

Tipp! Auf allen Schiffen der Peter Deilmann Reederei können wir eine ½ DK buchen, wird diese nicht bis zur Abreise mit einer anderen gleichgeschlechtlichen Person belegt, brauchen wir keinen Aufschlag zu bezahlen. Na, wenn das nicht verlockend ist?

Die DEUTSCHLAND wurde im Jahr 2000 vom britischen „A Brit's Guide to Cruising" zum „Best Ultra-Deluxe Ship" erkoren und am 10. Mai 2005 von der DEHOGA mit „5 Sterne Superior" ausgezeichnet und zählt zu den Luxuslinern der mittelgroßen Schiffe.

Prächtige Architektur im maritimen Design, kunstvolle Dekorationen in allen Räumen. Die Decks, Treppenaufgänge, der Kaisersaal, die Restaurants, Bars und Lounges sind liebevoll mit Jugendstilmöbeln, Gemälden und Skulpturen bedeutender Künstler ausgestattet. Ebenso elegant sind die Kabinen. Der Service ist erstklassig. Es gibt drei Gourmetrestaurants, die Küche wurde von der Gourmetvereinigung „Chain des Rotisseurs" ausgezeichnet. Nostalgisches Flair in der Bar „Zum alten Fritz" und im Salon „Lili Marleen".

Entspannung und Wohlbefinden findet man im 2005 neu gestalteten Wellness Spa DEUTSCH-LAND auf Deck 3.

Über zwei Ebenen erstreckt sich der elegante Kaisersaal als Herzstück der DEUTSCHLAND. Hier machen allabendlich Künstler von internationalem Rang Varietéträume wahr – in stilvoller Abwechslung mit klassischen Konzerten. Das Repertoire der Bordkapelle reicht von Swing bis Pop. Im Kinosaal sorgen Lesungen und Vorträge für die geistige Ertüchtigung – und natürlich Filmklassiker.

SCHÄTZE DER SCHWARZMEERKÜSTE

Ein Schiff wird kommen – und unseren Traum erfüllen ...

Wir starten im Hafen von Piräus und nehmen Kurs in Richtung Marmarameer nach Istanbul. Die gemächliche Fahrt durch die Weltstadt am Goldenen Horn, zwischen europäischem und asiatischem Ufer, eröffnet uns Einblicke und Ausblicke auf Moscheen und Minarette, bevor wir den Bosporus durchfahren. Das im klaren Blau schimmernde Schwarze Meer wird vom Don, Dnjepr und der Donau gespeist. Nicht nur Delfine und Wale tummeln sich hier, auch Kleinfische wie Blaubarsch und Bonitos. Angler unter uns können sich ihre Mahlzeit selbst aus dem Wasser fischen. An den Ufern wechseln Felsenkliffe mit einladenden Sandstränden und majestätischen Gebirgszügen ab. Unsere nächsten Ankerplätze sind: Bulgariens Seebad Varna, das ukrainische Odessa, das Katharina die Große von europäischen Architekten erbauen ließ, das elegante rumänische Konstanza – und dann Jalta, die Perle der Krim. Das subtropische Klima lässt die herausragenden Weine gedeihen, aus denen der Krimsekt gekeltert wird. Weiter südlich geht's an die türkische Ostküste nach Sinop, dem Geburtsort des Philosophen Diogenes. Entlang der Schwarzmeerküste und des mächtigen Pontischen Gebirges kehren wir zurück nach Istanbul, bevor unsere Kreuzfahrt wieder in Piräus endet.

10 Reisetage in der EK/Innen ab 3200 € auf der DEUTSCHLAND ***** Superior

Die DEUTSCHLAND: Baujahr 1998, zählt zu den Luxuslinern der mittelgroßen Schiffe.

EVENTS: Golfkreuzfahrten / Gartenkreuzfahrten / Gala-Klassikreisen / exklusive Kreuzfahrten für Pferdeliebhaber / Wanderkreuzfahrten / Wellnesskreuzfahrten / Radkreuzfahrten

BESONDEREHEIT: Den **TRANSATLANTIKKURS** mit dem Traumschiff zum Traumtarif!

TIPP!

Von Teneriffa nach Barbados

Auf der DEUTSCHLAND: Sterne zählen, Spanisch lernen, in die Seefahrtskunde reinschnuppern, entspannen im WellnessSpa Deutschland und abends ...? Die Gentlemen bitten zum Tanz, am Nachmittag zum Üben, am Abend zur großen Gala. Walzer, Foxtrott, Cha-Cha-Cha oder fetzige Beats.

8 Reisetage in der EK/Innen ab 2000 €/EK/Außen ab 2500 €

GENTLEMEN HOST:

Eine wirklich traumhafte Erfindung:

Auf einer Kreuzfahrt saß ich im Ballsaal an einem Tisch und trank meinen Lieblingscocktail, Camparinha, als plötzlich ein Gentlemen Host sich vor mir verbeugte und höflich fragte:

„Darf ich bitten?" „Oh, ja gern", erwiderte ich. Super, toll, super, dachte ich, denn ich hatte die Gesellschaftstänzer schon seit längerem beobachtet und davon geträumt, auch mal so durch den Saal gewirbelt zu werden. „Möchten Sie einen bestimmten Tanz?", unterbrach er meine Gedanken.

„Tango", kam es wie aus der Pistole geschossen. Er ging zur Kapelle und bestellte den Tango. Inzwischen wurde ich ganz nervös, mein Herz raste vor lauter Aufregung, seit meiner Tanzschule, und das ist verdammt lange her, habe ich den Tango nicht mehr getanzt. Er kam zurück, verbeugte sich noch einmal, während ich ihm noch schnell zuflüsterte: „Ich weiß gar nicht, ob ich den Tango noch tanzen kann, es ist ..." „Macht nichts", unterbrach er mich, „entspannen Sie sich und lassen Sie mich das mal machen", nahm meine linke Hand und legte seinen rechten Arm um meine Schulter und ... wir tanzten den Tango meines Lebens, so perfekt ... glaube ich jedenfalls, dass ich ihn noch wochen lang in meinen Träumen weitertanzte.

TIPP!

CAMPARINHA-REZEPT: Wie der Caipi, nur anstelle von Cachaça nimmt man Campari, schmeckt super.

MIT STUDIOSUS IN EINER GRUPPE OSTSEETRÄUME ERLEBEN.

Gegensätze ziehen sich an und Gemeinsamkeiten machen stark: Zwischen St. Petersburg und Kopenhagen begegnen uns Plüsch und Prunk des alten Zarenreichs genauso wie die skandinavische Leichtigkeit des Seins oder junge Länder im Baltikum, die unaufhaltsam europawärts stürmen. Der Abenteuergeist kühner Seefahrer hat die Region genauso geprägt wie der Händlergeist der Hanse. Durch die Öffnung des Ostens wurde ein alter Kulturraum wieder vereint und endlich werden Ostseeträume wieder wahr ...

Zwischen den Städten Danzig und Klaipeda/der Kurischen Nehrung, Tallinn und St. Petersburg, Helsinki und Stockholm, der Insel Gotland und Kopenhagen, Königsberg und Riga werden unsere Schiffe kreuzen.

Wir haben die Qual der Wahl, zwischen vier Kreuzfahrtschiffen unterschiedlicher Kategorien auf insgesamt fünf verschiedenen Routen unser passendes Schiff zu wählen:

12 Reisetage in der ½ DK ab 3480 €/EKZ plus 11800 € auf der **ASTOR****

Die Astor: Baujahr 1987, 2001 renoviert, zählt zu den komfortablen mittelgroßen Schiffen mit 295 Kabinen./**STUDIOSUS**

11 Reisetage in der ½ DK ab 2870 €/EKZ plus 900 € auf der **COLUMBUS****+

Die Columbus: Baujahr 1997, zählt zu den komfortablen kleinen Schiffen mit 197 Kabinen Reederei Hapag Lloyd/**STUDIOSUS**

13 Reisetage in der ½ DK ab 3290 €/EKZ plus 1200 € auf der **MAXIM GORKI****+

Die Maxim Gorki: Baujahr 1969, komplett renoviert, zählt zu den komfortablen mittelgroßen Schiffen mit 326 Kabinen, Reederei Sovcomflot/**STUDIOSUS**

15 Reisetage in der ½ DK (Suite 27 qm) ab 8950 €/Suite z.A. plus 2600 € auf der **EUROPA** *****+ Luxus pur

Die Europa: Baujahr 1999, ist als einziges Kreuzfahrtschiff weltweit mit mehr als fünf Sternen

ausgezeichnet. Das Schiff besitzt 204 Außensuiten ab 27 qm groß, mit begehbarem Kleiderschrank und was sonst noch alles zum Luxusleben dazugehört. Reederei Hapag Lloyd/
Studiosus

Die angegebenen Preise beinhalten auch die meisten Ausflüge in der Gruppe mit deutschem Reiseleiter.

Studienkreuzfahrten weltweit mit Studiosus – Gruppenreisen auf dem Schiff
Von der Ägäis bis in den Indischen Ozean, von Spitzbergen bis in die Antarktis, von der Küste Alaskas bis in die Südsee. Und natürlich auch auf den großen Seen oder Strömen der Erde. Kreuzfahrten auf 18 verschiedenen Kreuzfahrtschiffen. Da ist die Deutschland ebenso dabei wie die Europa, von der Astor bis zur Maxim Gorki, und auch die Hurtigruten wurden nicht vergessen. Auf jedem Schiff können wir bei Studiosus eine halbe Doppelkabine buchen, das spart viel Geld!

Urlaub zu Wasser und zu Land! Viele Kreuzfahrten bieten sich an, einen Landurlaub hinzuzufügen. **Tipp!**

Hurtigruten

Auf einer der schönsten See-Reisen der Welt genießen wir die unvergessliche Natur der norwegischen Fjordlandschaft. Rauschende Wasserfälle, idyllische Inselwelten, majestätische Fjorde, die jüngst sogar zum UNESCO-Weltkulturerbe ernannt wurden – all das und noch viel mehr gehört zu Norwegens faszinierender Natur.
Die Strecke führt uns entlang der traditionellen „Hurtigrute", der Schnellstrecke der Postschiffe von Bergen um das Nordkap herum bis Kirkenes – mit Aufenthalten zwischen 15 Minuten und vier Stunden.
Auch der berühmte Geirangerfjord wird nicht ausgelassen. Mächtig ragt der Nidarosdom in den Himmel von Trondheim, der norwegischen Krönungsstadt. Wir überqueren den Polarkreis. Sagenumwobene Inseln und Berge liegen backbord. Tromsø, das so genannte Paris des äußersten Nordens, ist das Tor zum Eismeer Das Nordkap ist die Nordspitze Europas.
Jede Jahreszeit hat hier ihren besonderen Reiz: Im Winter sorgt der Golfstrom für eisfreie Häfen und öffnet die Fahrt zum norwegischen Winterzauber: dem klaren Sternenhimmel und dem unbeschreiblichen Naturschauspiel des Polarlichtes (Aurora borealis).
Im Sommer taucht die Mitternachtssonne Felder, Berge, Bäume und das Meer in ein einzigartiges Licht. Wir erleben Norwegen vom Wasser aus und laufen rund 30 Häfen an.
Häfen, die auf der Hinfahrt nachts angelaufen werden, können wir auf der Rückfahrt tagsüber erleben.
Die Flotte der Hurtigruten Schiffe besteht aus Schiffen der traditionellen, mittleren und neuen Generation (Baujahr zwischen 1956 und 2003). MS Midnatsol und MS Trollfjord zählen zu den jüngsten und größten Schiffen der Hurtigruten Flotte. Sie stehen für den Weg in das neue Jahrtausend. Hinsichtlich Größe, Komfort und Ambiente bieten diese Schiffe einiges,

was in der Flotte neu ist, wie Fitnessräume, Saunen und Whirlpools auf dem Außendeck und Laufdecks, die um das ganze Schiff führen.

Hurtigruten Gruppenreise: **Kirkenes – Bergen**
8 Tage, ab 2200 € in der EK (VP) inklusive Anreise, 2 Hotelübernachtungen und Stadtrundfahrten in Bergen und Kirkenes u.v.m.

Hurtigruten Themenreise – Nordlicht & Sterne: Bergen – Kirkenes – Trondheim
11 Tage ab 2495 € in der EK (VP) inklusive Anreise/Begleitung durch einen fachkundigen Lektor/diverse Lektorenvorträge an Bord/Stadtrundfahrt in Bergen u.v.m.

Tipp! **Sparen:** Wer Charterflüge ab Hamburg, Frankfurt oder Düsseldorf bucht, spart 25 %; jetzt auch mit Zubringerfahrten per Bahn./Hurtigruten

Segelkreuzfahrten

Mit der Segelromantik von gestern und dem Komfort von heute bringen moderne und traditionsreiche Groß-Segelkreuzfahrtschiffe ihren Passagieren die Ursprünglichkeit der weiten Meere nahe.

Fünfmastbark Royal Clipper – Königin aller Grosssegler

Die im Sommer 2000 fertig gestellte Fünfmastbark ist der originalgetreue Nachbau der legendären Preußen (Bj. 1902) und Flaggschiff der Star Clippers. Mit ihren fünf Masten, einer Länge von 134 Metern und 5.000 Quadratmetern Segelfläche ist sie heute das größte Segelschiff der Welt.

Sanft schlagen die Wellen gegen den Schiffsrumpf. Eine Hand voll Delfine spielen in der quirligen Bugwelle. Und im Licht der untergehenden Sonne, welches die Rahen in goldenes Licht taucht, schlürfen wir einen Sundowner am Pool. Unser majestätisches Schiff gleitet über die Wellen – ganz so wie die legendären Clipper vor 150 Jahren. Anders als übliche Kreuzfahrtschiffe können wir segeln, wohin der Wind uns trägt – zu Häfen, in denen große Kreuzer gar nicht ankern können. Wenn sich tausende Quadratmeter Segeltuch über unserem Kopf im Wind blähen, werden wir uns in die Romantik der Seefahrt vergangener Zeiten zurückversetzt fühlen. Doch mit allen außergewöhnlichen Extras und Annehmlichkeiten – wie sie nur auf einer Luxusyacht zu finden sind. Mit 226 anderen Passagieren genießen wir auf luxuriösen 1760 Quadratmetern Deckfläche, mit drei Swimmingpools, die weiträumige Atmosphäre eines Großseglers am Wind. Kleine Balkone an der Seite des Bugs bieten Rückzugsmöglichkeiten. Das Herzstück bildet das 3-stöckige Atrium, welches das Sonnenlicht in das elegant eingerichtete Restaurant leitet, wo in zwangloser Atmosphäre ohne Sitzordnung und Krawattenzwang die exquisiten Mahlzeiten eingenommen werden. Vom Heck aus kann eine Wassersportplattform herabgelassen werden, von wo wir unsere Zeit mit Wassersport vertreiben und im Wasser abtauchen können. In der Captain-Nemo-Lounge haben wir dank spezieller Bullaugen einen einzigartigen Blick auf die Unterwasserwelt.

Route Karibik oder Mittelmeer:

7 Nächte, ohne Anreise, in der DKz.A. (garantierte Einzel)* ab 2050 €

Normalbuchung bei DKz.A. beträgt der Preis ab 1560 € plus 50 % DKZ = 2340 €

Die beiden kleineren Schwestern, **STAR CLIPPER** und **STAR FLYERS**, sind Viermastbarken für je 170 Passagiere. Sie segeln im Sommer im Mittelmeer, und im Winter segelt die Star Clipper in der **KARIBIK** und die Star Flyer im Fernen Osten (**PHUKET / THAILAND-SINGAPUR**). Die Preise sind mit der Royel Clipper identisch.

GARANTIERTE EINZELKABINEN: Die Anzahl der verfügbaren Einzelkabinen ist auslastungsabhängig. Die Kabinenkategorie wird bei Einschiffung zugeteilt. / **STAR CLIPPERS**

SEGELSCHULSCHIFFE – WINDJAMMER

Komm mit an Bord, auf eines der letzten aktiven Segelschulschiffe dieser Welt.

Ob spannende Seereisen, Schnupper-Tagesfahrten zu maritimen Hafenevents oder Kulturabende an Bord – die royal-rote **KHERSONES** hält ihr Versprechen von „Träumen und Abenteuern unter weißen Segeln".

Die offene See begrüßt die KHERSONES und eine echte unverfälschte Seefahrt kann beginnen. Auf Kommando versammeln sich rund 70 junge Kadetten an Deck. Flink klettern sie hoch in die drei Masten. Ein Segel nach dem anderen fällt, füllt sich mit Wind und die KHERSONES gleitet über die Meere und wir mittendrin.

Dabei erleben wir die Kunst des echten Windjammersegelns aus erster Hand und hautnah. Das Schiff hat drei Masten, jeder Mast hat seine Crew mit einem erfahrenen Bootsmann an der Spitze. Als aktiver Mitsegler helfen wir bei Segelmanövern oder Segelarbeiten, beim Segelbergen und Brassen, am Ruder auf der Kapitänsbrücke, beim Malen, Reparieren oder auch Deckschrubben und Rostklopfen. Und wer sogar nachts mit zur Seewache geht, gehört zu den „echten" Seebären.

Die anderen machen es sich auf dem geräumigen Sonnendeck mit Blick übers Meer gemütlich, zählen die weißen Segel und die weißen Wolken. Wenn das Wetter es zulässt, kann man vom Bugspriet aus die schäumende Gischt beobachten oder klettert unter professioneller Führung zur spektakulären Fotosafari in die Masten. Allen Mitseglern steht die einmalige und voll ausgerüstete Mitsegler-Navigationsbrücke zur Verfügung. Hier können wir unsere nautischen Kenntnisse testen, die täglich aktuellen Wetterkarten studieren oder den Standort des Schiffes bestimmen. Die wichtigsten Begriffe an Bord werden beim Sprachunterricht in Russisch, Englisch und Deutsch gelehrt. Funkliebhabern leuchten die Augen beim Anblick der beiden modernen Hobbyfunkstationen. Bei ruhigem Seegang ist Angeln oder eine Schlauchboot-Fototour um das Schiff herum möglich.

Am Abend wird es dann so richtig gemütlich, neben dem Sternezählen unterhalten wir uns bei einem Drink in Nina's Bar über die Erlebnisse vom Tage. Grillabende an Deck, gemeinsames Musizieren mit Akkordeon, Gitarre, Balalaika oder Klavier machen unsere Seefahrtsromantik perfekt.

Und wenn bei klarem Sternenhimmel die Segel gesetzt sind, das Fahrwasser gurgelt und rauscht, dann erleben wir die Momente, die schon unzählige Seemannsseelen im Laufe der Seefahrtsgeschichte geprägt haben. Von der Freiheit des Meeres und dem Einssein mit sich und der Natur.

Auf der KHERSONES wohnen wir in gediegen-maritimem Ambiente in gut ausgestatteten Außen-Doppelkabinen mit Dusche/WC, in der Windjammer-Suite (Wetterdeck) oder in der Commodore-Suite (Kapitänsdeck). Preisgünstiger wohnen wir in Vierbettkabinen. Begeisterte Segelpuristen und Kap-Hoorn-Nostalgiker ziehen die Kadettenkabine mit elf Plätzen vor. Die Vollverpflegung besteht aus vier Mahlzeiten mit traditioneller Seemannskost.

ROUTEN (AUSWAHL):

MITTELMEERREISE: Malta – Lissabon, mit Kreuzfahrtlektor Dr. Klaus Dorneich, ab 915 €

Themenreise mit Gerd Engel: Hamburg – Kiel, ab 653 €

Piraten-Törn: Wilhelmshaven – Larvik – Sylt – Hamburg, ab 1052 €

Sommerrundreise St. Petersburg: Travemünde – St. Petersburg – Warnemünde, ab 1700 €

Hafenspektakelreise rund Bornholm: Flensburg – Sonderburg – Travemünde, ab 653 €

u.v.m. Alle Preise inkl. Vollverpflegung. Ohne An- und Abreise.

KADETTEN IN DER AUSBILDUNG: Das royal-rote Traditionsschiff KHERSONES ist ein Segelschulschiff mit einer 110 Mann starken ukrainischen Mannschaft an Bord (inkl. rund 65 Kadetten in der Ausbildung). Unsere Reiseteilnahme finanziert die schwimmende Berufsschule mit, ermöglicht den Kadetten den Einstieg ins Berufsleben und sichert den Erhalt eines der wenigen noch segelnden Windjammer der Welt.

Der Veranstalter hat weitere Windjammer im Programm, u.a. die Viermastbark Sedov, die unter den Segelschulschiffen der größte noch segelnde Windjammer ist./**INMARIS WINDJAMMER SAILING**

EVENTS UND UPDATES SIEHE INTERNETSEITE: WWW.DIE-BESTEN-SINGLEREISEN.DE

SEGEL-REISEN – AKTIV MITSEGELN AUF MODERNEN SEGELYACHTEN

Wind in den Haaren, Salz auf der Haut, Gischt im Gesicht – und keine Ahnung, was sonst noch alles.

Als Mitsegler segeln wir auf einer modernen Segelyacht:

Jeder kann dabei sein, ob erfahrener Segler oder blutiger Anfänger. Schnell lernen wir in einer kleinen Gruppe die wichtigsten Handgriffe, die man können muss, um ein Schiff zu steuern. Viel Spaß bei den Segeltörns ist garantiert.

Bei den Segeltörns steht nicht nur der sportliche Aspekt im Vordergrund. Derlei Törns in den attraktivsten Revieren der Welt sind optimal für aktive Mitsegler jeden Alters mit und ohne Segelerfahrung. Wir verbringen unsere Zeit auf komplett ausgestatteten Segelyachten in einer ungezwungenen Gruppe mit viel Zeit für Land und Leute, Baden und Relaxen.

Mit den wendigen Schiffen kann an so mancher verwunschenen Traumbucht geankert werden, die manchmal selbst auf dem Landweg nicht zu erreichen ist.

Ein unvergessliches Segelabenteuer können wir beim Regattasegeln erleben. Von der ‚Antigua Sailing Week' über die ‚Dutch Caribbean Trophy' oder die ‚Seychelles Yachting Week' bis hin zum ‚Carneval in Rio oder Trinidad', aber auch speziellen ‚Single-Törns' oder ‚Frauen-Törns' und Segeln ‚just for fun' gibt es. Nach dem Motto: Dabei sein ist alles!

SICHERHEIT!!
Kautionsversicherungs- und Nichtschwimmerregelungen werden von Veranstalter zu Veranstalter unterschiedlich gehandhabt. Bitte immer genau nachfragen, welche Bestimmungen diesbezüglich beim Veranstalter eurer Wahl gelten!
INFO: Jeder, der segeln möchte, sollte 15 Minuten im freien Wasser schwimmen können.

YACHTEN, DIE AM HÄUFIGSTEN GESEGELT WERDEN:
Gib Sea 472/Mön 431/Atlantic 61 „Kos 61.1" und „Rapsody"/Katamaran/Bavaria/Beneteau/ Jeaneau/Reinke/und gleichwertige.
Die Veranstalter, die hier im Buch aufgeführt sind, verbürgen sich für eine einwandfreie Qualität ihrer Yachten. Die Passagierzahl liegt je nach Schiffstyp zwischen 4 – 8 Personen.

LEINEN LOS FÜR DIE MODERNEN SEGELYACHTEN!
... UND IMMER EINE HANDBREIT WASSER UNTERM KIEL

SEGELTÖRN IM WATTENMEER / DEUTSCHLAND
Im Nationalpark Niedersächsisches Wattenmeer zwischen den ostfriesischen Inseln Wangerooge, Spiekeroog und Langeoog können wir auf einer ökologischen Segelstudienreise mitsegeln. Neben unseren Landgängen auf die jeweiligen Inseln beobachten wir, wie sich die Seehunde im Wasser tummeln und die Seevögel um uns herum kreischen, während sie mit einem Sturzflug übers Wasser nach Beute Ausschau halten. Wir erleben erholsame Ruhe auf dem Meer, untermalt von den Stimmen der Natur. Bei Ebbe kann das Boot auf Wattenflächen trockenfallen und wir können uns gemeinsam mit Skipper Detlef Hinz das Watt mal genauer anschauen, was da so alles kreucht und fleucht. Detlef Hinz ist segelbegeisterter Meeresbiologe.
1 Woche, Eigenanreise, ab 430 €/(F) (Bordkasse k.A.)/4-Tages-Törn ab 250 €/**LUPE**

BALEAREN / SPANIEN
Im Wasser und an Land findet sich auf Mallorca, Menorca, Ibiza und Formentera für jeden Geschmack die richtige Mischung. Zerklüftete Küstenabschnitte, einsame Buchten, weiße Sandstrände, malerische Häfen und ein faszinierendes Inselinneres. Von der Segelyacht aus entdecken wir die zweite Seite der Balearen, denn diese haben weit mehr als nur den „Ballermann" und Bettenburgen zu bieten. Nicht nur Mallorca mit seinen 555 km Küstenlänge, auch auf den anderen Inseln finden wir unberührte Natur und unzerstörte Landschaften. Das Revier bietet dank des mediterranen Klimas verschiedene Törn-Alternativen – vom gemütlichen Daycruising bis zu anspruchsvollen Seeschlägen.
Beim Ankern und Anlegen entscheiden wir uns zwischen mondänen Marinas, pittoresken

Fischerhäfen und einsamen Ankerbuchten. Wer möglichst viel von den Balearen erleben möchte, kann an einem zweiwöchigen Törn teilnehmen. Doch auch eine Woche ist ein unvergessliches Segelerlebnis.

1 Woche, Eigenanreise, ab 410 €/Bordkasse ca.150 €/**Arkadia**

Kykladen / Griechenland

Leuchtend weiß strahlen die Häuser, Kapellen und Kirchen im Kontrast zum azurblauen Himmel. Auf den Kykladen erleben wir Griechenland als wahr gewordenes Postkartenmotiv. Früher noch Geheimtipp von Rucksacktouristen, sind die Inseln inzwischen eine der Hauptattraktionen des Griechenlandtourismus. Bei den mehr als 200 Inseln, darunter Mykonos, Kos, Antiparos, Hydra, Kythnos, Naxos und Delos, um nur einige der Traumdestinationen zu nennen, finden sich viele menschenleere Buchten zum Ankern und Baden. Je nach Windrichtung werden verschiedene Inseln angelaufen.

1 Woche, Eigenanreise, ab 360 €/Bordkasse ca. 140 €/**Arkardia**

Atlantik / Mittelmeer

Atlantiküberquerung – der Traum eines jeden Seglers. Waren derartige Reisen früher ein wirkliches Abenteuer, so sind sie heute kalkulierbarer geworden. Segelraffanlagen erleichtern – trotz all ihrer Macken – die Arbeit an Deck. Moderne Elektronik macht die Navigation fast zu einem Kinderspiel. Wetterberichte kommen regelmäßig auf das Schiff. Die Schiffe haben eine Abnahme durch die See-Berufsgenossenschaft für das Seegebiet „A" (weltweite Fahrt) und somit den höchsten Sicherheitsstandard unter deutscher Flagge. Dennoch sind diese Reisen nur teilweise etwas für ‚Newcomer'. Die Teilnehmer brauchen zwar keine überdurchschnittliche Segelerfahrungen, sie sollten aber – nach den ersten Tagen der Gewöhnung – seefest sein. Bei der Zusammenstellung der Crews wird darauf geachtet, dass ausreichende Erfahrung an Bord kommt.

3 Wochen, Eigenanreise, ab 820 €/Bordkasse: ca. 150 €/**Arkadia**

Polynesien – das Ziel vieler Weltumsegler!

Wo früher Captain Cook umhersegelte, werden heute Bacardi-Träume wahr. Erinnerungen an die Bilder von „Gauguin auf Tahiti" werden wach und die Abenteuerromantik aus Südseefilmen nimmt uns schnell gefangen. Die „Meuterei auf der Bounty" spielen wir aber lieber nicht nach. Überwiegend wird auf unserem komfortablen Katamaran im flachen, türkisfarbenen Wasser, das schon vor dem Frühstück zum Baden und Schnorcheln einlädt, geankert. Geschichte und Kultur, historische Kultstätten und interessante Musik- und Tanzdarbietungen laden zum Besuch ein. Gestartet wird von Raiatea oder Tahiti, um die Inseln Moorea, Tahaa, Huahin und Bora-Bora anzusteuern. Gekocht wird in diesem Seegebiet meist selbst. Zu abgeschieden liegt häufig der Ankerplatz. Aber gute Restaurants und Bars können zwischendurch auch angesteuert werden, denn es ist reichlich Zeit für Landgänge vorgesehen. Die Inlandsflüge vor Ort sind bereits im Reisepreis mit drin.

3 Wochen, Eigenanreise, ab 1870 €/Bordkasse: ca. 150 €/Woche/**Arkadia**

Tipp! **Frühzeitig buchen:** Wer sich die Flüge vom Veranstalter dazu buchen lassen möchte, bitte rechtzeitig, da die günstigen Flugangebote schon lange im Voraus weg sind.

INFO: Das Durchschnittsalter der TeilnehmerInnen (Singles und Paare) liegt in der Mehrzahl zwischen 25 und 40 Jahren, wobei es natürlich auch Stammgäste gibt, die gemeinsam mit der Firma gealtert (besser: gereift) sind. Und, auch das muss einmal gesagt werden, viele intensive Freundschaften und auch Ehen haben inzwischen „arkadische" Wurzeln.

WICHTIG: Bei Arkadia ist man automatisch durch eine Reiseveranstalter-Haftpflichtversicherung abgesichert und wir werden im Schadensfall auch nicht zur Zahlung der Eigenbeteiligung an der Kaskoversicherung herangezogen!

SEGELTÖRNS FÜR SINGLES

SUN & FUN in der lockeren Gruppe an Bord einer sportlichen Segelyacht unter dem Motto: Sommer, Sonne, aufgeschlossene nette Leute und gute Laune sind die Zutaten für unbeschwerten Segelspaß. Auch immer mehr Frauen finden den Zugang zum Urlaubs- und Fahrtensegeln. Wir brauchen keine Segelerfahrung mitzubringen, denn ein erfahrener Skipper ist immer mit an Bord. Malerische Häfen, idyllische Ankerbuchten, historische Stätten und quirlige Orte werden besucht.

Je nach Buchungsstand segeln wir mit mehreren Yachten gemeinsam in einer lockeren Flottille (Segeln im Verbund). Die Route wird bei den täglichen Treffen besprochen. Mitsegler können ihre Wünsche stets äußern. Noch nicht so erfahrene SeglerInnen mit Sportboot-Führerschein (See) und frisch gebackene Segelschein-Inhaber können eigenverantwortlich eine Yacht im Rahmen der Flottille führen, was ideal zum Üben ist.

Die Reviere: **KROATIEN:** 1 Woche ab 549 €/**TÜRKISCHE RIVIERA** 1 Woche ab 495 €/**BRITISH VIRGIN ISLAND, SILVESTERTÖRN:** 1 Woche, Eigenanreise, ab 699 €/EK plus 70 % extra/Bordkasse: plus 70 – 100 € je nach Verbrauch/**DMC-REISEN**

BELIZE – LAND DER MAYA

Zweitgrößtes Korallenriff der Erde mit unzähligen einsamen Cays (Inselchen). Dieses Paradies wollen wir mit einer Segelreise erobern. DMC-Reisen veranstaltet erstmals einen Discovery-Törn zu Ostern in dieses vom Tourismus noch fast verschont gebliebene Stück Paradies. Aber nicht nur Segeln ist hier die aufregendste Sache der Welt, auch die ältesten Maya-Relikte finden wir im Dschungel. Das berühmte Blue Hole, das nicht nur Cousteau faszinierte, ist ein Muss für jeden Taucher, auch Schnorcheln im kristallklaren Wasser gibt schon die Sicht auf die bunte Unterwasserwelt frei und die Angler unter uns können den Speisezettel mit frischem Fisch bereichern. Sogar bis in den Rio Duke nach Guatemala wird gesegelt, um den Maya mit ihren Doria beim Paddeln zuzukucken.

2 Wochen, ab 1247 €/Bordkasse ca. 70 – 100 €, je nach Verbrauch

Der Segelveranstalter bietet Segeltörns in der lockeren DMC-Flottille an (Regatta, Segeln im Verbund mit mehreren Segelschiffen)/**DMC-REISEN**

GRIECHISCHE INSELWELT

Wunderschöne griechische Inseln: Symi, Nisiros, Tilos, Kos, Astypalaia, Chalki, Kalymnos und viele andere. Ein ideales Segelrevier für Anfänger und Fortgeschrittene. Die Ausläufer des Meltemi – beständiger Sommerwind aus Nordwest – sorgen für leichten und beständigen Segelwind. Starkwinde sind hier in den Sommermonaten eher die Ausnahme. Die Inseln mit ihren geschützten Häfen und Buchten bieten ruhige Liegeplätze und viele Ziele

für schöne Landausflüge. Auch Häfen oder Buchten an der türkischen Küste können angelaufen werden.
1 Woche, inklusive Anreise, ab 770 €/Bordkasse ca. 100 €/**Kaya Lodge**

Marmaris / Türkei
Südöstlich segeln wir nach Fethiye, Göcek, Kas oder Kalkan, in nordwestlicher Richtung nach Datca und Bodrum. Die türkische Küste ist ein abwechslungsreiches Revier mit vielen Buchten, lebendigen Hafenstädten und antiken Schauplätzen. Die vorgelagerten griechischen Inseln Rhodos oder Symi lassen sich in den Törn mit einbeziehen.
1 Woche, inklusive Anreise, ab 770 €/Bordkasse ca. 100 €/**Kaya Lodge**

Tipp! Kaya Lodge bietet bei vielen seiner Segel-Reisen pro Yacht eine Kabine als Einzelkabine an. Wer sie haben möchte, muss FRÜHZEITIG BUCHEN.

Tipp! Urlaub zu Wasser und an Land!

Rhodos und Marmaris
Wer nach dem Segeln noch Lust auf Strandurlaub hat, kommt auf Rhodos im Hotel Delfine und in Marmaris im Pupa Yacht-Hotel unter. Das Delfine hat 22 Zimmer, liegt abseits vom großen Tourismusrummel, 25 km von Rhodos-Stadt entfernt, direkt am Strand. Ein paradiesischer Garten und eine gute Küche sorgen für einen angenehmen Aufenthalt. Für Surffreaks liegt eine Surfstation in der Nähe.
Südöstlich von Marmaris, direkt am Meer, liegt inmitten bergiger Waldlandschaft das Pupa Yacht-Hotel – 20 geschmackvoll eingerichtete Zimmer. Segeljollen und ein Katamaran liegen am hoteleigenen Strand.
1 Woche Verlängerung für beide Hotels, ab 270 € (HP)/EZZ 85 €/**Kaya Lodge**

Tipp! Alle Törns bei Kaya Lodge haben eine DURCHFÜHRUNGSGARANTIE!

Antigua Sailing Week
Das Segelereignis in der **Karibik!** Seit Jahren segeln KH+P-Crews auf den vorderen Plätzen und haben bei den Siegerpokalen schon ganz schön abgeräumt. Allein 70 Pokale brachten die Crews aus Antigua mit nach Hause (viele Male hatten sie die beste deutsche Yacht und die beste Frauencrew). Doch in erster Linie sind die Regatten für alle ein großartiges Erlebnis. Die Woche ist ein internationales Segelfest mit vielen Routen um die Insel und ein einmaliges Erlebnis auch für Nichtsegler und Neueinsteiger.

„Get-Together-Partys": Regelmäßige Meetings und zusätzlich ausgeschriebene KH+P-Preise schaffen eine begeisternde Atmosphäre und viele nette Bekannte. Regattakenntnisse sind hilfreich, aber nicht für alle Teilnehmer erforderlich. Auch das Segelprogramm für Nichtteilnehmer der Regatta ist vielfältig. Wer als Einzelbucher auf den komfortablen Yachten und Kats mitsegeln möchte, sollte sich frühzeitig anmelden. Denn dieses begehrte Event – im Frühjahr – ist immer sehr früh ausgebucht.
2 Wochen, Eigenanreise, ab 1370 €/Bordkasse ca. 300 €/**KH+P**

FRÜHZEITIG BUCHEN, da dieses Event sehr beliebt ist!
Auch REINE FRAUENCREWS sind möglich!

TIPP!

EXTRA TOUR – SEYCHELLEN

Ein neues, exotisches Segelgebiet mit einer paradiesischen Landschaft und Unterwasserwelt.

Dieses Traumrevier hat sich erst seit einigen Jahren für Segel-Reisen geöffnet.

Da nach wie vor diese besondere Landschaft vor Zerstörung geschützt werden soll, ist nur ein sensibler und rücksichtsvoller Tourismus in kleinem Maßstab gewünscht. KH+P ist bereits von Anfang an dabei. Wer kommt mit ... wenn dieses Segelereignis im Juni in einer kleinen Gruppe mit wenigen Katamaranen und Einrumpf-Yachten mit einem besonders attraktiven Programm stattfindet?

Es ist ein Ereignis aus Land und Meer mit einer ausgewogenen Mischung aus Segeln und eindrucksvollen Ausflügen mit Begegnungen der einheimischen Kultur. Das Erlebnis einsamer Buchten und unberührter Natur stimmt uns auf Erholung ein. Wir besuchen die Schildkröteninsel Curieuse und die bekannten Strände von La Digue, die Schnorchelparadiese von Coco Island und die Vogelschutzinsel Cousin, um nur einige Highlights zu nennen. Und das alles zu einem erstaunlich attraktiven Gesamtpreis – Rahmenprogramm inklusive! Segelkenntnisse sind erwünscht, jedoch keine Voraussetzung.

12 Tage, Eigenanreise, ab 1250 € in der ½ DK/Bordkasse ca. 250 €/inkl. Rahmenprogramm, 2 kreolischen Abenden u.v.m. **KH+P**

EVENT-SEGELN MIT **KH+P:** Tahiti-Extratour/Yachtwoche Mittelmeer/Antigua Sailing Week/Karibik-Trophy/Kuba-Extratour/Heineken-Regatta/Sardinien-Woche u.v.m.

TIPP!

Bei der letzten **KARIBIK** Trophy (British Virgin Islands) waren von 13 Yachten 10 Yachten nur mit Einzelbuchern belegt!

INFO: KH+P ist in Deutschland führender Spezialist für alle Segelregatten weltweit. Der Inhaber, Hartmut Holtmann, wurde 1997 für seine jahrelangen Aktivitäten für die Antigua Sailing Week zum Ehrenmitglied auf Lebenszeit des berühmten Antigua Yacht Clubs ernannt und erhielt Auszeichnungen der Regierung.

MITSEGELN AUF TRADITIONSSEGLERN

ABENTEUER UNTER WEISSEN SEGELN

Das Segeln und Mitsegeln auf traditionellen Segelschiffen, die um die Jahrhundertwende für die Fischerei und die Handelsschifffahrt gebaut wurden, hat seinen besonderen Reiz. Dank der heutigen Besitzer sind die Schiffe in ihrem originalen Zustand erhalten und bis ins Detail für ihre neue Bestimmung – das Kreuzfahrtsegeln – ausgestattet. Nach der Verjüngungskur entpuppten sich alle Schiffe als wahre Perlen – von zweckmäßig über erstklassig, von sportlich bis komfortabel – für jeden Geschmack gibt es ein passendes Schiff.

MITSEGELN ODER ENTSPANNEN?

An Bord werden die anfallenden Tätigkeiten, wie z.B. Rudergehen, Segelsetzen sowie beim An- und Ablegen helfen, gemeinsam erledigt. TeilnehmerInnen mit einem Segelschein werden zum Teil als Co-SkipperIn eingesetzt und SeglerInnen in spe werden mit den nötigen Handgriffen an Bord schnell vertraut gemacht.

Wer keine Lust auf Aktivitäten hat, kann sich bei manchen Schiffen, wie z.B. auf dem Traditionssegler Artemis, einfach so durch die Gegend schippern und verwöhnen lassen.

LEINEN LOS FÜR DIE TRADITIONSSEGLER

Hier beginnt das Abenteuer mit dem Flair vergangener Zeiten.

Den sicheren Hafen zu verlassen und die Planken eines stolzen Seglers zu betreten wagten in der Vergangenheit Menschen mit Mut und Pioniergeist. Den Traum von Unbegrenztheit und Abenteuer kann sich an Bord eines traditionellen Segelschiffes jeder erfüllen. Wir können uns als Gast entweder so richtig verwöhnen lassen oder aktiv an Bord mitsegeln und navigieren, Segel setzen und einholen. Was früher harte Arbeit war, wird für uns zu einem entspannten und abwechslungsreichen Erlebnis.

TRADITIONSSEGLER: Vom Kutter über Tjalk und Klipper bis hin zum Schoner mit einer Segelfläche von 180 bis 650 qm haben die Veranstalter unterschiedliche Traditionssegelschiffe im Programm.

BLIND DATE SAILING – OSTSEE / DÄNISCHE INSELN

Auf dem Traditionssegler „REGINA MARIS" (50 m lang, 600 qm Segelfläche) in der Ostsee segeln ist der Single-Klassiker. Bereits seit vielen Jahren segelt Sunwave seine ,Blind Date'-Segel-Reisen ab / bis Kiel.

Eine Kombination aus eindrucksvollem Segelerlebnis und dem Kennenlernen von interessanten neuen Menschen.

Wir werden nicht nur gemeinsam unsere Mahlzeiten an Bord einnehmen, sondern wir setzen auch die Segel gemeinsam – Segelkenntnisse werden nicht vorausgesetzt – wenn die Regina Maris in See sticht. Im Laufe unserer Rundtour durch die dänische Inselwelt wechselt dann das Panorama unablässig und fasziniert uns durch die beträchtlichen Unterschiede der einzelnen Inseln und Küsten. Kilometerlange feine weiße Sandstrände und bizarre Felsformationen mit streckenweise rötlichen Granitklippen und leuchtende Rapsfelder – im Frühling – verzaubern unseren Blick. Am Nachmittag laufen wir in eine romantische, kleine dänische Hafenstadt ein. Unter dem Schutz der großen Persenning starten wir abends eine Cocktailparty – schöner kann ein Tag nicht sein.

Für Ende 20- bis Ende 40- und Mitte 30- bis Mitte 50-jährige Reiseteilnehmer

4 Tage, Eigenanreise, in der 4-Bett-Kabine ab 399 € (VP, inkl. Tee u. Kaffee) / SUNWAVE

BIKE & SAIL RUND UM RÜGEN UND USEDOM / DEUTSCHLAND MIT DER „MEANDER"

Der 2-Mast-Stagsegelschoner „Meander" ist auf den sieben Weltmeeren unterwegs und besuchte bereits die Antarktis, die Karibik und New York. Auch auf der Ostsee bietet sie interessante Routen, wie die dänischen Inseln und rund um Rügen und Usedom. Die „Meander" wurde liebevoll restauriert und ausgestattet mit einem gemütlichen Aufenthaltsraum, Küche und Bar und viel Platz an Deck.

Nach dem gemeinsamen Frühstück radeln wir mit dem Fahrrad über Land „on tour", der Segler folgt uns über Wasser zum vereinbarten Hafen.

Wer will, kann natürlich auch an Bord bleiben und seine Seele baumeln lassen. Es stehen vier Doppelkabinen und zwei Einzelkabinen, zwei Duschen und zwei WCs auf dem Schiff zur Verfügung. Bettwäsche und die Fahrradmiete sind im Preis enthalten.

1 Woche, Eigenanreise, ab 550 €/EKZ 125 €/Bordkasse ca. 120 €/**TSC**

SCHNUPPERTÖRNS AUF DER OSTSEE – zum Mitmachen und Entspannen, so heißt das Motto für diese Kurztörns. Sich für kurze Zeit den Wind um die Nase wehen lassen, die Weite des Meeres genießen und die frische Seeluft einatmen.

2-Tage-Kurztörn von Freitag bis Sonntag schon ab 200 € inkl. Bordkasse oder 3- und 4-Tage-Feiertagstörns schon ab 295 € inkl. Bordkasse/**TSC**

SAILS/Halbtages- und Tagesfahrten

Auf einer Halbtagesfahrt oder einer Tagesfahrt können wir ein Stück Seefahrerromantik auf einem traditionellen Segelschiff schnuppern. Beim „Hamburger Hafengeburtstag", der „Kieler Woche" oder bei der „Hanse Sail" können wir dabei sein, wenn Großsegler aus der ganzen Welt ihre Schönheit zeigen. Auch wäre dies die beste Gelegenheit, einmal so einen Traditionssegler hautnah kennen zu lernen. Schon ab 29 € inkl. deftiger Eintopf nach Art des Hauses (Schiffes), Kaffee/Tee und Kuchen sind wir bei der Hanse Sail oder Kieler Woche dabei. Ab 76 € inkl. Begrüßungssekt und ‚Leuchtturmwärterbrunch' beim Hamburger Hafengeburtstag./**TSC**

ERLEBNIS – TÖRNS mit der **„BISSCHOP VAN ARKEL"**

Sein schwungvolles Profil gab diesem schnellen Schoner, der schon von 1900 – 1953 in der Ostsee fuhr, den schönen Kosenamen „Weißer Schwan". Danach wurde er liebevoll restauriert und erhielt eine komplette Takelage inklusive Topsegel. Ausreichende Bewegungsfreiheit mit mehreren Sitzmöglichkeiten an Deck, einen stilvoll eingerichteten Salon mit offener Küche und Bar unter Deck sowie 6 Kabinen für 2 bzw. 4 Pers. teilweise mit DU/WC.

Das Segelrevier ist bei diesem Törn die ‚**DÄNISCHE SÜDSEE'** und die deutsche Ostseeküste oder Kiel nach Makkum (NL)

1 Wochentörn, Eigenanreise, ab 355 € inkl. Bordkasse/**TSC**

BALEAREN – MALLORCA UND MENORCA/SPANIEN/DREIMAST-BARKENTINE „ATLANTIS"

Als Dreimaster lief die Atlantis 1905, damals als Feuerschiff auf den Namen „Bürgermeister Bartels – Feuerschiff Elbe 2" getauft, in Hamburg vom Stapel. Über 70 Jahre versah das Schiff an der Elbmündung seinen Dienst. In den Achtzigerjahren begann das ‚zweite Leben' der Atlantis. Die alte Dame wurde nun zur stilvollen Barkentine „Atlantis" umgebaut.

Nach einer erneuten Generalüberholung steht der stolze Dreimaster nun wieder für Segelkreuzfahrten zur Verfügung. Mit viel Liebe zum Detail wurden der maritime Salon und die aus edlen Hölzern gefertigte Bar restauriert. Die technische Ausrüstung sowie die Sicherheitseinrichtungen werden von den strengen niederländischen Behörden überwacht und gestatten dem Schiff den Einsatz weltweit.

Der Kapitän und seine Crew entführen uns in die Geheimnisse längst vergangener Seemannsromantik. Wir schauen an der Heckreling in die schäumende Spur des Kielwassers und lassen den Alltag an Land zurück. Mit ihrem gediegenen Ambiente bietet die „Atlantis" einen exklusiven Rahmen für besondere Windjammerreisen.

Träumen unter den großen weißen Segeln, aber auch für die Aktiven gibt es Möglichkeiten mit anzufassen, wenn es heißt, die Segel zu setzen.

Die Doppelkabinen haben alle Dusche/WC und Klimaanlage. Im Preis ist VP mit einem Captain's Dinner inklusive. Auch wenn sich bei einer Kreuzfahrt mal nur 15 Passagiere angemeldet haben, setzt die „Atlantis" ihre Segel und sticht in See.

1 Woche, Eigenanreise, ab 990 €/DKz.A. plus 400 € (VP)/Tall Ship Artemis

Eine Seereise ist mehr als salzige Luft, frischer Wind und weiter Himmel …!

Ostsee mit der Dreimast-Barkentine „Antigua"

Als Fischereischiff wurde die „Antigua" 1957 in Thorne Yorkshire (U.K.) gebaut. Dass sich hinter dem robusten Arbeitstier eine schlafende Schönheit verbarg, erkannte man aber erst später. Anfang der Neunzigerjahre wurde die „Antigua" aus ihrem Dornröschenschlaf erweckt und mit aufwändigem und liebevollem Umbau erhielt sie alle Bequemlichkeiten eines modernen Großseglers. 16 vollklimatisierte Doppelkabinen garantieren einen komfortablen Aufenthalt an Bord.

1 Woche, Eigenanreise, ab 990 €/(VP)/Tall Ship Artemis

Kiel – Fleetwood/England mit der Dreimastbark „Artemis"

Die Göttin der Jagd gab ihr den Namen, und als Walfänger begann sie im Jahre 1926 ihren Dienst. In den Fünfzigerjahren wurde die „Artemis" zu einem Frachtschiff umgebaut und fuhr hauptsächlich in der Trampschifffahrt zwischen Asien und Südamerika. Im Jahre 2001 wurde sie dann in ein elegantes Segelschiff zurückverwandelt und befährt nun die Meere als imposante Dreimastbark.

1 Woche, Eigenanreise, ab € 630 (VP)/Tall Ship Artemis

Sonnenbaden & Biken – Inselträume für Singles only

Auf dem Motorsegler „Vrgada" in Kroatien

Unser Schiff, der nostalgische ehemalige Frachtensegler, wurde vor einigen Jahren zum Motorsegler „Vrgada" umgebaut und wird uns durch die bezaubernde Inselwelt der nördlichen Adria führen. Wir baden im kristallklaren Meer, genießen die warmen Sonnenstrahlen oder sind sportlich aktiv – wie es uns gefällt.

Entweder wir radeln von einem Küstenort zum nächsten oder wir bleiben gemütlich an Bord unseres Schiffes und genießen den Blick auf die vorüberziehenden Küsten vom Meer aus.

Beim Zwischenstopp können wir die Unterwasserwelt mit Schnorcheln erforschen. Und abends genießen wir die Sonnenuntergänge und bummeln durch malerische Städtchen mit ihren historischen Sehenswürdigkeiten und lassen in einer Taverne oder Open-Air-Bar den erlebnisreichen Tag bei einem Glas Wein ausklingen.

7 Nächte, Eigenanreise, ab 399 € (HP) inkl. geführte Radausflüge, Sportangebote u.v.m./ Sunwave

---

BLAUE REISE für die Segelreviere – **GRIECHENLAND, KROATIEN, TÜRKEI**
Segeln auf einem traditionellen Holz-Motorsegler. Die Yacht ist ca. 25 Meter lang und aus-gestattet mit Doppelkabinen, Dusche/WC, Salon und viel Platz an Deck zum Sonnen und Relaxen. Die Crew und der Kapitän kümmern sich um die seemännischen Belange und das leibliche Wohl.
Wunderschöne griechische Inseln, wie zum Beispiel: Symi, Nisiros, Tilos, Kos, Astypalaia, Chalki, Kalymnos. Ein ideales Segelrevier für Anfänger und Fortgeschrittene. Die Ausläu-fer des Meltemi – des beständigen Sommerwinds aus Nordwest – sorgen für leichten und beständigen Segelwind. Starkwinde sind in den Sommermonaten eher die Ausnahme. Die Inseln mit ihren geschützten Häfen und Buchten bieten ruhige Liegeplätze und viele Ziele für schöne Landausflüge. Auf Wunsch werden auch Häfen oder Buchten an der türkischen Küste angelaufen
1 Woche, Eigenanreise, ab 295 €/EKZ ab 145 € (VP)/**KAYA LODGE**

DSCHUNKENKREUZFAHRT, IN SÜDWEST-THAILAND
Zu Gast im Paradies – zwischen Phuket, Phi Phi Island und Krabi liegt unser Segelrevier. Fast lautlos segeln wir mit dem Wind, lauschen dem Schrei der Seeadler, Tukane und Fregattvögel. Schneeweiße tropische Strände mit intakten Korallenriffen verführen uns zum Schwimmen, Schnorcheln und Tauchen. Wir segeln auf den Spuren von James Bond um den berühmten James-Bond-Felsen, graben unsere Füße in den schneeweißen Sand und fühlen uns wie in dem Film „The Beach" mit Leonardo DiCaprio.
Die Andamanen-See Thailands umfasst ein Naturschutzgebiet von rund 15.000 km^2 mit ca. 3500 Inseln. Gigantisch anmutende, imposante Felsformationen des tropischen Karst mit bizarren Formen, geheimnisvollen Tropfsteinhöhlen und Grotten.
Die „Dauw Talae" – Stern des Meeres – ist ein rustikaler Dschunken-Nachbau aus Holz mit moderner Technik. Als Vorlage zum Bau des Schiffes diente die in China (Macao) gebaute Dschunke „Lorcha" (sie wurde zur Abwehr von Piraten gebaut). Die „Dauw Talae" bietet mit ihren 8 Gästekabinen und 3 Sonnendecks Platz für 16 Gäste und wird vom deutschen Eigner und seiner thailändischen Frau (mit Kapitänspatent) selbst gesteuert und navigiert.
11 Tage, Flug a.A. , ab 1090 €/EKZ a.A. (VP auf dem Boot/5 ÜF in Hotels)/**TRH**

UNTERBRINGUNG UND LEBEN AN BORD:
Bei allen Törns, die hier beschrieben sind, steht der Preis für eine halbe Doppelkabine (Kojen-charter), denn Einzelkabinen sind sehr rar und teuer und fast immer nur a.A. (auf Anfrage) möglich.
Auf einigen Segelschiffen ist die Verpflegung oder Teilverpflegung im Reisepreis enthalten und steht dann als Kürzel in Klammern. Ansonsten wird die **VERPFLEGUNG** aus der gemeinsamen Bordkasse bezahlt, nur der Skipper wird von der Bordumlage (Bordkasse) freigehalten und mitverpflegt. Ob gekocht wird oder ob zusammen im Restaurant gegessen wird, entscheidet die Crew gemeinsam.
Segeltörns sind vom Wind und Wetter abhängig und so kann es wegen schlechter Witte-rungsverhältnisse theoretisch vorkommen, dass die geplante Route spontan geändert werden muss oder auch mal ein Tag im Hafen ansteht. Die Wünsche der einzelnen Crewmitglieder werden in der Gruppe besprochen und so weit wie möglich berücksichtigt.

Die **ANREISE,** wenn nicht im Preis enthalten, kann auf Anfrage über den Veranstalter mit gebucht werden.
Die Transfers zum Ausgangspunkt der Törns sind meistens im Preis enthalten.

EVENTS UND UPDATES AUF DER INTERNETSEITE: WWW.DIE-BESTEN-SINGLEREISEN.DE

FLUSSKREUZFAHRTEN

„WIR MÖGEN DIE WELT DURCHREISEN, UM DAS SCHÖNE ZU FINDEN, ABER WIR MÜSSEN ES IN UNS TRAGEN, SONST FINDEN WIR ES NICHT." (RALPH WALDO EMERSON)

Flüsse fließen ruhig dahin. Es gibt keinen Seegang, also auch keine Seekrankheit! Unser Hotelzimmer haben wir immer dabei, genau wie auf der großen Kreuzfahrt brauchen wir unseren Koffer nur einmal auszupacken. Überwiegend wird tagsüber gefahren, sodass wir nachts vor Anker liegen und ungestört in einem der vielen malerischen Häfen schlafen.
Während wir entspannt an Deck liegen und Bilderbuchlandschaften gemächlich direkt vor unseren Augen vorüberziehen, erfahren wir den Begriff „Urlaub" in seiner schönsten Bedeutung. Flussschiffe sind wesentlich kleiner als die Ozeanriesen der Kreuzfahrt, dadurch ist alles überschaubarer und der Kontakt zu anderen Fahrgästen intensiver, wenn wir es wollen.

Bei den Routen lässt sich auch fast jeder Wunsch erfüllen: ob auf der Elbe, der Donau, dem Rhein, der Seine oder dem Mekong in Indochina, dem Amazonas in Brasilien und dem Jangtse in China. Kaum ein Fluss, der nicht befahren wird.

AUF ZU NEUEN UFERN!
Flusskreuzfahrten weltweit mit Studiosus-Gruppenreisen auf dem Flussschiff „Studien-Flusskreuzfahrten" auf 22 verschienenen Flussschiffen.

AUF NACH AMSTERDAM
Wasserwege zwischen Amsterdam und Gent. Mit unserem luxuriösen Flussschiff Heidelberg sind wir unterwegs auf romantischen Grachten und an Land brechen wir auf zu Spaziergängen durch mittelalterliche Gassen und zu den großen Werken flämischer Meister.
8 Reisetage in der ½ DK ab 2220 €/DKZ plus 500 € auf der MS Heidelberg *****/STUDIOSUS

AUF DER SCHÖNEN BLAUEN DONAU
Von Passau bis zum Schwarzen Meer. Durch sieben Länder – vom Land des Donau-Ursprungs bis zur Mündung ins Schwarze Meer. Wir folgen der wechselhaften Kultur und Geschichte an der Donau. Staunend stehen wir vor den Zeugnissen der k.u.k. Monarchie in Wien, Bratislava und Budapest und dringen dann – wie einst Byzantiner und Osmanen – tiefer in den Balkan vor. Bei Ausflügen nach Bukarest und Belgrad überrascht uns immer wieder, wie das Gemisch der Völker und Religionen auch heute das moderne Leben prägt.
15 Reisetage in der ½ DK ab 3090 €/DKz.A. plus 800 € auf der MS Viktoria****/STUDIOSUS

8 Reisetage, Passau – Budapest in der ½ DK ab 1555 € DKz.A. plus ab 500 €/MS Swiss Crown
★★★★⁺/Studiosus

Auf dem Nil und dem Nassersee / Ägypten

In der alten Reichshauptstadt Luxor beginnt unsere Reise zu den Höhepunkten der Kultur am Nil. Eine bequeme Routenplanung kennzeichnet den Verlauf der Kreuzfahrten auf Nil und Nassersee. Nachdem wir die Zeugnisse des alten Ägyptens in Karnak, Luxor und Theben-West besichtigt haben, lassen wir uns in Assuan vom Flair Nubiens verzaubern. Seine wichtigsten antiken Denkmäler wurden vor den Fluten des aufgestauten Nils gerettet: In Abu Simbel bewundern wir nicht nur die technischen Meisterleistungen der Antike, sondern auch die der Moderne, denen wir die Umsetzung der Heiligtümer verdanken. Den abschließenden Höhepunkt bilden die Pyramiden von Gizeh und der Besuch von Kairo, der quirligen Metropole am Nil!
13 Reisetage in der ½ DK ab 1790 €/DKz.A. plus 400 € (VP-Schiff)/(HP-Hotel, 4 Nächte) MS Nile Intrepid★★★★ und auf dem Nassersee MS Tania★★★★/Studiosus

Die meisten Ausflüge mit deutschen oder deutsch sprechenden ReiseleiterInnen sind bei den Studiosus-Gruppenreisen im Reisepreis inkludiert.

Auch die Flussreisen von Lernidee sind Gruppenreisen, das heißt, die meisten Ausflüge mit deutschen Reiseleitern sind auch hier im Reisepreis mit drin.

Auf Indiens heiligen Wassern

Eine spannende Reise in eine Weltregion, die jahrzehntelang für Besucher gesperrt war: Assam im Nordosten Indiens im Grenzgebiet zu Bhutan, China und Bangladesh.
Im Mittelpunkt dieser Flusskreuzfahrt stehen die berühmten Kulturdenkmäler der Provinz Assam: die Hindutempel und buddhistischen Klöster, die Pilgerstätten mehrerer Weltreligionen sind, und die Festungen aus der britischen Kolonialzeit. Der Kaziranga-Nationalpark, der in immergrünen Dschungeln liegt und mit seiner weltweit größten Rhinozerospopulation vor den Kulissen des Himalaya uns tief beeindruckt. Der majestätische Rahmaputra, einer der größten heiligen Ströme Asiens, ist wild und naturbelassen. Die Städte Hyderabad, Perle des muslimischen Indiens, und die britisch geprägte Metropole Kalkutta sowie Guwahati, das Tor zu Assam, außerdem Delhi, die indische Hauptstadt, stehen ebenso auf unserem Programm.
18 Reisetage, in der ½ DK und ½ DZ ab 3480 €/DKz.A. plus 1000 €/DZz.A. ab 390 € (Verpflegung größtenteils im Reisepreis enthalten)
Das Schiff, die MS Charaidew, wurde 2003 gebaut mit 12 DK für max. 22 Gäste.
Verlängerung in Agra und Jaipur möglich/Lernidee Erlebnisreisen

Als weitere hochinteressante Flussfahrten hat Lernidee u.a. in seinem Programm:
den Mekong, und zwar den landschaftlich schönsten Teil des Mekong-Flusses; von Südchina entlang der burmesischen Grenze bis hin zur Perle von Laos, der Königsstadt Luang Prabang. Und eine weitere abenteuerliche Flussfahrt können wir auf der Lena erleben: von Jakutsk, Sibirien, bis zu ihrer Mündung ins Eismeer/Lernidee Erlebnisreisen

---

CRUISING IRLAND AUF EINEM HAUSBOOT

Als Freizeitkapitäne schippern wir auf dem Shannon-Erne-Waterway. Er verbindet den größten Strom Irlands, den Shannon, mit der Irischen Seenplatte. Saftige grüne Wiesen und Wälder, Schlösser und Ruinen sowie alte Klöster säumen unseren Weg. Fahrräder sind mit an Bord, um auf Ausflügen irische Se(e)henswürdigkeiten näher zu erforschen. Neben Natur und Nightlife hat Irland auch viel Kultur zu bieten. Kleine Dörfer, historische Städte und gemütliche Yachthäfen. In den Pubs kommt man schnell mit den unglaublich gastfreundlichen Iren ins Gespräch, irgendwo spielt immer die Musik – live!

Unser Hausboot ist modern und komfortabel mit Schlafkabinen, Bad, Küche und Salon ausgestattet. An Deck schmeckt der Irish Coffee doppelt so gut. Die Mahlzeiten werden gemeinsam zubereitet. Zutaten werden aus der Gemeinschaftskasse bezahlt. Das heißt aber nicht, dass wir die ganze Zeit in der Kombüse stehen, Restaurants und Pubs in den Ortschaften und Marinas bieten irische Küche an, die wir auch probieren sollten.

Teilnehmer an Bord bis 8 Personen

1 Woche, Eigenanreise, ab 970 €/EK a. A./GOMERATREKKING

KOMBINATIONSMÖGLICHKEITEN:

1 Fahrradwoche mit Übernachtung in Bed-&-Breakfast-Häusern ab 510 €/GOMERATREKKING

1 Kanuwoche mit Zeltübernachtung ab 340 €/GOMERATREKKING

1 Farmhousewoche im liebevoll restaurierten Farmhouse im georgianischen Stil, umgeben von 50 Hektar Wald, Wiesen und mit Blick auf den Lake Fenag

Ab 590 € (HP)/alles mit Eigenanreise/GOMERA TREKKING

Eine weitere lustige Bootspartie mit dem Hausboot und Fahrrad können wir auf dem Canal du Nivernais in Burgund, FRANKREICH, erleben/GOMERATREKKING

TIPP!

ALLE, DIE NICHT VON VORNHEREIN MIT EINER GRUPPE AUFS SCHIFF GEHEN MÖCHTEN, wenden sich am besten, wie bereits bei den See-Reisen beschrieben, an einen speziellen Kreuzfahrtanbieter wie z.B. Reiseland Globetrotter, siehe Einleitung Seereisen.

Oder Ihr entscheidet Euch für eine der zahlreichen Themen-Flusskreuzfahrten wie: Golf-, Gourmet- und Reiter-Reisen, aber auch Wein-, Musik und Rad-Reisen machen Lust auf Reisen, denn hier haben wir die besten Vorraussetzungen, um auf Gleichgesinnte zu treffen.

EVENTS UND UPDATES SIEHE INTERNETSEITE: WWW.DIE-BESTEN-SINGLEREISEN.DE

KATAMARANSEGELN – GENIESSE DIE FREIHEIT ...

- spüre die Kraft und Energie, die der Wind in Dir freisetzt
- lasse Dich ins Trapez fallen und gleite über die Wellen
- genieße das salzige Spritzwasser auf Deiner Haut!
- nehme die Schoten selbst in die Hand! Hab Spass mit dem Cat!

Ob Anfänger oder Profi, das sportliche Katamaransegeln lässt sich wunderbar mit einem Urlaub im Süden kombinieren. Da diese Sportart meistens einen Segelpartner erfordert, ist ein Aufenthalt in einem Club ideal. Denn der Cluburlaub bietet die besten Voraussetzungen, diese Sportart in der Gruppe zu erlernen und auszuüben. Die „Nautic" (Wassersportzentrum) im Club ist Treffpunkt aller ambitionierten und interessierten Cat-Segler. Als Newcomer hast Du die Möglichkeit, bei einem Schnupperkurs zu testen, ob Dir dieser Sport überhaupt liegt. Als Segelscheininhaber (oder geübter Segler) findest Du mithilfe der Pinwand einen geeigneten Segelpartner. Am Ende der Woche findet meistens die beliebte Segelregatta oder sogar ein Segelausflug statt, natürlich nur je nach Wetterlage ! Mit Sekt und viel Spaß wird dann der „Kenterkönig" gekürt! Abends treffen wir uns gemeinsam mit neuen „Segelfreunden" an der Clubbar, wo wir unsere Segelhighlights bei einem „Anlegeschnaps" austauschen!

ALSO WORAUF WARTEST DU NOCH? KLARMACHEN ZUM ABLEGEN ... !

Ein Paradies für Wassersportler ist der ROBINSON Club Select Maris/TÜRKEI
Die Clubanlage auf einer 45 m hohen Klippe gelegen hat eine unglaublich schöne Aussicht über die türkische Ägäis und die Inseln. In einer der atemberaubendsten und zugleich ruhigsten Buchten der Türkei. Ein absolut traumhaftes Revier mit Sonne, Wind und optimalen Bedingungen, um Wassersport von seiner schönsten Seite zu erleben. Das Segelrevier am ROBINSON Club Select Maris gilt unter Kennern sogar als eines der schönsten Europas. Erstklassiges Segelrevier, gut für Einsteiger, ideal für Fortgeschrittene. 11 Topcat-Katamarane. 1 Woche, ab 1098 € im DZz.A. (VP)/**ROBINSON**

TOP EVENT – Katamaran – Wochen
Eine Woche lang durch Sonne, Wind und Wellen mit Bernd Breymann und seiner Crew: Europameister 1989, Weltmeister 1997 und Vize-Europameister 1994, 1999 und 2000. Also, volle Fahrt voraus in die türkische Ägäis. Hier bietet sich ein perfektes Revier für rasantes Segeln. An den Wind drehen, halsen, beidrehen, vorwindkreuzen und trapezsegeln sind nur einige der Übungselemente des täglichen Trainings. Bei der Abschlussregatta kannst Du dann Dein Erlerntes in den Topcat-Doppelrumpf-Booten unter Beweis stellen. Aber auch in Deutschland haben wir beste Möglichkeiten, das Catsegeln zu erproben oder gar zu perfektionieren!

Ideale Bedingungen im ROBINSON CLUB FLEESENSEE, Mecklenburg-Vorpommern/DEUTSCHLAND
Denn auch auf 'nem See kann der Wind ganz schön pusten!
Natur, so weit das Auge reicht, dunkelblau schimmernde Seen, grüne Wälder, bunt blühende Wiesen und der ROBINSON CLUB mittendrin. Die ROBINSON Wassersportbasis (auch Testzentrum für Top Cat) am Fleesensee bietet mit 5 Topcat-Katamaranen Kurse aller Schwierigkeitsgrade an,

ob Einsteiger, Umsteiger oder Profi, hier kann jeder sein Können verbessern oder auffrischen, und das bei viel Wind und wenig Welle! Danach entspannen wir uns im Wellnesscenter und verwöhnen unsere Gaumen mit den Köstlichkeiten, die am Buffet auf uns warten.
EVENTS: Katsegeln-Intensivwoche mit Segelexperte Bernd Breymann
1 Woche, Eigenanreise, ab 742 € im DZz.A. (VP)/2 Nächte ab 240 € (VP)/**ROBINSON**

TIPP! Optimal auch für einen **KURZTRIP ÜBERS WOCHENENDE** geeignet, und dabei einfach mal bei der Wassersportbasis schnuppern, wie das mit dem Catsegeln so geht! (auch für externe Gäste möglich!) und dran denken: die **SINGLE-WEEKENDS** im Winter!

Weitere ROBINSON Clubs mit Katamaransegelbasis: ROBINSON Club Soma Bay/- Daidalos/ - Camyuva/- Jandia/Mehr Infos über ROBINSON stehen im **CLUB & MORE**.

Für Einsteiger bis Profi, der ALDIANA **SARIGERME / TÜRKEI**
Hier finden wir den richtigen Mix aus Singleurlaub und Segelerlebnis! Bei idealen Wind- und Wetterverhältnissen für Einsteiger bis Profi und einer Segelakademie mit breiter Angebotspalette an Spezialkursen und professionellen Schulungen durch Toptrainer verstärkt, und das in einem der schönsten Wassersportreviere Europas!
Material: 10 Hobie Cat 15/10 Hobie Cat Pacific 18. 1 Woche, ab 1019 € im EZ/(AI)/**ALDIANA**

TIPP! **EVENT:** Flirten mit Erfolg: Beschreibung siehe **CLUB & MORE** bei Aldiana Sarigerme!

Anspruchsvolles Segelrevier im ALDIANA **FUERTEVENTURA / SPANIEN**
Sehr schöner Club mit Wohlfühlgarantie und einzigartiger Panorama-Lage oberhalb des 20 km langen feinsandigen Dünenstrands von Jandia auf einem Felsplateau inmitten eines weitläufigen botanischen Gartens. Singles und Familien – alle fühlen sich hier wohl, denn das breite Sport-, Entspannungs- und Unterhaltungsangebot bietet Urlaubserlebnisse für jeden Geschmack.
Anspruchsvolles Segelrevier von 3 – 5 Windstärken sind hier keine Seltenheit.
Material: Hobie Cat 15 und 16
SEGELPAUSEN: Fitness/Tennis/Tauchen/Wellness/Golf/div. Ballspiele
EVENTS: Tennis-Camp/Diving Safari/Pure Emotion Aerobic Marathon/DANTAO Body WellDance
1 Woche, inkl. Anreise, ab 1074 € im EZ (AI)/**ALDIANA**

TIPP! „**GET TOGETHER**" – Urlaubsspecials für Alleinreisende, siehe **CLUB & MORE**

KATAMARAN SPEZIALWOCHEN (nur für geübte Segler!): Aldiana Zypern/Aldiana Djerba
Weitere ALDIANA Clubs mit Katamaransegelbasis: ALDIANA Tropical/ALDIANA Side/ALDIANA Senegal/ALDIANA Tunesien/ALDIANA Djerba/ALDIANA Sarigerme

FÜR ALLE CLUBS GILT: Kostenloser Verleih der Katamarane bei anerkanntem Kat-Schein oder gleichwertigem Befähigungsnachweis mit Praxiserfahrung. Umfangreiches Angebot an Kursen. Erlangen des weltweit anerkannten Katamaran-Grundscheins mit VDWS-Diplom.

Wir wär's denn mal mit Katamaransegeln auf Französisch?
Olymp für Wassersportler, der CLUB MED KOS / GRIECHENLAND,
denn auch im CLUB MED wird das Thema Wassersport immer größer geschrieben!
... auf den Spuren Odysseus' begeben wir uns auf die griechische Insel. Das weiße Clubdorf
ist angesichts des großen blauen Meeres der Olymp für Wassersportler aller Leistungsstärken.
Die Segelakademie des Clubdorfes wartet mit täglichen Workshops und leistungsstarkem
Sportmaterial auf Euch.
Und durch die geschützte Bucht und den wehenden „Meltemi" kommen hier Anfänger und
Profis gleichermaßen auf ihre Kosten.
1 Woche, inkl. Anreise, ab 1060 € im EZ (AI)
SEGELPAUSEN: Kitesurfen / Wasserski / Fitness / Tennis / Beachvolleyball
LAND UND LEUTE: Kulturelle Ausflüge / griechischer Abend / Bootsfahrt zu 3 Inseln / Kos-Stadt

Bei CLUB MED ist Katsegeln NICHT NUR FÜR KÖNNER INKLUSIVE, sondern auch Gruppenkurse
für Anfänger.

TIPP!

ÜBRIGENS: In diesem CLUB MED wird in einigen Bereichen deutsch gesprochen!

„Bienvenidos" auf FORMENTERA / SPANIEN, dem letzten Naturparadies im Mittelmeer
Segelurlaub mit „Cafe del Mar"-Stimmung und karibischem Flair!
Mit ihren kilometerlangen, weißen Sandstränden, dem kristallklaren Wasser und den bizarren
Felsküsten gehört die faszinierende Insel immer noch zu den Geheimtipps!
Ob Du nun mit dem Fahrrad auf Entdeckungstour gehst oder in den Boutiquen, auf Straßen-
oder Hippiemärkten nach den neuesten Trends recherchierst, die alte Hippiezeit hat überall ihre
Spuren hinterlassen. Die „Fonda Pepe" und der „PiratenBus" (ein zur Strandbar umkonstruier-
ter Bus) gehören ebenfalls dazu und haben sich inzwischen zu den absoluten „Kult-Locations"
der Insel entwickelt! Gute Geister und Glücksbringer – die neugierigen Echsen und die wahren
Ureinwohner der Insel – begleiten ihre Besucher auf Schritt und Tritt. Zahlreiche Strandlokale
bieten Dir die Möglichkeit, den noch fangfrischen Fisch zu genießen, und trendige Bars wie die
Chiringuitos laden in Begleitung von chilligem Sound zum Verweilen ein ... Vielleicht erlebst
Du dabei den schönsten Sonnenuntergang Deines Lebens! Nicht ohne Grund schuf hier auf
dieser Insel der berühmte Sänger Chris Rea seinen Welterfolg „On the beach".

WET4FUN ist *das Zauberwort* für alle wassersportbegeisterten Fans auf Formentera.
Der Wassersport-Anbieter verfügt über 3 Wassersportzentren auf der Insel und bietet fol-
gende Sportarten an: Katamaransegeln / Windsurfen / Kitesurfen / Surfen und Kanu
Die Bedingungen hierfür sind ideal: türkisfarbenes warmes Wasser, gute Winde, herrlicher
Sonnenschein und überall flacher, sandiger Einstieg ins Wasser.

Angeboten werden nicht nur Katamaran-Grund- und -Fortgeschrittenenkurse, sondern auch
individuell abstimmbare Trainingsziele.
WET4FUN verfügt über die gesamte Katamaranpalette von Topcat, d.h., für jede Könnerstufe
und jede Anforderung steht der richtige Katamaran für Euch bereit. Verschiedene Spots mit
unterschiedlichen Bedingungen stehen auf dem Programm.

Diverse **Events**, die **Wet4fun** speziell für Euch ausgearbeitet hat, machen noch mehr Lust auf Formentera:

Wassermann sucht Seenixe ist das Single-Event auf Formentera! Findet Euren Segelpartner oder einfach nur ...

Cat on Tour – tägliche Segeltörns führen von Formentera aus bis hin nach Ibiza

Last Chance for Sunny Days – vor dem Winter noch mal richtig Sonne tanken und unvergessliche Segelerlebnisse auf Formentera ...

Doch auch das ganze Jahr über bietet die Insel für Segelfans und die, die es mal werden wollen, beste Trainingsbedingungen und eines der schönsten Wassersportreviere Europas.

Dies sind keine Pauschalreisen, doch **Wet4fun** gibt Tipps für Unterkünfte auf Formentera.

Mehr Infos unter: www.wet4fun.com

Events und Updates auf der Internetseite: www.die-besten-singlereisen.de

Surfen & Kiten

Hart am Wind ...!

Eine Prise Wind, flaches Wasser und viel Sonne

Komm mit zu den schönsten Surf- und Kitespots der Welt. Profitiere von den langjährigen Erfahrungen und dem geschulten Personal der Spezialanbieter. Hier brauchst Du Dich um nichts zu kümmern und wirst professionell an eine neue aufregende Sportart herangeführt.

Bestes Material, ausgewählte Unterkünfte und ausgesuchte Reviere warten auf Dich. Solltest Du es dennoch mal bevorzugen, vom Brett abzusteigen, kein Problem! Für genügend Alternativmöglichkeiten ist gesorgt, denn auch ein Surfer/Kiter ist vom Wetter abhängig und nicht nonstop auf dem Wasser. Ob Du nun lieber mal auf Entdeckungstour gehen willst oder die Beine im Wasser baumeln lassen möchtest, alles ist je nach Lust und Laune möglich. Mittlerweile sorgen spezielle Events mit interessanten Rahmenprogrammen und Mottos für noch mehr Abwechslung und viel Spaß, Spaß, Spaß!

Keine Angst, auch als Anfänger bist Du nicht nur von Cracks umgeben, aber dafür mit Sicherheit von gut geformten, braun gebrannten Leckerbissen zum „Greifen nah".

Neben den Spezialveranstaltern können wir auch in den vielen Clubs „hart am Wind" in wunderschönen Revieren beim Surfen mit Top-Equipment auf dem Wasser das Gleiten lernen oder unser Können verbessern. Und auch die „hochfliegende" Herausforderung des Kitens ist in einigen Clubs möglich.

Je stärker der Wind, desto grösser der Spass ...

Bevor wir unsere Reise beginnen, können wir hier zu Hause im Norden Deutschlands auf dem

platten Land im Herzen der **MECKLENBURGER SEENPLATTE**, direkt am Fleesensee, mit dem Surfen beginnen. 25 Mistral-/Hifly-Boards, North Riggs, stehen uns hier zur Verfügung.
Am Rande des Müritz-Nationalparks liegt der ROBINSON CLUB FLEESENSEE. Idyllisch auf einem Grundstück von 66.000 qm zuzüglich eines öffentlichen Strandbereiches mit ROBIN-SON Wassersportbasis am Fleesensee (ca. 2,5 km entfernt, Shuttlebus).
1 Woche, Eigenanreise, ab 742 € im DZz.A. (VP)/2 Nächte ab 240 €
Mehr Infos über ROBINSON stehen im **CLUB & MORE**.

Die grüne Insel **LEFKADA / GRIECHENLAND**, inmitten des Ionischen Meeres ist dank der fast 1000 m hohen Berge und der vielen Flüsse auch im Hochsommer noch sehr grün und erinnert stark an die Toskana. Romantische Bergdörfchen und herrliche Buchten laden zu einer Insel-erkundung mit dem Motorroller ein. Gemeinsam gehen wir abends zu Fuß in das Örtchen Vassiliki, wo in den vielen Restaurants griechisches Moussaka und eine italienisch beeinflusste Küche serviert wird.
Das Wichtigste in Lefkada ist aber der einmalige Surfspot – thermischer Wind und ein riesiger Stehbereich bieten ideale Voraussetzungen für Einsteiger und gleithungrige fortgeschrittene Surfer. Wer sich aber auch mal auf zwei Kufen versuchen will, der ist hier ebenfalls gold-richtig! Denn Lefkada gilt als eines der Topreviere für Katsegler, Happy hält eine Auswahl an Hobbie- und TopCats für uns bereit.
Das Surfhotel Margelis liegt direkt an der Surfstation, nur wenige Schritte vom Wasser ent-fernt. Das Happy-Team gibt uns neben qualifizierter Schulung auch Tipps zur Insel und zu allen Aktivitäten.
SURFPAUSEN: Mountainbiken/Land & Leute/Katsegeln/Tauchen
HAPPY PLUS: Happy Surf Hour/Mountainbiken/Katamaranschnuppern/Yoga u.v.m.
EVENTS: Fitness & Action: Seminare für Anfänger bzw. Fortgeschrittene mit unterschiedlichen Inhalten und Rahmenprogrammen – nicht im Preis inkl.
1 Woche ab 552 €/EZZ plus 110 €/(F) Happy Plus inkl./**HAPPY SURF**

TOPREVIER, auch für Katsegler!

TIPP!

Are you ready to fly? Die Surfstation Planet liegt direkt am feinen Sandstrand der beliebten Surfbucht Kalafati auf **MYKONOS / GRIECHENLAND** fernab vom Trubel. Die geschützte Bucht der Flachwasserstation sowie der nicht so starke Wind am Vormittag bieten ideale Bedingungen für Anfänger und machen das Abtreiben unmöglich. Also „Cracks", worauf wartet Ihr? Lasst Eure Herzen bei 6 Windstärken am Nachmittag höher schlagen. Abends treffen wir uns alle zusammen beim gemeinsamen Beachbarbecue am Surfcenter.
Die Insel: Ästhetik in Blau und Weiß. Kosmopolitische Extravaganz mitten im Mittelmeer. Open-Air-Bühne für Paradiesvögel, Lifestyler, Lebenskünstler und Worldcupper.
Wer sich vom Nachtleben der Kykladeninsel berauschen lassen möchte, kann in der 12 km entfernten Mykonos-Stadt die ganze Nacht hindurch abfeiern!
SURFPAUSEN: Beachvolleyball/Wakeboarden/Wasserski/Tennis/Fitness/Tauchen
EVENTS: Planet Mykonos Freestyle Jam
1 Woche ab 560 €/EZZ ab 126/(F)/**SUN & FUN**

Im Flisvos Sportclub auf **NAXOS / GRIECHENLAND** wird unser Aufenthalt zu einem ganz besonderen Urlaubserlebnis.

EVENTS: ‚First Moves' in sechs Tagen vom Einsteiger zum sicheren Windsurfer!

‚Girls Camp' für Windsurfaufsteiger und fortgeschrittene Windsurferinnen, hier wird Euch durch die richtige Technik gezeigt, dass Surfen kein Kraftsport ist: ‚Basic Moves' in sechs Tagen die Grundtechniken zum Starkwindsurfen / ‚Shape Up Basic' Einsteiger-Fitness-Workshop mit Grundlagenseminar zur Trainings- und Ernährungsplanung!

1 Woche, ab 445 € / EZZ ab 56 € / (F) / **SUN & FUN**

Beschreibung über den Flisvos Sportclub steht im Kapitel Aktiv & Sun.

Den richtigen Mix aus Singleurlaub und Surferlebnis finden wir im ALDIANA **SARIGERME / TÜRKEI**. Bis mittags gibt es hervorragende Bedingungen für die Anfänger mit 1 bis 2 Windstärken und nachmittags weht der Meltimi mit 4 bis 6 Windstärken. Sideshore-Wind macht das Starten und Anlanden problemlos möglich. 49 Fanatic Surfboards stehen für uns bereit.

1 Woche, ab 1019 € im EZ / (AI) / **ALDIANA**

TIPP! „FLIRTEN MIT ERFOLG": Beschreibung siehe Club & More bei ALDIANA Sarigerme!

Super Wohnen und schnelle Erfolgserlebnisse auf dem Wasser, *Herz, was willst du mehr?!* Der **ALACATI** Surf Paradise Club liegt an der türkischen Ägäisküste an einer Bucht mit dem größten Stehbereich Europas! Ideal für Anfänger und Aufsteiger. Hier tummeln sich auch die Freestyler und üben die neuesten Moves. Toll zum Zuschauen und zur Inspiration sind die alle paar Wochen stattfindenden Events direkt vor einer der Surfbars, dann werden die heißesten Moves fast auf den Strand gesetzt. Aber auch an windarmen Tagen kommt keine Langeweile auf, denn nur 15 Autominuten entfernt liegt Cesme, ein noch typisch türkischer Ort, wo man gut shoppen, essen & trinken kann.

SURFPAUSEN: Thermalhallenbad mit Jacuzzi / Sauna / Hamam / Fitnesscenter / ganztägige Animation / Diskothek / Beachvolleyball

EVENTS: Move City – mit dem Garantieversprechen von Profis! Mit neuestem Material und modernsten Lernmethoden wird jeder Teilnehmer sein ultimatives Ziel erreichen! Sowie ‚Après-Surf' mit gemeinsamem Abendprogramm und Abschlussparty.

1 Woche, ab 582 im EZ / (AI) / **SUN & FUN**

Urlaub unter Freunden in einer unkomplizierten Atmosphäre genießen wir im ALDIANA **DJERBA / TUNESIEN**, direkt am 400 m langen clubeigenen Sandstrand gelegen. Gutes Revier für geübte Surfer. Wechselnde Bedingungen mit mittleren Winden zwischen 2 bis 6 Bft. aus unterschiedlichen Richtungen.

KITESURFEN: Eintauchen in die Elemente – Kitesurfen – eine faszinierende Mischung aus Eleganz und Dynamik. Von rasanten Fahrten quer zum Wind bis zu meterhohen Sprüngen mit akrobatischen Figuren spannt sich ein weiter Bogen, auf dem jeder die richtige Herausforderung findet. Für Anfänger und Könner: Große hindernisfreie Übungsfläche, stehtiefes Gewässer, keine Wellen, keine Strömung, sandiger Untergrund und ein konstanter Wind sind hier die Zutaten für die Faszination und das Glücksgefühl beim Kiten.

EVENT: Spezielle Kitewochen mit Jens Siegert

1 Woche, ab 754 € im EZ/(AI)/**ALDIANA**

Willkommen im Sinai! Hohe Berge, abwechslungsreiche Küsten, feine Sandstrände, bunte Korallenriffe und die einzigartigen Farbspiele der Natur müsst Ihr einfach erlebt haben. Masbat, der nächste größere Ort, lockt mit Straßenhändlern, guten Restaurants und Nightlife. Mit einem Pfefferminztee und einer Wasserpfeife erleben wir hier in einem der gemütlichen Straßencafés den typisch ägyptischen „way of life"!

Bei Surfern ist DAHAB/ÄGYPTEN schon zur Legende geworden. Vor der atemberaubenden Kulisse des Sinaigebirges finden wir optimale Windverhältnisse. Drei Hauptreviere decken die Bedürfnisse aller Könnerstufen ab, vom Anfänger bis zum „Heizer". Das familiäre Hotel, das Ganet Sinai, liegt am besten Platz der Bucht, von hier aus geht's morgens, durch die Nähe zum Surfpool, direkt vom Bett aufs Brett! Und abends geht's zur Beachparty oder nach Assalah in die Disco.

SURFPAUSEN: Schnorchelausflüge/Tauchen/Reiten/Wüstentouren

EVENTS: Move and Action: Seminar für Aufsteiger/Speed and Action: Seminar für Fortgeschrittene

HAPPY PLUS: Abendausflug nach Azzalah/Happy Surf Hour/Beach-Cocktail/Bootsausflug/Schnorchelequipment nach Verfügbarkeit u.v.m.

1 Woche ab 463 €/EZZ ab 60 € (HP)/Happy Plus inkl.

AUSFLÜGE zum Mosesberg, Katharinenkloster oder ein Kamelritt durch das Wadi **TIPP!**

SINGLE-EVENT: „Segel sucht Brett"-Schulung für Singles aller Könnerstufen mit Party, Après-Surf-Treff an der Station und gemeinsamem Abendessen/HAPPY SURF **TIPP!**

Check die Welle. Check den Wind. Check das Essen.

Wenn diese drei Komponenten allesamt die Bestnote verdienen, dann bist Du angekommen – im ROBINSON CLUB SOMA BAY/ÄGYPTEN.

„Lass uns zusammen übers Meer fliegen. Lass uns Seite an Seite wie auf Schienen durchs Flachwasser gleiten. Verrat mir Deine Wunschmanöver, und Du wirst sie fahren, wie Du sie noch nie gefahren bist. Wirst schon sehen – spätestens auf dem Video. Check it out! Und spar Dir noch ein paar Kräfte für die Beachparty" – Robby Naish, seit Jahren ungeschlagene Surflegende: 2facher Windsurfweltmeister, aktueller Weltmeister im Speedkitesurfen, ROBINSON Ocean-Sportberater, Experte der exklusiven Naish Surf Week und Kite Week im ROBINSON Club Soma Bay

Surfrevier für Einsteiger, ideal für Fortgeschrittene und Könner. 70 Hifly-Boards, Naish-Riggs.

Kiterevier für Einsteiger und Fortgeschrittene dank der traumhaften, 2 km Luv liegenden Flachwasserbucht (nur Schulungsangebote, kein Kiteverleih).

1 Woche ab 1089 € im EZ/(VP)/**ROBINSON**

Weitere Infos stehen bei TAUCH-REISEN

Das Leben auf der ISLA MARGARITA/VENEZUELA wird von Merengue, Rum und viel, viel Wind bestimmt. Das ehemalige Fischerdörfchen El Yaque liegt fernab vom Massentourismus. Hier am breiten Sandstrand spüren wir den Atem Südamerikas, der uns mit föhnwarmem Wind alle Sorgen aus dem Gesicht pustet.

Schon beim Frühstück auf der Palmenterrasse des Hotels Windsurf Paradise können wir die Surfer und Kiter beobachten. Und abends gehen alle, die noch immer nicht ausgepowert sind, bei guter Livemusik im Örtchen oder im 40 km entfernten Polarmar in angesagte Discos und Clubs bis zur Erschöpfung abtanzen. Chrissy und Kai leben hier mit uns das Happy-Feeling und sorgen für tolle Betreuung und Urlaubsstimmung fast rund um die Uhr!

KITEN: Zuverlässiger Passatwind, sandiger Untergrund und keine Hindernisse und Riffe machen das Revier auf und um Margarita auch zu einer Topkitedestination für Anfänger, Fortgeschrittene und Experten! Mit dem Bootsshuttle erreichen Kiter bequem die zahlreichen nahe gelegenen Kitespots wie den Kitebeach oder den Pelicanbeach. Von El Yaque aus bieten die Stationen auch regelmäßige Ausflüge zu den Kitespots wie Coche oder Cubagua an.

SURFPAUSEN: Trekkingtour durch den Dschungel mit einheimischen Guides/Shoppingtouren nach Porlamar/Ausflug zu den höchsten Wasserfällen der Welt, den Angel Falls, sowie Ausflüge zum Nationalpark von Los Roques (1–2 Tage).

HAPPY PLUS: 1 x Übernachtung auf der Insel Coche/Happy Surf Hour/freie Nutzung der Boards
EVENTS: Woman & Action/Jump & Action
2 Wochen, ab 1020 € EZZ 140 € (F)/Happy Plus inkl./HAPPY SURF

Back to the roots! Ein Shorty und ein paar T-Shirts genügen für die traumhaften langen schneeweißen Sandstrände auf SAL/KAPVERDEN. Luft- und Wassertemperaturen von 24–30 °C werden begleitet von einer ständigen lauen Meeresbrise und seltenen Regenfällen! Portugiesisch-koloniale Einflüsse und afrikanische Exotik, gemischt mit brasilianischer Lebensfreude, geben den Inseln ein besonderes Flair.

„Sab, Sab" ist Kreolisch und bedeutet: jedem seine individuelle Definition vom Glück! Und „Nham Nham" bedeutet: lecker essen. Direkt im Garten des Hotels befindet sich das Sun & Fun Surf-Center, von hier aus gelangt man direkt in den einzigen Flachwasserspot der Insel. Der schräg ablandig wehende Wind bietet hervorragende Bedingungen für alle Manöver- und Speedfreaks. Ob Ihr nun auf 700 Metern Länge bügelglattes Wasser parallel am Land entlang surft oder ob Ihr Euch im Wellenrevier am Westkap vergnügt …
You've got the choice!

KITEN: Einen eigenen Kitestrand (Sharks Bay) gibt's am Oststrand, der mit auflandigem Wind für fortgeschrittene Kiter geeignet ist. Am Hauptstrand Santa Maria werden Kiteschulungen direkt am langen Sandstrand durchgeführt. Die Skyrider-Kitestation wartet auf alle Anfänger.

SURFPAUSEN: Schnorcheln/Tauchen/Ausflüge/Wellentrips
1 Woche, ab 795 €/EZZ/(F)/SUN & FUN

My Dream Island: Weiße Traumstände trennen das Inselparadies BORACAY/PHILIPPINEN vom glitzernden türkisfarbenen Meer.
Zitat: „Es ist ganz einfach dieses „GO WITH THE FLOW", das mich fasziniert,
Du hast Zeit für Freunde und vor allem für dich selbst … einfach für alles!"
Kokospalmen, an denen Strandverkäufer relaxen, ragen zum Himmel, konstante Winde machen die Temperaturen erträglich und aus jeder Kneipe ertönt feinste Chill-out-Musik.

Während die Kiter und Surfer den ganzen Tag am Bulabog Beach verbringen, steht der White Beach für eine ausgeprägte 24/7-Lebensart in unzähligen Strandbars.
Von Mitte November bis Ende April weht der Wind schräg auflandig und erreicht durchschnittlich eine Stärke von 5 Bft. Der 2,5 km lange Beach ist durch ein 4 km langes Riff geschützt, welches sich etwa 400 m vor dem Strand befindet. Ideal für Surfer, da das Wasser hier meist spiegelglatt, also ideal zum Heizen ist. Kitern kommt der breite Stehbereich zugute.
Die Bungalowanlagen bieten Luxusausstattung mit Aircondition und Seaview bis zum Backpacker, dem Hanging Beachclub.
FAZIT: Boracay ist nicht nur ein idealer Ort für Kiter und Surfer, sondern für alle „Hippies" von heute, wenn auch nur für die Zeit des Urlaubs!
SURFPAUSEN: Schnorcheln/Tauchen/Angeln/Nightlife/Chillen
EVENTS: Kitemania und Zero Gravity. Beides Kiteschulungen für Einsteiger bis fortgeschrittene Kiter mit Betreuung und Rahmenprogramm.
2 Wochen, ab 1399 € im EZ/(F) SUN & FUN

GIRLS CAMP – Kitesurfen und Windsurfen kann jeder lernen!   TIPP!
Beide Disziplinen sind extrem technische Sportarten, das beweisen nicht zuletzt immer häufiger die Worldcup-Damen. Frauen fahren nicht nur sauberere Duck Jibes oder schönere Transitions als die meisten ihrer männlichen Kollegen, mittlerweile wird gewirbelt und geschreddert, was das Zeug hält. Hier werden Frauen von Frauen unterrichtet und somit individueller auf die Probleme eingegangen. Das Ganze wird mit viel Spaß und Party abgerundet.

Nicht nur paradiesisch schöne Strände, eingebettet von riesigen Palmen, bietet CABARETE / DOMINIKANISCHE REPUBLIK, sondern auch rund um die Uhr Surf- und Sportaction; für Anfänger und Fortgeschrittene gleichermaßen. Das kleine Surferörtchen liegt in einer ca. 2 km breiten Bucht, die durch ein Riff geschützt ist und wo sich die gesamte Surfszene der Region trifft. Dadurch können wir hier absolut sicher surfen, sollte dennoch einer abtreiben, kein Problem! Er landet eh immer am Bozo-Beach. Dort treffen sich alle Betroffenen zum gemeinsamen Höhenlaufen und beenden den Spaß mit einem Cocktail an der Happy-Bar.
KITEN: Cabarete gehört weltweit zu den besten Kiterevieren. Denn nicht umsonst findet hier seit mehreren Jahren der Kite World Cup statt.
An der schönen Bar der neuen Kitestation kann man die Kiteerfolge feiern oder einfach von der Hängematte aus der Kiteszene zuschauen.
SURFPAUSEN: Reiten/Mountainbiken/Wellenreiten/Ocean-Kayaking/Volleyball u.v.m.
HAPPY PLUS: Hikingtour in dem Nationalpark/10 % Discount im Shop/Benutzung von Ocean-Kayaks/Boogie- und Wellenreitboards
2 Wochen ab 1080 €/EZZ 126 €/(F)/Happy Plus inkl./HAPPY SURF

Nicht im verwunschenen Tropenparadies im Dschungel, sondern in einer *endlosen Dünenlandschaft* liegt unser Kite- und Surfparadies PREÀ/BRASILIEN. Mit einer gigantischen Weite und einem kilometerlangen Sandstrand mit lediglich zwei Bungalowanlagen.
Die auf Holzstelzen im landestypischen Stil gebauten Bungalows unseres Hotels Rancho do Peixe bieten höchsten Komfort und verlieren sich fast auf dem riesigen Grundstück.
Gleich vor unserem Hotel befindet sich der weitläufige Sandstrand, mitten in einer 16 km

breiten Bucht. Bei Flut bildet sich eine schöne Welle, die über den gesamten Strandabschnitt bricht, und es bleibt genügend Platz für Sprünge und Manöver. Das Team von der Surfstation steht uns zur persönlichen Beratung zur Verfügung, doch den Wasserstart sollten wir allerdings schon beherrschen, um in diesem Revier Spaß zu haben.

In den besten Windmonaten Oktober und November werden Gruppenreisen im Happy-Stil organisiert mit großem Happy-Plus-Programm. Wer sich aus der ruhigen Oase Preá dennoch in den Trubel des Nachbarörtchens Jericoacoara stürzen möchte, kann den kostenlosen Shuttle-buggy nutzen! Die abenteuerliche Fahrt führt durch die Dünen am Strand entlang und dauert etwa 15 – 20 Minuten.

KITEN: Im gut 300 m entfernten Kiteclub Preá gibt's Top-Kitematerial für Schulung und Verleih.

SURFPAUSEN: Ausflüge mit dem Buggy oder Ruhe, Ruhe, Ruhe ....

HAPPY PLUS: Happy Surf Hour/Cocktail zum Sonnenuntergang/Ausflug nach Jeri/Grillabend/Capoeira-Schnupperkurs

1 Woche, ab 1265 €/VLW ab 230 €/EZZ plus 130 €/Wo. (F)/Happy Plus inkl./**HAPPY SURF**

INKLUSIVLEISTUNGEN: Anreise, wenn nicht, steht Eigenanreise vor dem Preis/Die Verpflegungsart steht als Kürzel in Klammern/Preisberechnung ist für das halbe DZ oder EZ in der günstigsten Saison!

EXKLUSIVLEISTUNGEN: Surfmaterial und Unterricht bei Sun & Fun und bei Happy (Surfpool). Bei den Clubs wie ALDIANA und ROBINSON ist Surfen für Könner inkl. und der Unterricht ist extra.

TIPP! Surfen, so viel wir wollen, können wir auf **HAWAII/USA**, wenn wir unsere Surfreise mit einer Sprachreise verbinden. Siehe **SPRACH-REISEN, LAL**

Überhaupt lässt sich weltweit Surfen auch sehr gut mit einer Sprachreise kombinieren. Schaut mal in die Kataloge der Sprach-Reiseveranstalter bei den jeweiligen Sprachdestinationen unter Freizeitangebote. Ihr werdet überrascht sein, an wie vielen schönen Orten dieser Welt sich Sprachen- und Surfenlernen miteinander kombinieren lassen! Und wer den Surfkurs bereits hier in Deutschland absolviert hat, kann sich gleich nach dem Schulunterricht in die Welle stürzen!

FROSCH SPORTREISEN bietet einsteigerfreundliche Surfreviere in Kampanien/**ITALIEN** und Korfu, Sarti und Polychrono/**GRIECHENLAND**. Die besten Surfspots und Festbrettmiete gibt's bei Frosch auf Teneriffa/**SPANIEN** und Samos/Griechenland. Kiten kann man in Coni/Andalusien und Korfu/Griechenland und auf Teneriffa. Mehr Infos über Frosch-Sportreisen stehen bei **AKITV & SUN**.

EVENTS UND UPDATES STEHEN AUF DER INTERNETSEITE: WWW.DIE-BESTEN-SINGLEREISEN.DE

WASSERSKI UND WAKEBOARDEN

KURZ & KNAPP

Bretter, die die Welt bedeuten ...

WET & WILD IN DEUTSCHLAND

Gleich um die Ecke von Berlin liegt Velten. Hier am See befindet sich die Wasserskianlage, wo wir Sport und Erholung im Einklang mit der Natur erleben können. Beim Wasserski und

Wakeboarden lernen wir unkompliziert nette Leute kennen und erleben die Freiheit des unbeschwerten Gleitens an Berlins/Brandenburgs Wasserskianlage Nummer eins. Das erfahrene Team gibt Anfängern sowie Aufsteigern gleichermaßen gerne Tipps und nützliche Ratschläge nach dem Motto: „Wasserskifahren ist kinderleicht!"
Mit Beachvolleyball und Schwimmen vergnügen wir uns während der „Wasserskipausen" oder relaxen auf der großen Liegewiese. Rechtzeitig zum Sonnenuntergang lassen wir uns einen Cocktail an der TIKI-Bar mixen und auf der Terrasse mit Leckereien vom Grill oder mit Fingerfood verwöhnen. Am Lagerfeuerplatz finden sich bestimmt genügend Leute ein, mit denen wir dann unsere neu erworbenen Wasserski- oder Wakeboardkünste austauschen können.
Übrigens: Duschen, Umkleidekabinen, Toiletten sowie eine Sonnenterrasse mit Liegestühlen sorgen für rundum perfektes Wohlbefinden./**WWW.WASSERSKI-BERLIN.DE**

Für Brett-Akrobaten oder die, die es werden wollen, gibt es über 40 Wasserski- und Wakeboardanlagen in Deutschland. Gesamtüberblick: **WWW.WASSERSKI.DE**
Vom feinen Sandstrand mit Palmen über lauschige Liegewiesen mit schattenspendenden Bäumen bis hin zum FKK-Strand lassen auch in Deutschland Urlaubsträume für ein paar Stunden wahr werden: Wasserskianlage in Niederweimar/Marburg. **WWW.HOTSPORT.DE**
Auch die vielen Events und Wettkämpfe lassen keine Langeweile aufkommen:
In der Wasserskianlage in Hamburg wird unter anderem das Event „**GIRLS ONLY**" angeboten. Mädels ... auf die Boards ... fertig ... los! Beim Workshop unter Girls geht's darum, der Männerliga Konkurrenz zu machen und megaviel Spaß zu haben: **WWW.WASSERSKI-HAMBURG.DE**

Die **WASSERSKIANLAGEN** eignen sich hervorragend, um sich schon einmal auf einen Wasser- **TIPP!** skiurlaub in wärmeren Gefilden wie im Mittelmeer oder gar in der türkisfarbenen Karibik vorzubereiten. In der Regel klappt`s dann auch besser mit dem „Aufstehen" hinterm Boot!
... denn wer mehr Zeit hat und weiter weg möchte, kann den Sport auch an vielen Urlaubsorten ausüben: im ALDIANA Sarigerme/ALDIANA Side/ALDIANA Djerba/ALDIANA **TUNESIEN**/ALDIANA-**ZYPERN**.

ROBINSON CLUBS mit Wasserski-Angeboten: SELECT MARIS/CAMYUVA/KYLLINI BEACH

Folgende Clubdörfer von CLUB MED mit Wasserki-Angeboten: Columbus Isle **BAHAMAS**/Kos **GRIECHENLAND**/Les Boucaniers **MARTINIQUE**/Sandpiper **USA**/Kemer **TÜRKEI**/La Pointe aux Canonniers **MAURITIUS**/Rio das Pedras **BRASILIEN**

Mehr Infos über Club-Urlaub stehen im Kapitel **CLUB & MORE**.

PADDELN UND KAJAK

KURZ & KNAPP
Mit dem Wasser auf Tuchfühlung .
Wer dem Wasser und der Natur noch näher sein möchte, entscheidet sich für einen Kanu-

oder Kajakurlaub. Tagsüber sind wir auf dem Wasser und nachts an Land lernen wir die Stille der Einsamkeit genießen.

Überwiegend wird in 2-Personen-Zelten übernachtet, manchmal in einer Hütte oder auch mal im Heu. Neben der kompletten Boots- und Tourenausrüstung wie Boote, Schwimmwesten, Spritzdecke, Paddel, wasserdichter Seesack und mobile Kochausrüstung, nebst Lebensmitteln, ist für alles gesorgt. Alle Gruppen werden von einer bootserfahrenen Reiseleitung begleitet. Lagerfeuer und Grillabende gehören genauso dazu wie Campen mitten in lauschiger Natur. Voraussetzungen: Teamgeist und Abenteuerlust! Na ja, schwimmen sollte auch jeder können.

SCHNUPPERPADDELN auf der HASE / DEUTSCHLAND

Kanufahren – das ist Naturerlebnis pur! Keine andere Art der Fortbewegung ermöglicht so hautnahes Erleben der Natur. Wir entdecken Landschaften, die anders so nicht zugänglich sind. Wer erste Eindrücke vom Kanufahren sammeln möchte, findet mit der Hase einen idealen Fluss, um diese spannende Aktivität auszuprobieren. Bogen schlagend schlängelt sich der Fluss mitten durch das Osnabrücker Land und das Emsland. Tagestour, Einführung in die Paddeltechnik inkl. Wanderkanadier, Eigenanreise, 29 € / NATOURS

KANUWOCHENENDE – zum mal Ausprobieren, ob Paddeln unser Ding ist.

Auf der MECKLENBURGER SEENPLATTE ist das Kanu in dieser Gegend mit Wäldern, Seen, Kanälen und Flüssen das optimale Fahrzeug, um die Landschaft in ihrer Ganzheit zu erfahren. Die WÜMME entspringt im Naturpark Lüneburger Heide und durchfließt im Teufelsmoor bei Bremen eine schöne amphibische Landschaft. Die ALLER ist ein leicht befahrbarer, abwechslungsreicher Wanderfluss. Sie durchfließt die norddeutsche Tiefebene im Drömling und folgt einem eiszeitlichen Urstromtal mit Wiesencharakter bis zur Mündung in die Weser bei Verden. Die ÖRTZE ist wohl der beliebteste Fluss in der Südheide – warum? Kommt mit, und ihr werdet es verstehen!
2 Tage, Eigenanreise, ab 115 € / UNTERWEGS

NASSAUER, MARMOR UND NATUR – FLUSSREISE AUF DER LAHN

Wir paddeln von Weilburg bis nach Runkel, besichtigen das Bergwerksmuseum in Weilburg und den Marmorbruch in Villmar; bekommen Einblicke in die Lebensweise von Wassertieren und lernen die bunte Sommerpflanzenwelt am Ufer kennen. Unser Reisebegleiter ist ein engagierter Landschaftspfleger mit Wohnsitz an der Lahn. Wir wohnen in einem kleinen Hotel direkt an der Lahn / 2 Nächte, Eigenanreise, 165 € / EZZ 23 € (2x F, 1x A) / LUPE REISEN

Genug geschnuppert, jetzt wollen wir auf große PADDELTOUREN gehen!
SAIMAA-SEEN – Der Seen-Sommer in FINNLAND, das Land der zigtausend Seen, der endlosen Wälder, der klaren Luft und der sauberen Gewässer.

Wenn die Kanus am Ufer entlanggleiten, die Paddel aus dem Wasser gezogen werden, dann merken wir, wie still es hier ist. Wie wir die Stille hören können: Ein Vogel in den Bäumen, Wind, der durch das Schilf streicht, wir lernen wieder hören und riechen. Nach ein paar Tagen nehmen wir den Rauchgeruch unserer Kleidung gar nicht mehr wahr. Aber wer von uns mag deshalb auf das Lagerfeuer verzichten? Gute Tour für AnfängerInnen.
1 Woche, Eigenanreise, 460 € / VP / CLUB AKTIV

Estland – Inselhopping im Seekajak
Tallinn umfängt uns mit seinem mittelalterlichen Charme. Doch wir wollen dem sommerlichen Treiben entfliehen: Es lockt die geschützte Meerenge zwischen den großen Inseln und dem Festland – Väinameri. Malerische kleine Inseln laden zum Inselhüpfen ein. Wir paddeln zwischen Landschaftsschutzgebiet und ehemaligem Militärgelände, zwischen Vergangenheit und Gegenwart. Campingübernachtung, 1 x im Hotel in Tallinn.
13 Tage, Eigenanreise, ab 700 €/**Club Aktiv**

Mal was anderes, **Winterpaddeln** in Norwegen, siehe Schneereisen **Tipp!**

Sardinien / Italien – Sonne, Strand, Seekajak
Türkisfarbenes Wasser schwappt übers Kajak, vor uns endloser, weißer Sandstrand. Später dann senkrechte Felsenküste, geheimnisvolle Grotten und kleine Badebuchten. Wir zelten unter Pinien, beobachten den Sonnenuntergang und trinken unseren Cappuccino in der Strandbar. Sardinien – willkommen in der Welt des Kajakparadieses! Ruhetage, um entspannt am Meer zu verbringen, sorgt für Erholung zwischendurch.
2 Wochen, Eigenanreise bis zur Fähre Livorno, ab 845 €/Einzelkajak plus 80 €/Einzelzelt plus 110 €/**EuroFun**

Semois / Belgien – Ardennen, Kanadierabenteuer
Von der luxemburgischen Grenzstadt Arlon bis zur Mündung in die französische Meuse bei Montherme nimmt sich die Semois für 100 km Südbelgien 300 km Muße und trödelt in weiten Mäandern. Keine Schiene oder Straße folgt ihren Ausschweifungen.
1 Woche, Bahnanreise ab/bis Trier, ab 325 €/(Verpflegung)/**Natours**

Dordogne / Frankreich
„La Douce" – der schönste Fluss Frankreichs per Kanu
„La Douce" schleicht sich schnell in unsere Herzen: Unzählige Inseln, Kiesbänke, schöne Ufer und kleine, unmittelbar am Fluss liegende Dörfer machen sie zum Kanufluss par excellence. Sie bahnt sich ihren Weg durch reizvolle Hügellandschaften, schlängelt sich an steil emporragenden Felsen vorbei und in ihrem Wasser spiegeln sich die am Ufer stehenden Schlösser.
8 Tage, Eigenanreise, ab 329 €/**Natours**

Donaudelta und Schwarzes Meer / Rumänien – Natur hautnah erleben!
Diese einzigartige Schilflandschaft wurde von der UNESCO zum Biosphärenreservat erklärt. Durch die unterschiedlichsten Ökosysteme finden wir eine reiche Flora und Fauna mit ca. 300 Vogelarten, ca. 150 Fischarten und 1150 Pflanzenarten. Mit dem Kanu lassen wir uns durch diese einmalige Landschaft treiben und mit kurzen Wanderungen erkunden wir die Umgebung. Zur Erholung kann sich jeder seine Ruhetage selbst auswählen, um zu baden oder andere Aktivitäten zu unternehmen. Wir können im Zelt an Land oder auf einer künstlichen Kanadierinsel übernachten. Gegen Aufpreis (10 €/Nacht) können wir auch in einer Fischerpension übernachten und haben Gelegenheit, die Lebensweise der Einheimischen kennen zu lernen.
17 Tage, Eigenanreise bis Wien, ab 995 €/EZZ/Zelt ab 25 € (VP)/**EuroFun**

Kanutraum Dalsland & Värmland, Schweden

Eine zweiwöchige Tour durch Dalsland und Värmland. Hier in Westschweden wartet ein Paddelparadies der Extraklasse, mit Wasserwegen auf rund 600 Quadratkilometern. Klein-Kanada in Nordeuropa! Trapperleben und Natur pur, ab 699 € (VP)/**Unterwegs**

Tipp! **Kanuwoche in Irland**, steht bei Fahrradreise (ONE WORLD)

Tipp! Ein **Flossabenteuer** kombiniert mit Wandern und Fahrrad, steht bei **Aktiv & Sun** (EuroFun)

Events und Updates auf der Internetseite: www.die-besten-singlereisen.de

---

Tauchen und Schnorcheln

Andere Farben, andere Klänge, ein anderes Licht ...

- schwerelos eine neue unbekannte Welt erleben
- auf „Tuchfühlung" mit Mantas, Muränen und Zackenbarschen gehen
- fantastische Höhlen erforschen und die grenzenlose Stille des Meeres spüren.

Lasst uns abtauchen in die Faszination der schönsten Unterwasserwelten ...

Um tauchen zu wollen, müssen wir kein Hochleistungssportler sein, eine Tauchtauglichkeitsbescheinigung vom Arzt reicht und los geht's! Hierbei habt ihr mehrere Möglichkeiten. Entweder ihr entscheidet euch, den Tauchschein (z.B. „open water") bereits in Deutschland zu machen, das spart viel Zeit! Dann braucht ihr nicht die kostbare Zeit im Urlaub eure Nase in die Bücher zu stecken und außerdem darf am An- und Abreisetag gar nicht getaucht werden! Oder ihr bucht bei der Reisebuchung den Tauchkurs über den Tauchveranstalter gleich mit.

Wer aber erst mal herausfinden möchte, ob Tauchen überhaupt sein „Ding" ist, nutzt die Möglichkeit, beim Schnuppertauchen festzustellen, wie es ist, den Kopf mal so richtig unter Wasser zu stecken. Zu diesem Zweck bieten die meisten Tauchbasen Interessenten gerne einen Schnuppertauchgang an. Und ihr werdet sehen, wie schnell ihr vom „Tauchvirus" infiziert sein werdet, und der restliche Ferienaufenthalt steht unter dem Motto „Tauchkurs". Wenn nicht, ist es auch nicht schlimm, dann wird eben geschnorchelt ... denn auch beim Schnorcheln kann man die schönsten Plätze der Welt kennen lernen. Befindet sich direkt vor dem Tauch-Resort ein Hausriff, können wir jederzeit unsere Schnorchelausrüstung schnappen und uns in die Faszination der Unterwasserwelt stürzen, zwar nur knapp unterhalb der Wasseroberfläche, aber auch hier fühlen wir uns wie im Aquarium!

Lass uns abtauchen in die schönsten Tauchgründe dieser Welt!

Die Korallenriffe **Ägyptens** gehören zweifellos zu den mitreißendsten Tauchgebieten der

Welt – und das, obwohl sie in nur etwa 4 Stunden von Deutschland aus zu erreichen sind. Mit ihrer außergewöhnlichen Vielfalt an Fischen und Korallen ziehen sie seit Jahren besonders Taucher in ihren Bann, denn hier finden sowohl Anfänger als auch Profis alles, was das Taucherherz begehrt.

Beim Apnoe-Tauchen lernen wir eine erstaunlich schnelle Anpassungsfähigkeit des menschlichen Körpers „unter Wasser" kennen. Nur Astronauten und Taucher kennen es, das einzigartige Gefühl der Schwerelosigkeit.

Als Taucher oder erst recht als „Schnuppertaucher" sind wir auch bestens im Club aufgehoben, denn hier haben wir tausendeine Möglichkeit, auch über Wasser Zeit zu verbringen. ROBINSON CLUB SOMA BAY liegt direkt am Roten Meer, an einem der schönsten Bade- und Unterwasserreviere der Welt. Perfekt zum Tauchen, Schnorcheln, Surfen, Kiten und Segeln. Die Anlage hat landestypischen Wüstencharakter. Das Wüstenklima ist tagsüber angenehm warm, mit stetigem Wind (manchmal Sandstürmen), und kühlt sich in der Nacht ab. Das 120.000 m^2 große Grundstück grenzt auf ca. 500 m an den breiten Sandstrand, der flach ins Meer abfällt, mit einem der schönsten vorgelagerten Korallenriffes des Roten Meeres. Einfach abtauchen in eine bizarre, farbenprächtige Naturkulisse. Unter Wasser tummeln sich Delfine, Haie, Mantas – und wir. Die vielfältigen Tauchziele wie das Panoramariff, die 7 Türme oder Tobia Island liegen in unmittelbarer Nähe.

Und das muss auch mal erwähnt werden: Da Robinson eine eigene Meerwasserentsalzungsanlage betreibt, werden die natürlichen Wasserressourcen dieser Wüsten- und Küstenlandschaft geschützt.

TAUCHPAUSEN: Schnorcheln/WellFit/Tennis/Wassersport/Golf

LAND UND LEUTE: Ausflüge nach Kairo und zu den Pyramiden/Wüstentouren/Entdeckungsfahrten zu den Pharaonen nach Luxor.

1 Woche, inkl. Anreise, ab 1089 € im EZ (VP)/**ROBINSON**

Eine Woche **NILKREUZFAHRT** lässt sich sehr gut mit einer Woche **TAUCHURLAUB** verbinden! Mehr Infos über ROBINSON stehen im Kapitel **CLUB & MORE**.

TIPP!

Abseits vom Touristenrummel liegt die malerisch aus bunten Natursteinen erbaute einfache Ferienanlage Utopia Beach Club in **EL QUSIER/ÄGYPTEN** in der einsamen Bucht von Ras Allasad. Der Tauchclub liegt umgeben von einer malerischen Kulisse für Wüstenromantiker und Tauchfreaks. Hier lernen wir abseits des Touristenrummels von Hurghada die noch wenig betauchten Riffe um El Qusier kennen. Die Anlage wurde für Tauchgäste konzipiert, denen gute Tauchmöglichkeiten und das vorhandene Hausriff wichtiger sind als eine luxuriöse Unterbringung.

SUB AQUA Dive Center/Hausriff mit vielen Makro-Highlights/Ausflüge Dolphin House & Elphinstone/Nitrox 32 ohne Aufpreis!

1 Woche ab 337 € im EZ (AI)/plus 317 € Flug (wird tagesaktuell gebucht)/**SUB AQUA TAUCHREISEN**

ZYPERN ist nicht nur die Sonneninsel der Götter, sondern auch eine großartige Natur- und Kulturlandschaft mit einer 9000-jährigen Geschichte. Die Berge sind bis zu 2000 Meter hoch und malerische Buchten wechseln sich ab mit langen Sandstränden. Noch bis in den Oktober hinein ist hier das Mittelmeer 24 Grad warm.

In einer ruhigen, ländlichen Gegend direkt am Strand, inmitten einer großzügigen Gartenanlage, liegt der ALDIANA Zypern.

Im flachen Wasser vor Zypern treffen wir immer wieder auf verschiede Schiffswracks, die auf die vorgelagerten Riffe gelaufen sind und uns mit riesigen Amphorenfeldern oder beeindruckenden Unterwasserszenarien überraschen. Unser besonderes Interesse gilt der Zenobia, dem größten Schiffswrack im Mittelmeer. Die Sicht beträgt zwischen 20 und 40 Meter. Zackenbarsche, Barrakudas, Rochen, Drachenköpfe, Papageienfische, rote Kardinalfische und manchmal auch Schildkröten bevölkern hier die Unterwasserwelt.

Das Hausriff direkt vor dem Club ist mit seinen 6 Metern Tiefe ein idealer Beobachtungsplatz für unzählige Kleinfische wie Baby-Barrakudas.

1 Woche, inkl. Anreise, ab 989 € im DZ z. A. (AI)/**ALDIANA**

Diving-Safaris im ALDIANA Zypern/ALDIANA Sarigerme/ALDIANA Fuerteventura

TIPP! GET-TOGEHTER-Woche siehe CLUB & MORE

Geheimtipp unter Tauchern sind die **KAPVERDEN**. Wassertemperaturen zwischen 20 – 24 Grad im Winter und 25 – 28 Grad im Sommer. Wegen der dauerhaften Winde sind die Temperaturen angenehm zu ertragen. Die Kapverden liegen nur 5 Flugstunden von Deutschland entfernt.

Die Insel Sal liegt dem afrikanischen Kontinent am nächsten und ist die trockenste Insel der Kapverden mit praktisch keiner Vegetation, dafür aber feinsandigen Stränden und einer bunten Artenvielfalt unter dem klaren Meer. Feilenfische und Trompetenfische, Schwärme mit tausenden von Doktorfischen, Makrelen und Tunfischen, Ammenhaie und Schildkröten bevölkern die Unterwasserwelt. Die verschiedensten Arten von Muränen sieht man praktisch auf jedem Tauchgang. Auch mal Mantas und Walhaie. Zahlreiche Grotten und Höhlen, die bequem betaucht werden können, sorgen für Abwechslung. Doch wegen der teilweise starken Strömungen ist Sal nicht für Anfänger geeignet

1 Woche, inkl. Anreise, ab 711 € im EZ (F)/**SUN & FUN –**

Und ein PREISGÜNSTIGER GEHEIMTIPP ist MOZAMBIQUE.

Hier genießen wir ein einmaliges Erlebnis: ÜBER *Wasser Big Five und unter Wasser Big Fisch!* Und wenn sich die Mantas und Walhaie in der Wintersaison einmal verkrümeln sollten, haben wir da noch die Geld-zurück-Garantie. Wobei das noch nie vorkam, sie waren in den letzten drei Jahren immer das ganze Jahr über da. In den Monaten Juni, Juli und August haben wir zusätzlich die Möglichkeit, riesige Schulen von Delfinen zu erleben. Von Juni bis Oktober können wir den Gesängen der Buckelwale lauschen, die hierher kommen, um ihre Jungen zu gebären. Aber auch Loggerhead-Schildkröten, Krokodilfische, Leopardenhaie, Weißspitzenriffhaie, große Zackenbarsche, Muränen werden regelmäßig gesichtet.

Der einzige Wermutstropfen, wir sollten schon geübte Taucher sein und mindestens 50 im Logbuch eingetragene Tauchgänge vorweisen können.

Unser Paradies liegt in Tofo in einer relativ einfachen, aber sauber gehaltenen Anlage mit etwas abenteuerlicher Atmosphäre. Am einsamen kilometerlangen Sandstrand findet jeder seine eigene „Chillzone".

Ab dem 8. Tag stürzen wir uns dann ins Abenteuer Wildnis. Auf verschiedenen Pirschfahrten bei Tag und auch mal bei Nacht beobachten wir Löwen, Nashörner, Elefanten und vieles mehr in freier Wildbahn im berühmten Krüger-Nationalpark.

In Johannesburg werden wir nach Ankunft von Roy und seiner Frau Lucie oder von Henri und seiner Freundin empfangen, die uns auf dieser abenteuerlichen Reise begleiten werden.

10 Tage, inkl. Anreise, ab 2095 € im EZ (tlw. Verpfl.) inklusive 12 Tauchgänge und alle Pirschfahrten im Nationalpark / SUN & FUN

Die größte Insel Ostafrikas **SANSIBAR / TANSANIA** war im 19. Jahrhundert die bedeutendste Sklaven- und Elfenbeinhandelsmetropole der Welt. Schön, dass diese Zeiten vorüber sind, so können wir uns ganz in Ruhe unserem Hobby hingeben. Die Altstadt Stonetown ist ein geschütztes UNESCO-Welterbe. Dem arabischen Einfluss begegnen wir an jeder Ecke und ist ein interessanter Gegensatz zum afrikanischen Festland. Den Namen Gewürzinsel verdankt Sansibar seinen Plantagen, auf denen u.a. Nelken, Zimt, Vanille und Kardamom angebaut wird. Traumhafte Strände, bunte Korallenriffe und türkisfarbenes Wasser, in dem sich sehr viele Delfine, Krokodilfische, Guitarrenrochen, große Zackenbarsche und Schaukelfische sowie eine Menge Schildkröten tummeln.

2 Wochen, inkl. Anreise, 1790 € im EZ (F) / SUN & FUN

... wir tauchen ein in ein weiteres noch unbekanntes Tauchgebiet. **OMAN** hat sich erst seit wenigen Jahren dem Freizeittourismus geöffnet und steckt somit noch in den Kinderschuhen. Uns erwartet eine faszinierende Mischung aus traumhaften Landschaften und einer Märchenwelt aus Tausendeiner Nacht. Wir lernen die Heimat Sindbads des Seefahrers kennen. Die Sichtweiten sind aufgrund von massenhaftem Plankton im Wasser eher gering, dafür werden wir durch unberührte Tauchspots voll und ganz entschädigt. Es erwartet uns eine völlig intakte Korallenlandschaft, faszinierende Wracks und „Fischsuppe pur", Begegnungen mit Delfinen und Leopardenhaien sind keine Seltenheit.

Auch über Wasser erleben wir buntes Treiben, ob Kamelsafaris, Picknicks in der Wüste oder Mountainbiketouren.

Wer in der Nähe von Muscat wohnen möchte und genügend Kleingeld dabeihat, quartiert sich im luxuriösen Bustan Palace ein. Inmitten eines großen Palmenhains an einer breiten Sandbucht vor der beeindruckenden Kulisse des Hajar-Gebirges gelegen, lässt es keine Wünsche offen. Mit Segeln, Surfen, Kajak, Schnorcheln, Tennis und Volleyball können wir unsere übrige Freizeit verbringen.

1 Woche, inkl. Anreise, ab 1800 € im EZ / **SUB AQUA** TAUCHREISEN

Wir können auch 90 km von Muscat entfernt im kleinen gemütlichen Al Sawadi Beach Hotel wohnen. Es liegt an einem schier endlosen, flach abfallenden Sandstrand nahe dem Damaniyat Island. Und auf gewissen Komfort, wie Aircondition, TV, Telefon, Bad / WC, Föhn, Safe und Wasserkocher auf dem Zimmer, brauchen wir nicht zu verzichten!

1 Woche, inkl. Anreise, ab 900 € im EZ / **SUB AQUA** TAUCHREISEN

Ein Kaleidoskop von Farben erwartet uns im tropischen Inselparadies **PALAU / MIKRONESIEN**. Schon Jacques Cousteau bezeichnete Palau als eines der besten Tauchgebiete der Welt. 1989

wurde es sogar von der CEDAM International zum Unterwasserweltwunder Nummer eins gewählt. Spektakuläre Steilwände, strömungsreiche Kanäle, üppige Korallengärten und viele Wracks aus dem Zweiten Weltkrieg machen diese abgelegene Destination zu einem besonderen Höhepunkt, selbst für den erfahrensten Taucher. Sichtweiten von 20 – 40 Metern im Jahresdurchschnitt und Wassertemperaturen zwischen 27 und 29 Grad erfreuen jedes Taucherherz. Und über dem Wasser gehen die Urlaubsträume weiter mit üppigen grünen Tropenlandschaften, rauschenden Wasserfällen, undurchdringlichem Regenwald und exotischem Südseeflair. Hier werden die schönsten Postkartenmotive zum Leben erweckt. Die berühmten Rock Islands sind das Wahrzeichen Palaus. Unter jeder der mehr als 300 Inseln finden wir eine eigene Welt verschlungener Korallengärten voller Farben und Leben.

Unsere Tauchwelt ist das Carp Island, eine kleine, abgelegene Insel vor Koror. Es sind wenige Kilometer nach Peleliu, dem Blue Hole, Blue Corner und dem German Channel. Sandstrände, so wie wir sie uns in unseren kühnsten Südseeträumen vorgestellt haben. Ein kleines Hotel mit nur 25 Zimmern und ein offenes Restaurant sorgen für Gemütlichkeit. Für Romantik sorgen abends die Petroleumlampe für drinnen und der Sternenhimmel für draußen und der annehmbare Reisepreis sorgt für große Freude.

2 Wochen, inkl. Anreise, ab 2019 im EZ, inkl. 1 Zwischenübernachtung in Manila und 2 in Koror/**Sun & Fun**

Wer sagt da noch: Südseeträume sind nicht zu verwirklichen ...?

Mantas, Mantas, Mantas! Ganzjährig ziehen sie majestätisch ihre Kreise durch die verschiedenen Tauchgründe um **Yap/Mikronesien**. Diese imposanten Unterwasserlebewesen sind bis zu 500 Kilogramm schwer und haben eine Spannweite bis zu über vier Metern.

Yap liegt ca. 800 km nördlich der indonesischen Insel Biak. Nur einige wenige der 134 Inseln und Atolle vulkanischen Ursprungs sind bewohnt. Grüne Hügellandschaften, üppige Mangrovenwälder, weiße Sandstrände umringt von türkisfarbenem und in allerlei Blautönen schimmerndem Meer.

35 erforschte sowie unzählige weitere bisher noch unentdeckte Tauchgründe, intakte Steinkorallengärten wie Sakura Terrace oder Cherry Blossom Wall warten auf uns. In den Yap Caverns können wir unzählige Höhlen, Spalten, Gänge und Schluchten erforschen. Der Pazifische Ozean rund um Yap zählt zu den Gewässern mit der größten Artenvielfalt in ganz Mikronesien.

Wir wohnen im Manta Ray Bay Hotel, auch „Best little Dive Hotel in the Pacific" genannt. 23 Zimmer mit allem Komfort, den man so braucht oder auch nicht. Der Küchenchef verwöhnt uns mit Meeresfrüchten und lokalen Köstlichkeiten. An der Nautical Weaver Bar lassen wir bei einem Drink und dem Austausch unserer Unterwassererlebnisse den Tag ausklingen und freuen uns auf den nächsten Tag.

7 Nächte, inkl. Anreise, ab 1843 (F), inkl. 10 Tauchgänge/**Sub Aqua Tauchreisen**

Tipp! Diese Reise können wir auch gut **mit Palau kombinieren**.

Das Märchen geht weiter! Üppige Wälder, hoch aufragende Berggipfel und die malerischen weltberühmten Reisterrassen über dem Meer begeistern uns auf den **Philippinen**. Unter dem Meer haben die Philippinen mit ihren über 7000 tropischen Inseln ein enormes Potenzial für

Tauchurlauber. Die Küsten mit ihren weißen Traumstränden garantieren exzellente Tauch- und Schnorchelreviere und ein absolutes Paradies für Makroliebhaber und Unterwasserfotografen. Seltene Seepferdchen, Geisterpfeifen, Angler- und Mandarinfische tummeln sich hier im Wasser. Aber auch spektakuläre Strömungstauchgänge mit Fischschwärmen, Schildkröten und Barrakudas machen die Philippinen zu einem Traum-Tauchziel.

Die Tauchgründe der Insel **MINDORO** stehen bereits seit Jahren unter Naturschutz. Schwärme von Fischen und unzählige verschiedene Weichkorallen finden wir unter Wasser vor.

Mabuhay Dive Resort (40 Zimmer) liegt eingebettet in einem tropischen Garten direkt am Meer, in Puerto Galera an der Nordküste der Insel Mindoro.

12 Nächte, inkl. Anreise, ab 1488 € (F), inkl. 20 Tauchgänge/**SUB AQUA TAUCHREISEN**

Die Tauchplätze von **BARACAY / PHILIPPINEN** reichen von flachen Korallenriffen über einen unvergesslichen Tieftauchgang an der Yapak Steilwand. 33 Tauchplätze finden wir rund um Baracay vor. Baracay wird gern als Kronjuwel Asiens bezeichnet. Der Grund ist ein legendärer 5 km langer weißer feiner Sandstrand (White Beach) mit wogenden Palmen und türkisfarbenem Wasser.

2 Wochen, inkl. Anreise, ab 1479 € im EZ (F)/**SUN & FUN**

HINWEIS: Eine ausführliche Beschreibung über Baracay steht bei den Surfreisen!

Eine kleine *Trauminsel zum Traumpreis* auf **MALAPASCUA / PHILIPPINEN!**

Mit weißen Sandstränden an der Nordspitze Cebus gelegen, steckt sie touristisch gesehen noch in den Kinderschuhen. Strom gibt's schon mal zwischen 17:00 und ca. 08:00 Uhr. Im Wasser tummeln sich seit eh und je die Fuchshaie, Anglerfische, Mantas, Mandarinfische und Seepferdchen herum und lassen jedes Taucherherz höher schlagen. Ein ideales Revier für Großfischfans genauso wie für Makroliebhaber.

Unsere Unterkunft ist passend zur Insel eine kleine, sehr nette Anlage des Bremers Matthias Kühtmann und liegt nur wenige Meter hinter dem weißen Traumstrand von Malapascua. Die Zimmer sind die besten auf Malapascua und auch das Essen ist nirgendwo auf der Insel so gut. Eine „Floating Bar" auf einem Floß im Wasser sorgt nicht nur für ein kühles Bier, sondern auch für einen traumhaften Sonnenuntergang.

2 Wochen, inkl. Anreise, ab 1035 € im EZ (F)/**SUN & FUN**

Der fantastische Korallenbewuchs und der unglaubliche Artenreichtum um **SABAH**, den malaysischen Teil der Insel **BORNEO / MALAYSIA**, ist genau das Richtige für anspruchsvolle Taucher. *Ein Traumziel, das selbst verwöhnten Tauchern ein Highlight nach dem anderen bietet.* Unser Tauchparadies, die Insel Lankayan, liegt 30 km vor Sandakan. Weißer Sandstrand, Dschungel im Inselinneren und Tauchgänge, von denen wir auch später noch träumen werden. Eine großartige Korallenvielfalt, Geisterfetzenfische, Anglerfische und Schulen von winzigen Jungfischen. Von März bis Mai können uns Walhaie über 'n Wasserweg schwimmen und große Schulen von Barrakudas und Stachelmakrelen sind keine Seltenheit. Zwei Wracks in der Nähe können betaucht werden.

Und über dem Wasser beobachten wir, wie die Meeresschildkröten ihre Eier ablegen. Mit Schnorcheln, Beachvolleyball und mit dem Kajak können wir uns die übrige Zeit vertreiben. Die Orang-Utans von Sepilok sollten wir auf jeden Fall auch besuchen.

Im Open-Air-Restaurant unseres kl. gemütlichen Hotels werden wir mit drei Mahlzeiten, einem kl. Snack für zwischendurch, außerdem mit Tee, Kaffee und Wasser, so viel wir mögen, verwöhnt.
10 Nächte, inkl. Anreise, ab 1654 € im EZ (VP), inkl. Tauchen/**Sub Aqua Tauchreisen**

Nur für die Profis unter uns wartet ein Tauchparadies der besonderen Art:
Layang Layang/Sabah, Borneo ist ein kleines Atoll im Südchinesischen Meer, 300 km von Kota Kinabalu, Borneo entfernt. Der ehemalige Marinestützpunkt liegt auf einem Sockel, der ca. 200 Meter tief aus dem Meer aufsteigt. Die Insel ist fast vollständig von einem Drop-off umgeben. Traumhafte Sichtweiten von bis zu 60 Metern können erreicht werden. Die Marine hat sich längst verzogen, dafür haben sich unzählige Vögel hier eingenistet und sorgen für Leben auf diesem einsamen kleinen Atoll. Zahlreiche Großfische wie Hammerhaie, Mantas, Barrakudaschwärme, gelegentlich auch Walhaie bereichern hier die Unterwasserwelt. Der Tauchplatz Sharks Cav ist bekannt für seine verschiedenen Haiarten. Wegen der starken Strömungen ist dieser Tauchspot nur für erfahrene Taucher geeignet, und auch nur von Februar bis August.
Ein kleines Resorthotel, einsam im Chinesischen Meer gelegen, hat trotzdem alles, was das Herz begehrt: großzügige Zimmer mit Dusche/WC, Klimaanlage, Telefon, TV, Swimmingpool mit Liegen, Sonnenschirme, kleiner Shop, eine Bar und eine Bibliothek. Mit Karten- und Gesellschaftsspielen, Ballspielen, Kajak und Windsurfen können wir die evtl. aufkommende Langeweile vertreiben. Abends genießen wir beim Sundowner den traumhaften Sonnenuntergang, während uns die exotischen Vögel durch ihren Gesang ein Natur-Konzert der besonderen Art liefern.
2 Wochen, inkl. Anreise, ab 1919 im ½ DZ (VP mit 5 Mahlzeiten), inkl. Tauchen/**Sun & Fun**

Tipp! Weitere **Tauchinseln bei Borneo**, wie Mabul, Kapalai oder Lankayan, lassen sich optimal miteinander kombinieren. Auf Mabul und in Kapalai kann man ebenfalls halbe DZ buchen.

Noch gilt die Inselwelt **Indonesiens**, die sich auf einer Fläche verteilt, die größer ist als Europa, als *Geheimtipp unter Tauchern.* Nur wenige Gebiete, weit abseits der Tauchgebiete, wurden dem Tourismus erschlossen. Rund um unsere auserwählte Insel **Sulawesi** wimmelt es von Fischschwärmen, Delfinen, Riffhaien und vielem mehr.
Wer einmal im Prince John Dive Resort in West-Sulawesi war, kommt immer wieder. Siebzehn Stelzenbungalows, im indonesischen Stil erbaut, idyllisch auf Klippen oberhalb des weißen Sandstrandes mit herrlichem Blick aufs Meer. Das 500 m lange Hausriff steht unter Naturschutz und ist mit seiner Artenvielfalt ein Paradies für Schnorchler sowie für Unterwasserfotografen. Nachttauchen ist hier eines der schönsten Taucherlebnisse überhaupt. Besonders Makrofans kommen hier voll auf ihre Kosten.
2 Wochen, inkl. Anreise, ab 1155 € im EZ (VP)/**Sun & Fun**

Tipp! Diese Gegend ist die trockenste in ganz Indonesien, deshalb ist hier die tropische Luftfeuchtigkeit leichter zu ertragen und die Regenzeit von November bis März kaum ausgeprägt.

LUXUS ADE ...

Uns reicht ein sauberer, im landestypischen Stil erbauter Holzbungalow. Die Seabreeze-Bungalowanlage liegt direkt am Strand auf der kleinen, mit Mangroven und Urwald bewachsenen Insel Bunaken in **NORD-SULAWESI**. Diese Insel bildet den Mittelpunkt des weltbekannten Tauchgebiets des Bunaken Marine Nationalparks, der schon von Jacques Cousteau als einer der besten Tauchplätze weltweit beschrieben wurde. Nightlife ade ... gibt's hier nicht und das brauchen wir auch nicht. Nachts wollen wir schlafen, unsere Animateure (Gesellschafter) sind am Tage die Lebewesen unterm Wasser. Die besten Tauchspots dieser Gegend sind nur wenige Minuten von unserer Hütte entfernt.

Unsere Mahlzeiten nehmen wir gemeinsam im Open-Air-Restaurant ein. Es gibt viel frisches Gemüse und frischen Fisch. Auch zum Frühstück gibt es warme Speisen wie z.B. Nasi Goreng. Wer also auf Brot und Butter fixiert ist, bringt sich am besten seine Stullen mit.

2 Wochen, inkl. Anreise, ab 960 € im EZ (VP)/**SUN & FUN**

Eine Traumdestination löst die andere ab. Die besten Tauchspots liegen nun mal an den schönsten Plätzen der Welt. Dazu gehören auch die **MALEDIVEN**. Sie stehen nicht umsonst in der Beliebtheitsskala bei den Tauchern an oberster Stelle.

Entweder Ihr entscheidet Euch für eine Insel mit Clubcharakter oder für den Urlaub „à la Robinson Cruise", die so genannte **„BARFUSS-INSEL"**, da diese noch sehr ursprünglich ist, soll heißen: kein „Schickimicki"!

TIPP!

So lässt es sich vermeiden, nur von Honeymoonern umzingelt zu sein!

Und nun *hinein in die romantische Inselwelt* der **MALEDIVEN**.

Palmen, weiße Sandstrände und rundherum 28 Grad warmes Korallenmeer, für Badenixen, Schnorchler und Tauchfreaks.

Für die Verwirklichung unserer Tauchträume haben wir uns für **ANGAGA** entschieden. Bunte Korallengärten über schön bewachsenen Steilwänden bis hin zu temporeichen Strömungstauchgängen – sogar einige Wracks (auf natürliche Weise gesunkene oder künstlich an Hausriffen versenkte) können wir hier betauchen. Große Fischschwärme wie Schnapper, Doktorfische und häufig vorkommende Riffhaie sowie Mantas und Adlerrochen ziehen an uns vorbei. Jedes Atoll hat mehrere „Manta- oder Sharkpoints".

Die traditionellen Tauchboote, die Dhonis, ankern nicht fest am Tauchplatz, sondern folgen den Luftblasen der Taucher und sammeln die auftauchenden Gruppen zum Ende des Tauchganges wieder ein.

Unsere idyllische kleine Insel Angaga liegt in der Mitte des südlichen **ARI-ATOLLS**. An einer herrlichen Lagune, ideal zum Baden und zum Schnorcheln. Ein feinsandiger, weißer Sandstrand umgibt dieses tropische Eiland.

Die Superior-Bungalows sind mit geschmackvollen Holz- und Bambusmöbeln, einem halb offenen Badezimmer, Dusche, WC, Föhn, Klimaanlage, Kühlschrank, TV und einer Terrasse mit einer gemütlichen Schaukel ausgestattet.

Bei der Verpflegung können wir wählen zwischen HP oder VP bzw. AI.

Eine kleine Bibliothek sorgt für Lesestoff und ein Souvenirshop für unsere Mitbringsel.

TAUCHPAUSEN: Mit Tennis, Wassersport, Kanu, Fun-Tube, Volleyball, Badminton und Darts

können wir uns die übrige Zeit vertreiben. Außerdem bei den Ausflügen mit Schnorcheltrips und Nachtfischen.
1 Wochen, inkl. Anreise, ab 1217 € im EZ (HP)/**SUB AQUA TAUCHREISEN**

Natur pur auf und unter der kleinen Vulkaninsel SABA/KARIBIK, die zur Holländischen Karibik zählt. El Momo ist eine gemütliche Anlage mit persönlicher Atmosphäre unter Leitung von Angelika und Oliver Hartlieb. Die 10 bunten Holz-Cottages liegen am Steilhang (Stufen) und sind in die tropische Vegetation eingebettet, mit Terrasse und Meerblick. Leguane, Kolibris und Baumfrösche sind unsere täglichen Besucher über Wasser. Unterm Wasser sind die spektakulären Tauchspots die „Pinacles", Stalagmiten, die aus der Tiefe ragen und ihr Riffdach meist erst auf ca. 30 m finden. Ein farbenprächtiger Bewuchs und die häufig anzutreffenden Großfische werden uns in den Bann ziehen.
1 Woche, inkl. Anreise, ab 1100 € im EZ/**SUB AQUA TAUCHREISEN**

Karibische Träume auf COLUMBUS ISLE/BAHAMAS. Der CLUB MED Columbus Isle ist ein „Muss" im Herzen der Inseln – ein komfortables, im Kolonialstil erbautes Clubdorf mit einzigartigem Dekor. TAUCHPAUSEN: Fitness/Surfen/Segeln/Wasserski/Wakeboard/diverse Ballspiele u.v.m.
1 Woche, inkl. Anreise, ab 1559 € (AI)/**CLUB MED**

Auf der Insel **NEW PROVEDENCE/BAHAMAS** ist das Orange Hill ein gutes Preisangebot. Hier kostet eine Woche ab 1300 €/**SUB AQUA**

Weitere Angebote für die Karibik findet Ihr in den Katalogen der Tauchveranstalter. Doch leider werden die Aufschläge für die Einzelzimmer oder DZ z.A. nach amerikanischem Standard berechnet und sind deshalb sehr hoch. Das macht den Reisepreis fast unbezahlbar, jedenfalls für die Meisten von uns.

TIPP! GÜNSTIG WOHNEN IN EINER GASTFAMILIE!
Die Kataloge der Sprachreiseveranstalter bieten neben ihrem weltweiten Sprachprogramm auch an den schönsten Tauchplätzen, wie z. B. das Great Barrier Reef in Australien, Tauchen an. So kann man eine Tauchreise sehr gut mit einer Sprachreise verbinden. Doch auch andere Übernachtungsmöglichkeiten wie Apartments, Hotels oder Studentenwohnheim sind möglich!

Wer am größten Riff der Welt – am **GREAT BARRIER REEF IN AUSTRALIEN** – abtauchen möchte, kann in Cairns seinen Tauchaufenthalt über LAL mit einem Sprachaufenthalt kombinieren und so für längere Zeit günstig bei einer Gastfamilie wohnen und obendrein noch schlauer werden. 2 Wochen, Eigenanreise, ab 571 €/ab 4 Wochen 1131 € und für Langzeit 10 Wochen ab 2784 €/im EZ einer Gastfamilie (HP)/**LAL**
Eine Gelegenheit, mal am zweitgrößten Riff der Welt in BELIZE abzutauchen, haben wir bei einem Reiterurlaub, siehe **PEGASUS**, oder Segelurlaub, siehe **DMC**.
Abtauchen in Sardinien und Kampanien in ITALIEN oder KROATIEN können wir mit **FROSCH-SPORT-REISEN**, siehe AKTIV & SUN. Abtauchen in KUBA bietet SPRACHCAFFE an, siehe **SPRACH-REISEN**. Um nur einige Beispiele zu nennen!
EVENTS UND UPDATES STEHEN AUF DER INTERNETSEITE: WWW.DIE-BESTEN-SINGLEREISEN.DE

Schnee & Ski

SCHNEE & SKI

SCHNEETREIBEN

Typisch Schnee: Action auf den Pisten, heiße Flirts, bis der Schnee schmilzt! Winterland-schaften zum Träumen und Genießen!

„DENKEN IST WUNDERVOLL. ABER NOCH WUNDERVOLLER IST DAS ERLEBNIS." (OSCAR WILDE)

Tagsüber vollkommen konzentriert auf den Sport, abends beim Après-Ski Chancen bis zum Abwinken. Neue Leute kennen lernen; es gibt nicht oft so perfekte Möglichkeiten wie im Skiurlaub, so rasant Neukontakte zu knüpfen. Nirgendwo kann man sich unkomplizierter zum Wiedersehen am nächsten Tag verabreden als beim Après-Ski. Ob an der Schirmbar oder in netter Runde auf einer urigen Hütte – heiße Flirts, bis der Schnee schmilzt.
Die Auswahl ist groß: Riesen-Skizirkus oder ein kleineres, überschaubares Skigebiet? Das volle Verwöhnprogramm in einem 4-Sterne-Hotel oder doch lieber in einer familiengeführten Pension? Skifahren oder Snowboarden? ...
Für jeden gibt's das passende Angebot!
Ein Winterurlaub bedeutet nicht nur Skifahren oder Snowboarden. Es gibt auch genügend andere Erlebnisse in der von Schnee- und Eiskristallen glitzernden Bergwelt. Wander- oder Langlauftouren quer durch Winterwälder, einen neuen Trend wie Schneeschuhwandern oder Langlauf im Skatingstil ausprobieren? In einem Iglu übernachten oder vielleicht einmal beim Winterpaddeln im hohen Norden dabei sein? Vom saloppen Wellnessurlaub in winterlicher Kulisse bis hin zu Husky-Safari in Lappland, die Möglichkeiten, einen Urlaub in weißer Mär-chenlandschaft zu verbringen, sind schier unbegrenzt.

AUF ZUR SCHNEEBALLSCHLACHT!

Ein Tiroler Märchen im Schnee-Winterwandern in den Tälern des Rofan und KARWENDEL. Winterstille, kristallklare Luft, tief verschneite Wälder, erstarrte Wasserfälle, zugefrorene Bä-che und Eiskristalle in der Wintersonne erwarten uns. Wärmende Sonnenstrahlen verraten das Kommen des Frühlings und bringen mehr Leben in die gefrorene Natur.
Gemeinsam den Winter erleben: Wir wandern mit unseren Schneeschuhen und Teleskop-Wan-derstöcken (werden gestellt) über schneebedeckte Almen, den Tierspuren folgend. Vereiste Bäche und erstarrte Wasserfälle schillern in den verschiedensten Farben und versetzen uns in eine fantastische Wintermärchenwelt. Von unserer Lodge aus gehen wir durch verschneite Wälder. Unter uns windet sich die Steinberger Ache, die uns den Weg zur wärmenden Rast weist, wo eine heimische Familie uns mit Jause und Glühwein verwöhnt.
Nach einem gemütlichen Hüttenabend rodeln wir auf zwei Kufen ins Tal.
Unsere ASI Lodge Steinberg liegt klein, aber sehr fein in Tirol, auf 1020 m Höhe. Umgeben vom Rofangebirge und dem Naturpark Karwendel. Kulinarisch werden wir aus der Gourmet-küche verwöhnt. Wir wohnen in großzügig mit schlichter Eleganz ausgestatteten Zimmern und werden kulinarisch aus der Gourmetküche verwöhnt. Wir entspannen in der Saunawelt, im Chill-out-Raum oder auf der Entspannungsterrasse mit Fernblick. Den Abend lassen wir an der Bar mit netten Menschen ausklingen und freuen uns auf den nächsten Tag.

1 Woche, Eigenanreise, ab 850 €/DZz.A. ab 120 € (VP)/**ASI**

Skiurlaub mit Frosch Sportreisen, SFI/KölnerClub und Sunwave in **FRANKREICH, ITALIEN, ÖSTERREICH UND DER SCHWEIZ:**
Perfekter Start, um seine Skikollegen gleich von Anfang an kennen zu lernen, ist die gemeinsame Busanreise. Ihr könnt aber auch gegen einen Aufpreis mit dem Zug (Urlaubsexpress) fahren. Noch schneller kommt Ihr auf die Piste, wenn Ihr mit dem HLX Sky-Shuttle oder mit der Air Berlin von verschiedenen deutschen Flughäfen nach Salzburg, Klagenfurt oder Zürich fliegt. So weit nicht anders gekennzeichnet, sind die Reisen für alle Altersgruppen geeignet.

Die fantastische Gletscherwelt von **SAAS FEE / SCHWEIZ** bietet eines der besten und sonnenreichsten Skigebiete der Alpen. Vom höchsten Punkt (ca. 3600 m), dem Mittelallalin, kann in einer herrlichen 14-km-Panorama-Abfahrt bis in den Ort auf 1800 m hinuntergeschwungen werden. Zum Austoben gibt's exzellente Buckelpisten für Skifahrer sowie zahlreiche Fun-Parks für Snowboarder. Top präparierte Pisten-Boulevards laden zu bequemen Abfahrten ein.
Der Urlaubsort Saas Fee, umgeben von Viertausendern und dem eindrucksvollen Feegletscher, der den Ort muschelförmig umschließt, wird als „Perle der Alpen" bezeichnet. Das Après-Ski-Angebot und das lebhafte Nachtleben können problemlos mit den österreichischen Skizentren mithalten.
Das ruhig und zentral gelegene Hotel Mountain-Inn erwartet uns mit schickem Ambiente, eigenem Bar- und Partybereich und ist mit neuem beheiztem Ski- und Schuhraum ausgestattet. Fest im Programm ist ein wöchentlicher Raclette-Abend in der Hütte „Bärenfalle" mit heißem Glühwein und abschließender uriger Fackelwanderung. An der Schnee-Après-Bar vor dem Hotel können wir nach Lust und Laune Partys feiern oder einfach den Tag gemütlich ausklingen lassen. Let's go and have fun. 5 Sterne für Après-Ski.
Ski- und Snowboardkurse und diverse Freizeitangebote sind inklusive/Skipass ist extra
1 Woche, ab 422 €/EZZ 105 € (HP/Tischgetränke von 18 – 21 h inkl.)/**SUNWAVE**
SINGLEWOCHEN, an bestimmten Terminen, für Singles zwischen 25 – 45 Jahren/**SUNWAVE**

Eine weitere Auswahl an **SINGLEWOCHEN FÜR VERSCHIEDENE ALTERSGRUPPEN** bei Sunwave habt Ihr in folgenden Destinationen:
SAAS ALMAGELL: Hausskigebiet zwischen 1670 und 2400 m Höhe, Wellnessbereich mit Sauna, Dampfbad, Tauchbecken und Whirlpool, 3 Sterne für Après-Ski. (30 – 50 Jahre)

ZERMATT / SCHWEIZ: eines der schönsten, abwechslungsreichsten und schneesichersten Skigebiete der Welt. Hier können wir ganz in der Nähe zum Matterhorn, auf bis zu 3885 m Höhe die endlos langen Bilderbuchpisten genießen. Großer Fitnessbereich mit Sauna und Whirlpool im Hotel. 3 Sterne für Après-Ski. (30 – 50 Jahre)
1 Wo. ab 577 €/EZZ 105 € (HP)/**SUNWAVE**

LENZERHEIDE / SCHWEIZ: Zwei sonnige Talseiten der Skischaukel mit 155 km präparierten Pisten zwischen 1500 m und 2865 m Höhe. Fitnessraum, Sauna und Whirlpool im Hotel. 3 Sterne für Après-Ski. (25 – 45 Jahre)
1 Wo. ab 470 €/EZZ 105 € (HP)/**SUNWAVE**

Dolomiti Superski / Italien: Zwischen 1400 bis 2415 m Höhe 100 abwechslungsreiche und schneesichere Pisten. Hotel direkt im Hauptort Camitello. 2 Sterne für Après-Ski. / (30 – 50 Jahre) 1 Wo. ab 620 € / EZZ 175 € (HP) / **Sunwave**

Stubaital / Österreich: Oberhalb der Baumgrenze, mitten im „Königreich des Schnees" zwischen 1750 m und 3210 m liegt dieses schneesichere Toprevier. Wellnessbereich im Hotel mit Sauna, Whirlpool, Dampfbad und Fitnessbereich, 4 Sterne für Après-Ski. / (30 – 50 Jahre) 1 Wo. ab 625 € / EZZ 175 € (HP) / **Sunwave**

Zillertal / Österreich: Skiwelt Zillertal 3000. Das Megarevier um Mayrhofen wurde auf 147 km Pisten ausgebaut. Top Wellnessbereich im Hotel und 4 Sterne für Après-Ski. (25 – 45 Jahre) 1 Wo. ab 590 € / EZZ 105 € (HP) / **Sunwave**

Kärnten / Österreich: Adria-Tiefs bringen kräftige Schneefälle und südliche Strömungen sorgen für viel Sonne. Mit Pisten bis zu 2700 m Höhe. Wellnessoase im Hotel mit Whirlpool, Kräutersauna, finnische Sauna, Dampfbad, Sole-Dampfgrotte und Infrarotkammer, 30 Grad warmes Freibad im Schnee. 3 Sterne für Après-Ski. (35 – 55 Jahre) 1 Wo. ab 777 € / EZZ 105 € / (HP) / **Sunwave**

Wichtig: Die Klassifizierung der Sterne soll aufzeigen, wo die Post abgeht und wo es etwas ruhiger beim Après-Ski zugeht. Alle Preise bei Sunwave beinhalten die Skikurse.

Das Pistenangebot von **Davos-Klosters / Schweiz** mit einer Gesamtlänge von 325 km und bis 2844 m Höhe ist eines der größten und schneesichersten in der Schweiz. Vom Gipfel des Weissfluh in fast 3000 m Höhe überblickt man ein Gipfelmeer, das von der imposanten Berninagruppe mit dem Piz Bernina (4046 m) bis nach Tirol reicht.
Der Ort Davos ist ein fast städtisch anmutender Ort, das wohl heftigste Après-Ski der Schweiz und ein Top-Skigebiet – das ist die Mischung, aus der ein Winterurlaub in Davos gemacht ist. Neben feinen Hotels, Casino, Discos, Restaurants, Kneipen und Kinos gibt es jede Menge Sport. Eisbahnen, 75 km Loipen, Winterwanderwege, ein Sportzentrum u.v.m. In den Einkaufspromenaden kann man alles kaufen, was keiner braucht und teuer ist.
Der Frosch Sportclub Post Frauenkirch liegt im Ortsteil Frauenkirch, 3 km von Davos entfernt, genau zwischen den Skigebieten Rinerhorn und Jakobshorn. Durch ein perfektes Bussystem sind die Hauptgebiete in wenigen Minuten kostenfrei erreichbar. Das Hotel mit viel Charme, einem Essraum mit gemütlichem Kaminofen sowie einer Bar mit fairen Preisen für frisch gezapftes Bier, leckere Drinks und duftenden Kaffee. Im großzügigen Saunabereich und angrenzendem Wintergarten mit Ausblick auf die Berge trifft man sich nach dem Skilaufen zum Chillen und Relaxen.
Partys und Events sorgen für ein abwechslungsreiches Programm.
Ski- und Snowboardkurse für Anfänger und Fortgeschrittene, Steps und Skigebietstouren. Besonderheiten sind die Ski-Intensivkurse für Anfänger mit dem Konzept der ansteigenden Skilängen. / 1 Woche, ab 410 € im EZ / (HP) inkl. geführte Skigebietstouren, Rahmenprogramm. Bei den speziellen Singleterminen könnt Ihr Euch noch bei den kultigen Vollmondpartys oben auf dem Jakobshorn inkl. Essen und Live-DJ so richtig austoben. / **Frosch Sportreisen**

Ihr könnt auch mitten im Geschehen von Davos Euren Skiurlaub verbringen. Der Sportclub Real liegt im Herzen von Davos-Dorf und ist klein, alt, verwinkelt, aber urgemütlich. Der schöne, holzvertäfelte Speise-/Aufenthaltsraum mit kleiner Bar sorgt für eine lockere gemütliche Atmosphäre. (Keine speziellen Singlewochen)
1 Woche, Busanreise, ab 440 € im EZ (HP)/FROSCH SPORTREISEN

TIPP! **LEARN TO SKI:** Die ideale Lösung für Anfänger. Zu einem Super-Sonderpreis erhaltet Ihr eine komplette Skiausrüstung (Ski, Schuhe, Stöcke) für 8 Tage, einen Anfängerskikurs und den Skipass für den Anfängerlift für 2 – 5 Tage. Den Skipass für den Rest der Zeit kauft Ihr dann vor Ort. Nur an speziellen Learn-to-Ski-Wochen und in bestimmten Clubs./FROSCH SPORTREISEN

TIPP! **SCHNEESCHUHWANDERN:** Ein herrliches Naturerlebnis und absolut trendy. Frosch zeigt Euch die einfache Technik des Wanderns und führt Euch durch traumhaft schöne winterliche Landschaften (kostenlos bei den geführten Touren). Nur in bestimmten Clubs./FROSCH SPORT-REISEN

TIPP! **LANGLAUFSKATING:** Langlauf im Skatingstil macht topfit und bringt richtig viel Spaß – das perfekte Winter-Fitnesstraining. Mit den neuartigen, kürzeren und etwas breiteren Nordic-Cruising-Skiern ist die Skatingtechnik schnell erlernt. Nur in bestimmten Clubs. FROSCH SPORTREISEN

Weitere **SINGLEWOCHEN** gibt es in folgenden Sportclubs von Frosch Sportreisen:
SAALBACH-HINTERGLEMM/ÖSTERREICH: gehören zu den größten Wintersportorten Österreichs. Der Skizirkus funktioniert wie ein echtes Karussell: irgendwo einsteigen und einmal rundherum fahren bis zum Ausgangspunkt. Insgesamt gibt es 57 Liftanlagen, 200 km Piste bis auf 2100 m Höhe. Legendär und kaum zu überbieten ist das Après-Ski in beiden Orten. Ab 5 Uhr nachmittags brennt hier die Luft. 4 Sterne für Après-Ski.
Sportclub Thuiner, in Hinterklemm, hier ist das Après-Ski nicht so abgedreht wie in Saalbach. Ein komfortabler Sportclub mit Sauna und einem großen Whirlpool.
Ein weiterer Frosch-Sportclub in Hinterglemm ist der „Sportclub Zwölferkogel", von hier aus könnt Ihr direkt vom Bett auf die Piste.
1 Wo. ab 409 €/EZZ 70 € (HP)/FROSCH SPORTREISEN

CRANS-MONTANA/SCHWEIZ: Es sind wohl die längste Sonnenscheindauer der Schweiz und das einzigartige Panorama der Walliser Bergriesen, die Crans-Montana, 1500 m hoch, zu einem der bekanntesten und mondänsten Skiorte der Schweiz haben werden lassen. Dazu kommt ein sehr gutes Ski- und Snowboardgebiet bis auf 3000 m Höhe mit dem Prädikat „besonders schneesicher". Der Sportclub liegt leicht oberhalb von Crans und direkt an der Gondelstation. Im Hotel liegt der Saunabereich im obersten Stockwerk, mit Panoramafenster und der Außenterrasse, die einen fantastischen Blick auf Crans und die Walliser Berge freigeben.
Geführte Schneeschuhwanderungen, Langlauf-Skating. Après-Ski mit Glühwein und Musik an der Schneebar. Partys und bunte Abende, Fackelabfahrten u.v.m.
1 Wo. EZ ab 389 €/(HP)/FROSCH SPORTREISEN

„SCHNEE UND RODELN GUT": Der „EigerRun": jeden Abend zwischen 20 und 23 Uhr rodeln, **TIPP!**
bis die Kufe glüht. Die längste Schlittenabfahrt Europas (16,5 km) endet, bei ausreichenden
Schneeverhältnissen, in Grindelwald.

„WEG MIT DEM JUNGEN GEMÜSE" heißt es bei der Themenwoche in St. Moritz. Hier geht es erst **TIPP!**
ab 45 Jahre los./Frosch Sportreisen
Alle Preise bei Froschsportreisen beinhalten auch die Busanreise.

Hinter **LES PORTES DU SOLEIL**, den „Toren zur Sonne", verbergen sich 650 Pistenkilometer bis
auf 2277 m Höhe im **FRANZÖSISCH-SCHWEIZERISCHEN GRENZGEBIET** hoch über dem Genfer See. Skifahren ohne Grenzen. Das Angebot reicht von idealen Übungshängen bis zu den schwersten
Pisten der Alpen. In Morgins/Schweiz werden überwiegend leichte bis mittlere Abfahrten
für AnfängerInnen und leicht Fortgeschrittene gefahren. Nur einige Fußminuten von Eurem
Hotel entfernt liegen die beiden Sessellifte, die das riesige Skigebiet erschließen, der Skibus
hält direkt vor dem Haus.
Der Ort Morgins ist ein gemütliches, natürlich gewachsenes Bergdorf mit touristischer Tradi-
tion und guter Infrastruktur. Schöne Cafés, gemütliche Kneipen, Restaurants und Après-Ski-
Bars laden zum Ausgehen ein.
Der Sportclub Résidence du Soleil im Walliser Stil vermittelt auf drei Etagen viel Charme und
Atmosphäre. Herz des Hotels ist La Rotonde, das kreisförmige Restaurant mit Kamin und
direktem Übergang zur Bar. Eine Sauna sorgt für Entspannung. Mehrmals pro Woche werden
kostenlose Fitness- und Wellnessprogramme mit Stretching, Entspannung, Atemgymnastik,
Aerobic/individuell zugeschnittene Gesundheits- und Trainingsprogramme angeboten.
APRÈS-SKI & ACTION: Après-Ski auf der Sonnenterasse und Party in der Kellerdisco, Ski- und
Snowboardkurse für alle Stufen, Langlauf, Fackelabfahrten
EVENTS: Salsa-Wochen/Yoga-Wochen/All-Inclusive-Wochen
1 Woche, ab 357 €/EZZ 120 € (HP inkl. Lunchpaket) u.v.m./**SFI/KÖLNERCLUB**

SPEZIELLE TRAININGS- UND TESTWOCHEN: Ski-Trainingscamp/Head-Testwochen/Freeride-Kurse **TIPP!**

Die **TROIS VALLÉES/FRANKREICH** gehören zu den weltweit größten zusammenhängenden Skigebieten: 600 km Pisten aller Schwierigkeitsgrade, 200 Lifte bis auf eine Höhe von 3200 Metern,
und das alles fast immer ohne nerviges Anstehen.
Mit der neuen Kabinenbahn und dem anschließenden Sessellift geht es superschnell auf
den 2400 m hohen Tougnette-Gipfel. Von hier könnt Ihr direkt nach Méribel, Mottaret und
Les Menuires abfahren und die Highlights La Masse, Mont Vallon, Cime de Caron sowie die
Pisten Con Courchevel oder Val Thorens ansteuern. Mehrere Kilometer breite, lawinensichere,
moderate Tiefschneehänge zum Boarden und Skifahren.
Der Ort, Le Bettaix, ist ein Bergdorf mit typisch Savoyer Häusern. Wintersportler von vier
weiteren deutschen Reiseveranstaltern in benachbarten Clubhäusern und Chalets sowie Fe-
rienhausgäste sorgen für eine abwechslungsreiche Community. Per Lift erreicht Ihr das 4 km
entfernte Les Menuires. Hier locken die Wellness, Sport-, Shopping- und Freizeitmöglichkeiten
einer für Frankreich typischen Wintersportstation.
Der Sportclub „Les Fontanettes" liegt nur 150 m vom Lift entfernt. Mit großer Sonnenterasse

und Aufenthaltsraum mit Kaminecke und Bar. Entspannung ist in der hauseigenen Sauna angesagt. Après-Ski: Ein heißer Glühwein oder Lumumba mit guter Musik an der Schneebar gefällig? Oder mit einem frisch gezapften Bier an der Sportclub-Bar den Abend einläuten, um dann in der hauseigenen Disco die Partynacht zu starten?

SCHNEE & SKI: Skikurse/Snowboardkurse/Freeride-Kurse
EVENTS: Freeride-Wochen
1 Woche ab 250 €/EZZ 150 €/(HP)/**SFI/KÖLNER CLUB**

„SKIZIRKUS", so nennt **SAALBACH-HINTERGLEMM/ÖSTERREICH** seine Pistenarena, die unter den Top Ten in Österreich rangiert.
Der Sportclub Auwirt liegt eingangs der Fußgängerzone in Saalbach, sodass alle Attraktionen des Ortes schnell erreichbar sind. Mit den beiden nahe gelegenen Bergbahnen, ca. 150 m, gelangen wir in 10 min. mitten in den Skizirkus. Après-Ski: abendliche Fackelwanderungen mit Glühwein. Für gemütliche Abende sorgt die Gaststube. In der Disco-Bar „Maze" können wir bei fairen Getränkepreisen und Musik für jeden Geschmack auch mit Gästen anderer Häuser bis in den Morgen feiern!
1 Woche, ab 430 €/EZZ ab 120 € (HP, inkl. Lunchpaket)/**SFI/KÖLNERCLUB**

TIPP! **PARTY IN SAALBACH:** Spaß haben, tanzen, Leute treffen, Bewegung und Freiheit. Dieses Lebensgefühl aus den Ü30 in den Städten macht sich auf den Weg in die verschneiten Berge. In der hauseigenen Disco „Maze" legen DJs auf und sorgen für Stimmung/**SFI/KÖLNERCLUB**

TIPP! **SINGLEWOCHEN** finden nur an bestimmten Terminen statt! Rechtzeitig buchen!

INFO: Außer der beschriebenen Singlewochen sind natürlich alle Reisezeiten und -ziele für Singles und Alleinreisende bestens geeignet. Weil die hier beschriebenen Veranstalter generell einen hohen Anteil an Singles auf ihren Reisen haben.

POWDER DREAM in BANFF/KANADA
Die Skigebiete liegen in einer der landschaftlich schönsten Gegenden Nordamerikas. Der Hausberg Banffs, der Mount Norquay, liegt nur 10 Minuten vom Zentrum entfernt. 20 min. sind es bis zum Sunshine Village und 45 min. bis Lake Louise im Nationalpark. Alle Skigebiete bieten Skivergnügen für jedermann. Skifahren und Snowboarden in allen Könnerstufen. Die Vielfalt der Abfahrten (Runs) lässt jedes Herz höher schlagen.
Banff ist das Eldorado für jeden erlebnishungrigen Skifahrer und bietet für jeden genügend Möglichkeiten zum Ausprobieren und Genießen. Eingebettet in tief verschneite Bergriesen zeigt Banff ein lebendiges Bild. Hervorragende Restaurants, Western Saloons, rustikale Kneipen oder Diskotheken lassen keine Wünsche offen.
1 Woche, inkl. Flug, ab 1243 €/EZZ ab 150 € (F)/ **SUNWAVE**

Zeit, sich in fantastischer Bergkulisse mal wieder im Schnee zu tummeln.
ROBINSON CLUB SCHLANITZEN ALM/**ÖSTERRREICH**
Die Wohlfühl-Alm – hier gibt es alles, was einen Bergurlaub zu einem unvergesslichen Erlebnis macht. Der 12.000 m^2 große Club liegt mitten in der „Skiarena Nassfeld" mit ihren 130 km

leichten bis schwierigen Abfahrten, sonnigen Höhen und herrlichen Aussichten auf das Gaital und die Bergmassive.

Bis zur Talstation der 4er-Sesselbahn „Tressdorfer Höhe" sind es nur 30 Meter (geht rauf auf 1875 m). Übungshänge sind neben dem Club. Der Club ist ausgesprochen beliebt bei Singles, hat aber auch Kinderbetreuung ab 4 Jahren von 9 bis 21 Uhr (Single mit Kind).

Zahlreiche Möglichkeiten fürs Après-Ski und zum Relaxen im Wellness- und Beautycenter.

Schnee & Ski: Skipaket (Skipass und -kurs 6 Tg. inklusive; wöchentliche Qualifikationsrennen zu den ROBINSON Ski Masters/Ski-Renntrainingswoche und Buckelpisten-Camp (extra Eventgebühr).

Après & Action: Spiele und sportliche Wettbewerbe/Eisstockschießen/Klettern/Billard/Tischtennis/Hallenbad/Sauna/Dampfbad/Beautycenter/Kreativ

1 Woche, Eigenanreise, ab 1155 € im EZ (VP) inkl. Skipaket (Skipass und -kurs von sonntags bis freitags)/**ROBINSON**

Wintersport par excellence im ROBINSON CLUB AMADÉ / Schweiz

Der Ausgangspunkt liegt 1014 m ü. M. in Kleinarl am Rande des Nationalparks Hohe Tauern, inmitten der Ski Amadé, und führt direkt in den Himmel des Wintersports und auf den Gipfel der Gefühle. Unmittelbar vor der Haustür des CLUBS AMADÉ beginnt das eindrucksvolle Skigebiet und spektakuläre Skivergnügen. Ob auf Skiern, auf dem Snowboard oder beim Langlaufen, Speedskifahren, im Boarderpark oder auf dem Carving-Parcours, hier kommt niemand zu kurz. Wer es etwas langsamer angehen will, kann die Herrlichkeiten der Natur beim Schneewandern oder Pferdeschlittenfahren erkunden.

Skigebiet: Eines der größten Skiparadiese der Welt (1014 m bis 2700 m ü.d.M.) mit 5 Regionen, 25 Wintersportorten und modernsten Beschneiungsanlagen. Insgesamt 860 km präparierte Pisten aller Schwierigkeitsgrade, Tiefschneeabfahrten, 270 Bahnen und Lifte, Langlaufloipen direkt am Club, 6 km Rodelbahn, Boarderpark, Speedski, Carving-Parcours

Schnee & Ski: Skipaket (Skipass und -kurs 6 Tage inklusive)

Wöchentliche Qualifikationsrennen zu den ROBINSON Ski-Masters/Lady's Ski & Snowboard Week und Buckelpisten-Camp (extra Eventgebühr)

Après&Action: Sportstainment: Spieleund sportliche Wettbewerbe/Eisstockschießen/Schneewandern/Rodeln/Pferdeschlittenfahrten/Tennis/Reiten

WellFit: GroupFitness, Body&Mind, FeelGood (Näheres siehe Thema Wellness-Reisen)

1 Woche, Eigenanreise, ab 1120 im EZ (VP) inkl. Skipaket (Skipass und -kurs von sonntags bis freitags)

Mehr Infos über ROBINSON steht im Kapitel **Club & More.**

Der Berg ruft!

Sportbegeisterte finden im A-ROSA Kitzbühel/**Österreich** alle Möglichkeiten, die eines der schönsten und mondänsten Skiparadiese der Alpen zu bieten hat. Mit dem Ski-Shuttle habt Ihr direkten und kostenlosen Anschluss an ein 130 km^2 großes Skigebiet, welches über 59 km blaue, 69 km rote und 20 km schwarze Pisten verfügt. Tiefschnee- und Off-Piste-Strecken lassen sich unter professioneller Führung entdecken – Ihr habt die Wahl! Entweder die verschneite Natur in der Loipe zu erkunden oder die Alpen beim Winterwandern zu genießen.

Aber auch die Pisten beim Rodeln und Zipfelbobfahren bringen Spaß. Im Ort könnt Ihr Euch die Zeit mit Schlittschuhlaufen und Eisstockschießen vertreiben und anschließend lässt sich der sportliche Tag an der Après-Ski-Bar schwungvoll ausklingen.

Events: Das legendäre Hahnenkammrennen oder Baldessarini Snow Arena Polo World Cup

1 Woche, Eigenanreise, ab 903 € im EZ (HP-Plus)/3 Nächte ab 387 €

A-ROSA Well- und Fitness: siehe beim Kapitel **Wellness-Reisen**

A-ROSA Golf: siehe beim Kapitel **Golf-Reisen**

Yoga Flow und **Langlauf** im Chesa Valisa, **Kleinwalsertal / Österreich**

In der Berglandschaft des Kleinen Walsertals liegt das Naturhotel Chesa Valis leicht oberhalb von Hirschegg, inmitten der Natur, abseits des Verkehrs. In Dorfnähe mit wunderschönen Ausblicken auf die umliegende Bergwelt.

Wie ein Tanz ist Yoga Flow. Eine Technik des Hatha-Yoga, die die Übungen fließend miteinander verbindet. Wir kommen dadurch in die Kraft und Weichheit zugleich und harmonisieren unsere Energie. Die Verbindung von Yoga und Natur lässt uns die Welt mit allen Sinnen erfahren. Sehen, Hören, Fühlen etc. lenken unser Bewusstsein auf die Gegenwart, auf den Augenblick. Dieses Programm ersetzt keinen Skikurs.

1 Woche, Eigenanreise, ab 790 €/EZZ a.A. (Vital-VP)

Das Hotel Chesa Valisa kann auch individuell gebucht werden. Mit einen Gästeprogramm: Yoga, Qi Gong Wirbelsäulengymnastik, geführte Wanderung, Kreativangebote, u.v.m.

1 Woche, ab 540 €/**Neue Wege**

Skifahren mit der Leichtigkeit eines Tanzes im **Bregenzerwald / Österreich**

Das etwas andere Skifahren.

Die Methode wurde von Michael Widmer-Willam, ausgebildeter zeitgenössischer Tänzer, Choreograf und Skilehrer, gemeinsam mit einem Team von BewegungspädagogInnen und einer Physiotherapeutin entwickelt.

Basis für gutes Skifahren und Tanzen ist die dynamische Verbindung mit dem Boden, das Spiel mit der Schwerkraft bis hin zum Fluss in der Bewegung. Ihr werdet überrascht sein, wie viel Skifahren mit Tanzen zu tun hat! Kurse gibt es für alle Niveaus. Umrahmt von weitläufigen Wäldern, markanten Gipfeln und Sennalpen lieg das Hotel Adler. Die außergewöhnliche Lage und die durchgehenden Fensterfronten bieten ein beeindruckendes Panorama auf die umliegende Bergwelt.

1 Woche, Eigenanreise, ab 1082 €/EZZ 56 € (HP), inkl. Skikurs bzw. Skitouren nach Ski-Konzept/Skipass/Videoaufnahmen mit anschließendem Feedback. Kurse gibt es für alle Niveaus. **Neue Wege**

Das **Huskygespann** zieht uns zuverlässig durch die Berge, durch tief verschneite Täler, über zugefrorene Seen und Flüsse. Wir sind unterwegs auf einer einmaligen Expeditionstour durch die weißen Urlandschaften **Jukkasjärvi / Lapplands / Schweden**. Winter wie aus Kindheitsträumen, weiß, kalt und atemberaubend!

Das Abendprogramm heißt Saunen, Lagerfeuer und Eislochangeln. Lappland ist die nördlichste Wildnis Europas und Heimat der Sami, ihres Zeichens Rentierzüchter und Ureinwohner. Sie selbst nennen Lappland „same ätnam" – Land der Samen. Auch heute noch wandern die Rentierherden zwischen Sommer- und Winterweiden hin und her und es werden beim alljährlichen „märkning" die Kälber mit dem Lasso gefangen – eine wichtige Zusammenkunft für die Sami, bei der sie ihre Traditionen pflegen. Unberührte, weite Tundra, zugefrorene Seen, Moore und eindrucksvolle Gebirge bestimmen diese Urlandschaft. Im Februar sind die Tage kurz und kalt – aber nicht dunkel (6 – 9 Std. Licht). In diesen kalten Nächten erstrahlt das Nordlicht am Himmel. Für diese Tour sind keine Kenntnisse mit Schlittenhunden erforderlich. Ihr solltet aber Teamgeist, eine gute Alltagskondition und Abenteuerlust mitbringen. Die Reisegäste helfen bei der Versorgung der Hunde, bei der Zubereitung der Mahlzeiten, beim Holzhacken, Wasserholen usw., wie es zu einer zünftigen Outdoortour eben dazugehört. Tagesetappen liegen zwischen 25 und 40 km.

8 Tage ab 1775 € (VP), inkl. Anreise per Flug/**CLUB AKTIV**

DER BESUCH DES EISHOTELS – EIN FANTASTISCHES NATURERLEBNIS!

IGLU-DÖRFER – Kunstwerk aus ewigem Eis
Wer gern einmal wie die Inuit im IGLU-DORF übernachten möchte, kann sich seinen Traum in den Alpen erfüllen. Hoch droben auf dem Gletscher können erlebnishungrige Leute jeden Alters sich ihr passendes Schneedorf suchen. In der **SCHWEIZ** gilt es in Scuol, Engelberg, Jungfrau oder in Zermatt und in **DEUTSCHLAND** auf der Zugspitze unvergessliche Stunden im Schnee zu verbringen. Info für alle 5 Iglu-Dörfer: **WWW.IGLU-DORF.COM**.
Aber auch **ÖSTERREICH** hat aufgeschaufelt, hoch droben oberhalb von Sölden (Tirol) auf 2700 m ü.M. liegt das Icegloo Village (Schneedorf). **WWW.SCHNEEDORF.COM**
Vor dem Übernachten wird sich in einer der höchstgelegenen Saunen oder im blubbernden heißen Whirlpool entspannt. Alle Dörfer haben ihr ganz eigenes Flair und bieten ein buntes Rahmenprogramm. Beispielsweise eine Schneewanderung, Gletscherwanderungen, Rodelpartie, Iglubau-Workshop, und ganz Mutige probieren einmal den neuen Wintersporthit, das Airbordcarving, aus.
Und weil es in der Gruppe noch mehr Spaß macht, versucht mal ein paar Freunde zusammenzutrommeln und auf geht's in die Gletscherwelt der Alpen mit ihrem winterlichen Bergpanorama, ihren traumhaften Sonnenauf- und -untergängen sowie einem unbeschreiblichen Sternenhimmel.
PREISBEISPIEL für eine Übernachtung im Schneedorf Sölden im 4-Bett-Iglu mit Airboardcarving, ab 149 €/inklusive: Begrüßungsgetränk im Schneedorf/Airbord mit Schutzausrüstung plus Kurs/Transfers mit dem Skidoo/Saunaerlebnis in der höchstgelegenen Sauna Europas/Abendessen (Suppe und Raclette)/frisch gewaschene Hüttenschlafsäcke bis – 40 Grad/Luftbetten mit Schaffellen/Frühstück im Bergrestaurant/Betreuung geschulter Guides
Nur Übernachtung im Iglu ab 95 € (HP)

TIPP!

Der neue Wintersporthit: **AIRBOARDCARVING**, Kurs von 13.00 bis 17.00 Uhr. Danach geht es auf die Pisten und Hänge für jede Könnerstufe. **WWW.SCHNEEDORF.COM**

BOHUSLÄN/SCHWEDEN: Winterpaddeln – die etwas andere Winterreise!
Draußen schimmert das Wasser unergründlich. Die Sonne blitzt durch den Wolkenvorhang und zaubert einen geheimnisvollen Glanz auf die frostträge Wasseroberfläche. Eine Bilder-

TIPP!

buchstimmung, eine Winterstimmung, einfach unbeschreiblich ... Raus zum Paddeln! Und es ist lange nicht so kalt, wie es aussieht. Mit Neos und der Pudelmütze kommen wir langsam ins Schwitzen. Und dann lugt auch noch die Sonne über die Schären. Einfach fantastisch! Erlebnisreiche Winterpaddeltour, außergewöhnliches Naturerlebnis, drei Hotelübernachtungen in „Handelsman Flink"

1 Woche, ab 895 € (HP) inkl. Anreise ab Kiel, Ausrüstung und Reiseleitung/CLUB AKTIV

INFO: Diese Reise wurde von der Reiseredaktion Sonntag AKTUELL im Jahre 2005 ausgezeichnet!

Und der Reiseveranstalter erhielt bereits zum dritten Mal die Auszeichnung „Bester Veranstalter" des Scandinavian Travel Awards!

EVENTS UND UPDATES AUF DER INTERNETSEITE: WWW.DIE-BESTEN-SINGLEREISEN.DE

KREATIV-REISEN

MAL-REISEN

FARBENRAUSCH ... ENTDECKE DEINE KREATIVE ADER!

Vergiss den Alltag – lass Stress und Anspannung zu Hause. Tauche ein in die faszinierende Welt von Farben und Formen – fröne der kreativen Muße des Augenblicks! Malen nach Herzenslust, denn bezaubernde Motive gibt es überall. Nicht das Resultat ist wichtig, sondern das kreative Tun. Darum gibt es kein „Gut" oder „Schlecht". Ob Anfänger oder Fortgeschrittener, qualifizierte KursleiterInnen fördern jede(n) in seiner ganz persönlichen Aussage und Technik. Auch das Alter der Teilnehmer spielt keine Rolle – im Gegenteil, das Interesse steht im Vordergrund. Und da Kreativferien in kleinen Gruppen stattfinden, lernen alle von allen. Einsteiger profitieren vom Können der Erfahrenen, die wiederum bewundern die „unverbildete" Frische der Neulinge.

Wer Malen erst mal ausprobieren möchte, kann hier in Deutschland bei Hahnemühle an einem Wochenendkurs teilnehmen. Ein Malkurs lässt sich auch gut mit einem regulären Urlaub verbinden. ROBINSON, ALDIANA oder CLUB MED bieten in ihren Kreativ-Ateliers die verschiedensten Malkurse an, siehe CLUB & MORE.

REISEN IM FARBENRAUSCH FÜR DIE SINNE:

Lasst uns mit Pinsel und Farbtopf in die geheimnisvolle Welt der Farben eintauchen!

SCHNUPPERKURSE MIT HAHNEMÜHLE

Hahnemühle gibt uns die Möglichkeit, hier in Deutschland, im Rahmen eines Wochenendkurses im „Kreativ-Atelier", den Pinsel selbst in die Hand zu nehmen! Alle Veranstaltungen werden mit qualifizierten Dozenten durchgeführt. Die Kurse inklusive der Mahlzeiten kosten ab 200 €, Unterkünfte und Näheres zu den Kursen bitte direkt bei „Hahnemühle FineArt" erfragen.

PASTELL – LANDSCHAFTEN – STILL-LEBEN – TIERE: IN WÜLFRATH-DÜSSEL / DEUTSCHLAND

Weich oder schroff, zart oder kräftig, zeichnerisch oder malerisch, realistisch oder abstrahierend, so individuell wie der Benutzer selbst lässt sich auch dieses Malmittel einsetzen. Keine Vorkenntnisse erforderlich.

SUMI-E – JAPANISCHE TUSCHMALEREI IN DASSEL

Sumi-e, traditionelles Malen mit schwarzer Tusche, ursprünglich aus China, wandelte sich in Japan mit dem geistigen Einfluss des Zen-Buddhismus. Einfachheit, Vertiefung, Harmonie und Eleganz sind die Grundelemente. Jeder Pinselstrich besitzt eine eigene Individualität. Der Künstler folgt seiner Inspiration spontan und direkt. Mit geistiger Vitalität und wenigen Strichen wird das Wesentliche des gezeichneten Objektes ausgedrückt. Sumi-e-Malerei ist viel mehr als die Ausübung einer Kunst. Es ist ein geistiger Weg zum inneren Gleichgewicht, Frieden und Harmonie. Keine Vorkenntnisse im Malen und Zeichnen erforderlich. HAHNEMÜHLE

KREATIVES MALEN. GANZ EINFACH – NACH HERZENSLUST MALEN.

Auf romantischen Blumenwiesen oder in der näheren Umgebung malen wir in Badenweiler im SCHWARZWALD / DEUTSCHLAND, mit den verschiedensten Techniken nach der Maxime „Erlaubt ist, was gefällt". Wichtig! Es sind keinerlei

Vorkenntnisse nötig, wer sich zu den AnfängerInnen zählt, erhält Tipps und Anregungen oder kann sich an einem kurzen Lehrgang beteiligen. Beim täglichen Treffen nach dem Frühstück wird Wissenswertes über Maltechniken, Bildaufbau und kreative Umsetzung vermittelt. Schon bald wissen wir – Farben vermitteln Lebensfreude. Neues entdecken und sich nebenbei vom heilkräftigen Wasser verwöhnen lassen, wie es schon die alten Römer liebten. Das Hallenbad des traditionsreichen Hotels verwöhnt uns mit wohltuend warmem Thermalwasser. In unmittelbarer Nachbarschaft haben wir Gelegenheit, das berühmte Thermalbad Cassioppeia zu genießen.
1 Woche, Eigenanreise, 1030 € im EZ (HP)/**BAUMELER MALREISEN**

„**DIGITALES – FOTOGRAFIEREN – UND MALEN**" AUF **RÜGEN / DEUTSCHLAND**. Damit starten wir auf der Ostseeinsel Rügen unsere Rundreise in die Welt der Farben und Pinsel. Schon immer fühlten sich Künstler von der Insel Rügen magisch angezogen. Der Landschaftsmaler Kaspar David Friedrich verewigte die berühmten Kreidefelsen auf seinem Bild.
10 Tage, ab 1400 € HP/**BAUMELER MALREISEN**

CARTOONZEICHNEN IN BAD URACH: In der Schwäbischen Alb versuchen wir es mit Cartoonzeichnen. Im Wellnesshotel befindet sich eine großzügige „Alb Therme" zum Entspannen. Gemeinsame Ausflüge stehen mit auf dem Programm.
1 Woche, Eigenanreise, ab 990 € (HP)/**BAUMELER MALREISEN**

ZUM SKIZZIEREN UND MALEN LASSEN WIR UNS IN DER KÜNSTLEROASE ASCONA / SCHWEIZ NIEDER. Maler und Schriftsteller, Dichter und Tänzer haben diese einzigartige Kleinstadt als Wahlheimat gewählt, so Paul Klee, Marianne Werefkind und viele andere. Zum Skizzieren und Flanieren laden die Altstadt und die Piazza mit ihren Palmen und knorrigen Platanen ein.
1 Woche, Eigenanreise, ab 1210 € (HP)/**BAUMELER MALREISEN**

AUF DEN SPUREN SEGANTINIS UND GIACOMETTIS BEFINDEN WIR UNS IN DER OBERENGADINER BERGWELT. Wir wohnen in einem Hotel mit „Hüttenfinken"-Touch, fernab von der Zivilisationshektik, am romantischen Bergbach. Hier werden wir mit Zeichnen, Malen und Wandern die Natur voll auf uns einwirken lassen.
1 Woche, Eigenanreise, 890 €/**BAUMELER MALREISEN**

SCHON VAN GOGH UND CÉZANNE HABEN SICH IN DER PROVENCE / FRANKREICH, dieser Landschaft für alle Sinne, mit ihren Lichtspielen, Farbklängen und Duftwolken, inspirieren lassen. Auch wir werden in den Zauber der provenzalischen Welt eintauchen und mit Pinsel und Stift auf Entdeckungsreise gehen.
8 Tage, ab 1250 € (HP)/**BAUMELER MALREISEN**

DER SCHMALE LIGURISCHE KÜSTENSAUM IN ITALIEN verspricht einen endlosen landschaftlichen Hochgenuss. Im Schutze der steilen Felsküste gedeiht in mildem Klima eine üppige mediterrane Vegetation. Palmen, Agaven, Zypressen und blühende Kakteen bilden den Hintergrund zu den malerischen Küstendörfern mit ihren pastellfarbenen Häusern. Bonassola, das ruhige, beschauliche Dorf mit seinen engen Gassen und seiner Piazza, lädt zum Malen und Verweilen ein.
1 Woche, ab 990 € (HP)/**BAUMELER MALREISEN**

IM WEITEN SÜDEN TUNESIENS FINDEN WIR TAUSENDUNDEIN MOTIV. Alte Berberdörfer und Wehrburgen sind ein wunderbares Mosaik, in welchem die Zeit und zahlreiche Kulturen ihre Spuren hinterlassen haben. Die freundliche Bevölkerung und die überwältigenden Landschaften hinterlassen unvergessliche Impressionen.
8 Tage, ab 1460 € (HP)/BAUMELER MALREISEN

WER WEIT WEG MÖCHTE, KOMMT MIT NACH BALI/INDONESIEN, Insel der Götter und Dämonen, der Tempel und Paläste, der freundlichen Menschen und farbenfrohen Festivals. Die einzigartigen Naturschönheiten geben uns Motive genug.
16 Tage, ab 3500 € (HP)/BAUMELER MALREISEN

EXPERIMENTELLES MALEN IM HARZ/DEUTSCHLAND FÜR „LADIES ONLY"
In Farben schwelgen, diese mischen und miteinander verbinden. Mit Öl und Acryl, mit der Spachtelmasse und Pigmenten experimentieren, sich trauen und ausprobieren, das sind die Themen bei diesem Workshop. Der Kurs findet im Garten der Frauenpension Arleta statt (bei Regenwetter unter Pavillons).
1 Woche, Eigenanreise, ab 300 €/EZZ ab 40 € (VP) FRAUEN UNTERWEGS

KORFU/GRIECHLAND GLEICHT EINEM MEER VON OLIVENBÄUMEN UND ZYPRESSEN. Überall duftet es nach wilden Kräutern. Inmitten dieser Naturlandschaft liegt der Ouranos Club. Etwa 10 Gehminuten entfernt von den wunderschönen, langen Sandstränden im grünen Nordwesten der Insel.
Wie es uns gefällt! Ein offenes Programm zum Schnuppern und Ausprobieren lässt uns genug Freiraum, den Tag individuell nach eigenen Wünschen zu gestalten. Ob wir den Tag mit Meditation bei Sonnenaufgang starten wollen oder mit Landschaftsmalerei auf einer schönen Wiese beginnen. Weiter gehört zur Angebotspalette des Hauses: Ausdrucksmalen und SEIDENMALEREI, BODYPAINTING, STEINBILDHAUEN und AUFBAUKERAMIK. Für den körperlichen Ausgleich sorgen: Yoga und Tanz, Tai Chi und Massagen, Stretching und Entspannungsübungen, sanfte Atem- und Körperübungen. Auch abwechslungsreiche Ausflüge gehören zum vielfältigen Programm.
1 Woche, Eigenanreise, ab 350 €/EZZ ab 45 € (HP)/inkl. Programm/ONE WORLD

MALEN UND ENTSPANNEN im wunderschönen Norden auf MALLORCA/SPANIEN mit seiner ausgedehnten Berglandschaft, dem strahlend schönen Wetter, feinen Sandstränden mit glasklarem Meer. Hier können wir ganz entspannt unsere Malkenntnisse vertiefen oder den Pinsel das erste Mal in die Hand nehmen, um die herrliche Landschaft aufs Bild zu bringen. Freude am Malen und viel Zeit zum Entspannen, das ist – Urlaub für Körper, Geist und Seele!
1 Woche, Eigenanreise, ab 399 €/EZZ 120 € (HP)/ANDEREREISEWELTEN

MALEN IN DEN BERGEN – MIT DEN EUROPA WANDERHOTELS
Spezielle „AQUARELL-MALWOCHEN" und „CHINESISCHE TUSCHMALWOCHEN" mit Profis finden im Wanderparadies Oberes Gericht in FISS/TIROL/ÖSTERREICH im Verwöhnhotel Chesa Monte statt. In der Freizeit können wir dann bei den geführten Wanderungen und Nordic Walking mitmachen. Die Wanderungen führen uns in stille Seitentäler und Hochplateaus im Oberen Gericht, entlang der rauschenden Bäche und blühenden Almwiesen der Silvretta- und

Samnaungruppe Tirols. Im Hotel lassen wir es uns in der Sauna und im Hallenbad mit Jetstream so richtig gut gehen.
1 Malwoche, Eigenanreise, ab 380 € im EZ (HP)/**EUROPA WANDERHOTELS**

TIPP! Ach ja, und Sticken können wir auch wieder lernen, im Hotel Chesa Monte bietet Lena ihre Handarbeitswoche **„LENA-STICKKURS"** an.

Eine Kombinationswoche mit **MALEN UND WANDERN** im **SALZBURGER LAND**. Saftige Almen mit herrlichen Blicken auf Naturschauspiele, Steinberge und auf die fernen Gletscher des Großglockners. Erlebnis- und Wanderparadies Hotel Glemmtalerhol, Hinterglemm.
Freizeit: Panorama-Hallenbad, Sauna, Spa und Wellness, Tennis, Golf, Fischen, Biken u. a.
1 Mal- und Wanderwoche, Eigenanreise, ab 500 € im EZ (HP)/**EUROPA WANDERHOTELS**

Spezielle **AQUARELL-MALWOCHE** auf dem Hochplateau der steirischen **RAMSAU**. Mit weitem Rundum-Panorama ist es ein außerordentlicher Platz, um mit der Natur eins zu sein. Wander-Vitalhotel, Steirerhof, in Ramsau.
Freizeit: Geführte Wandertouren, Nordic-Walking-Angebot, Sauna, Massagen und Whirlpool.
1 Malwoche, Eigenanreise, ab 350 € im EZ, (HP)/**EUROPA WANDERHOTELS**
TOPANGEBOT! Malunterricht und Rahmenprogramm sind im Preis inklusive.

„NATUR UND KUNST HABEN GLEICHERMASSEN IHRE GESETZE – IM LOSLASSEN ENTSTEHT SCHÖNHEIT, NEUES, NIE VORHERZUSEHENDES." (GRETEL EISCH)
Inspiriert von der Freiheit der Waldwildnis im **BAYRISCHEN WALD**, arbeiten wir unter der Anleitung erfahrener Bildhauer aus dem toten Holz Dinge, die Leben ausstrahlen. Die toten Stämme bekommen damit eine neue Bedeutung. Das behauene und bemalte Holz bleibt am Ende des Workshops zurück, als Geschenk für den Wald und als Zeichen dafür, dass wir die natürlichen Kreisläufe vom Werden und Vergehen des Waldes akzeptieren.
3 Nächte, Eigenanreise, ab 250 €/EZZ auf Anfrage (HP Plus)/**WALDZEIT**

STEINBILDHAUEN im **HARZ**! Im Stein eine Form sehen, dieser nachspüren und dem Stein Gestalt geben – vom rohen Stein bis hin zur polierten Skulptur werden wir das spannende Wachsen der anfänglich nur erahnten Form erleben. Wir arbeiten mit Speckstein oder Alabaster, die relativ „weich" sind, sodass wir fast „modellieren" können.
1 Woche, Eigenanreise, ab 300 €/EZZ 40 € (VP)/**FRAUEN UNTERWEGS**

TIPP! EINEN MAL-, ZEICHEN- ODER RADIERKURS IN FLORENZ MIT EINEM ITALIENISCHKURS VERBINDEN!
Siehe unter Sprachreise – Florenz.

INKLUSIVLEISTUNGEN: Anreise, wenn nicht, steht Eigenanreise vor dem Preis/die Verpflegungsart steht jeweils im Kürzel in Klammer/Preisberechnung ist für das halbe DZ, wenn nicht steht EZ oder DZz.A./alle Preise sind für Reisen in der günstigsten Saison! Malkurse sind meistens im Preis inkludiert.

EVENTS UND UPDATES AUF DER INTERNETSEITE: WWW.DIE-BESTEN-SINGLEREISEN.DE

FOTO-REISEN

KURZ & KNAPP

Unterwegs mit Foto-Profis!

Reisen für Foto-Enthusiasten sind für alle, die mehr wollen als nur „knipsen". Die den Erlebnisrahmen und -gehalt in gekonnte fotografische Formen umsetzen möchten, nach Kriterien, die das Künstlerische und das Ästhetische verfolgen. Wie z.B. die bewusst gestalteten Bildsequenzen und die individuelle Gestaltung, die Verfremdung oder das Nahebringen und was sonst noch alles möglich ist.

Wichtig für den Zeitpunkt von Besichtigungen und Besuchen für die Foto-Aktionen ist das Licht. Deshalb wird oft sehr viel früher aufgebrochen – gelegentlich vor Sonnenaufgang –, um eben diesen mitzuerleben und zu fotografieren. Dafür ist dann mittags oft ausgedehnte Siesta angesagt.

Ikarus bietet diese FotoTours zusammen mit bekannten Meisterfotografen wie Victor von Brauchitsch, Reiner Harscher, Per-André Hoffmann, Leo f. Post und Helfried Weyer an.

Die „FotoTours" gehen in aller Herren Länder: von Argentinien und Burma über Gabun und die Mongolei bis zu den Philippinen, um nur einige Länder zu nennen.

Zum Beispiel: Zwei Wochen **PHILIPPINEN** mit Mt. Data, den Reisterrassen von Banaue und den Ifugao-Dörfern in Nord-Luzon. Auf Bohol werden die Chocolate Hills besucht. Auf dem Heimflug werden wir einen zweitägigen Stopp in der Supercity Hongkong haben. Der Reisefotograf und Texter ist „P. A. Hoffmann"./16 Tage ab 2490 €.

Oder **FRANZ-JOSEPH-LAND / ARKTIS / RUSSLAND:** eine vierzehntägige Eisbrecher-Expedition mit der Kapitän Dranitsyn zum Franz-Joseph-Land, einem der unbekanntesten und erst 1872 entdeckten Archipel am Rande des arktischen Ozeans. Auf den Spuren der Erstentdecker, Weyprecht und Payer, sind wir die meiste Zeit vom Packeis umgeben. Der Reisefotograf ist Helfried Weyer, Autor von etwa 40 Foto-Fachbüchern und Bildbänden. 16 Tage ab 7390 €

Foto-Reisen bei FotoTours können nur direkt bei **IKARUS** gebucht werden.

NATIONALPARK BAYERISCHER WALD / DEUTSCHLAND

Auch bei uns ist es schön und die Kunst des Sehens können wir auch hier gleich um die Ecke erlernen, und zwar im Nationalpark Bayerischer Wald:

Stille Moore, moosbedeckte Baumriesen und rauschende Bergbäche lohnen sich mit der Kamera einzufangen. Unter der Anleitung des renommierten Landschaftsfotografen Siegward Schmitz entwickeln wir ein Gespür für Linien und Muster in der Natur und erhalten wertvolle Tipps für den Umgang mit der Kamera. Das ist nicht genug, denn auch ein Biologe wird uns teilweise begleiten, der uns Einblicke in die faszinierenden Lebensräume des NP geben wird. Wir übernachten im Hotel Zwieseler Waldhaus inmitten des NP.

1 Woche, Eigenanreise, ab 630 € im EZ (HP)/**WALDZEIT**

Außerdem können wir im NP Bayerischer Wald Luchse, Bären Wildkatzen und andere heimische Tierarten in einem Umfeld fotografieren, das ihrem natürlichen Lebensraum entspricht. Wir

wohnen im gemütlichen Landgasthof Euler und genießen nach getaner Arbeit heimische Köstlichkeiten.
1 Woche, Eigenanreise, 630 € im EZ (HP)/**WALDZEIT**

EVENTS UND UPDATES AUF DER INTERNETSEITE: WWW.DIE-BESTEN-SINGLEREISEN.DE

GOURMET-REISEN

KURZ & KNAPP
SEITENSPRUNG MIT DEM KÜCHENCHEF:
Weil Liebe durch den Magen geht ... wollen wir eintauchen in die Welt der Genüsse.
Nach Herzenslust schlemmen und wohltuend genießen mit einer ausgewogenen und genussvollen Ernährung gehört zu einem ganzheitlichen Wohlfühlkonzept.

KULINARISCHE GENÜSSE bei ROBINSON
Experte, Sterne- und Haubenkoch Otto Koch sorgt bei ROBINSON für eine abwechslungsreiche Auswahl am Büfett – morgens, mittags und abends. Ausgewogene, frische und fettarme Speisen aus frischen Zutaten, die einen aktiven Lebensstil unterstützen.
Otto Koch genießt für seine kreative Küche internationalen Ruhm. Seit 1995 stimmt er als kulinarischer Berater das gastronomische Angebot auf die neuesten Trends ab.
Zwischen Mai und Oktober präsentieren Sterneköche an 5 aufeinander folgenden Tagen ihre neuesten Gourmetkreationen in verschiedenen ROBINSON Clubs. Hier können wir erleben, wie sich das ganze Restaurant in eine Bühne verwandelt, in der sinnliches Genießen die Hauptrolle spielt:
Im **KOCHARTELIER** liegt die Kunst längst nicht „nur" auf dem Teller, sondern spricht alle Sinne an und lädt die Gäste zu künstlerischer Interaktion ein. So sind zum Beispiel die außergewöhnlichen Tischdekorationen, Musik und Lichtverhältnisse auf die einzelnen Gänge individuell abgestimmt. Die Gäste werden in das Gesamtkunstwerk einbezogen und können sich auch selbst künstlerisch betätigen.
KOCHOLYMP: Gemeinsam mit dem ARD-Büfett sucht ROBINSON erneut die besten Hobbyköche.
WINEART: Eine saisonale Auswahl besonders geschmackvoller Weine aus der Region empfiehlt Serge Dubs, bekannter Sommelier aus dem Sternerestaurant L'Auberge de L'Ill im elsässischen **ILLHAEUSERN, ALS „SÉLECTION DE SERGE BUBS".**
ESSBARE LANDSCHAFTEN: Es sind meist die Kräuter, die den Gerichten die richtige Würze geben. Wer gutes Essen liebt, schätzt deshalb Thymian, Salbei und Basilikum. Aber wer kennt schon Franzosenkraut, Geißfuß, Vogelmiere oder Magentamelde? ROBINSON lädt uns herzlich ein, essbare Kräuter – bekannte und fast vergessene, wilde und kultivierte – in ihrer ganzen Vielfalt zu entdecken. Was? ... Wo? ... in verschiedenen ROBINSON CLUBs.
Siehe **CLUB & MORE.**

GAUMENFREUDEN bei ALDIANA
Unter dem Motto: Neue Erlebniswelten, Kochkünste zu genießen oder sich neuen Künsten

zu öffnen, können wir uns bei ALDIANA mit Meisterkoch Manfred Schwarz, ausgezeichnet mit einem Michelin-Stern und 16 Gault-Millau-Kochmützen, in die hohe Kunst des Kochens einweihen lassen. Für alle, die Genuss kombiniert mit Spaß lieben. In verschiedenen ALDIANAs. Oder wir nehmen an einem der EUROTOQUES Kochclub – ALDIANA Küchenchefs und Gastköche präsentieren:

Inhalte des **GOURMETEVENTS**: Kulinarische Leckerbissen im Restaurant/Kochstudio auf der Poolterrasse/Kochquickie, hier werden raffinierte Kleinigkeiten zubereitet/Salate, Dips und kulinarische Snacks zum „zu Hause Nachkochen"/Livekochen mit Kräutern und regionalen Produkten/Spaß beim Kochen, ob in der Disco, beim Midnight-Snack oder am Beach – die neue Küche mit Überraschungsgags.

GAUMENFREUDEN im ALDIANA Hochkönig: Gourmetwoche mit: **ÖSTERREICHISCHE** Spezialitäten und Süßspeisen/Kochkurs mit Küchenchef Rudi Huber/Großmutters Rezepte/Wein- und Schnapsdegustation/Erlebnisreicher Cocktailkurs/Viele Tipps und Tricks für eine gelungene **PARTY**.

NATUR & KULTUR-WOCHE: Kräuterwanderung, Brot- und Käseherstellung nach alter Bauernart, Wissenswertes über Honig und seine Herstellung, Besuche von lokalen Sehenswürdigkeiten u.v.m.

WEINSEMINAR, WEINWISSEN – ROTWEIN-BASIC-SEMINARE

Mit Michael Liebert – Wein und Sensorik-Trainer. 1. Wein richtig verkosten – nicht nur trinken. 2. Die wichtigsten Rebsorten – Merlot, Cabernet & Co. 3. Die Kunst der Weinmacher./Was? ... Wo? ... in verschiedenen ALDIANAs.

Weitere Infos über ALDIANA und ROBINSON siehe **CLUB & MORE**.

WEITERE KOCHMÖGLICHKEITEN UND LUKULLISCHE VERFÜHRUNGEN:

Einen Kochkurs können wir in Kalabrien und einen Koch- und Weinkurs in Florenz, beide in Italien, während unserer **SPRACHREISE** belegen.Siehe Sprach-Reisen, Kalabrien.

In **THAILAND** haben wir auf unserer **WANDER-REISE** die Gelegenheit, einmal in die thailändischen Kochtöpfe zu schauen. Siehe Wanderreisen, Thailand.

In der Provence und Sizilien lernen wir hautnah von den Einheimischen, aus Wildkräutern ätherische Öle herzustellen, kosten Rosenblütenkonfitüre und lassen uns kulinarisch in der Biocreperie verführen, stampfen den Wein mit den Füßen, und Mireille Demas zeigt uns, wie man „savoir-vivre à la français" kocht. Siehe bei **AKTIV & SUN (VON MENSCH ZU MENSCH)**.

Einen Kochkurs für die Bouillabaisse und eine „literarisch-lukullische Krimikost" gibt's bei den **LITERATUR-REISEN**.

Einen besonderen Leckerbissen, „Weinschlösser in Bordeaux", können wir mit einem Reiterurlaub in Frankreich kombinieren. Wir werden nicht nur die berühmtesten Weine verkosten, auch ein Gourmetdinner im Schloss Cordeillan-Bages, erwähnt auch mit 2 Sternen im Guide Michelin, werden wir genussvoll erleben. Siehe **REITER-REISEN, FRANKREICH**.

Einen weiteren Ritt zum Genießen in die „Küche Frankreichs" und die „Provence" Deutschlands im Elsass und Kaiserstuhl bietet Pegasus in seinem Katalog an.

Der Reiseveranstalter Baumeler bietet in seinem Wanderkatalog eine Wander-Reise in der Cinque Terre mit Kochkurs und Weinwander-Reisen in Bordeaux/Frankreich, Sizilien/Italien, Österreich und in Navarra/Spanien an. Diese Reisen sind nur im Katalog des Reiseveranstalters **BAUMELER** beschrieben.

‚English und Wine' in Kapstadt: Morgens Englisch und nachmittags nicht nur Weine verkosten, sondern auch verschiedene Weingüter besuchen und Interessantes über die Weinherstellung erfahren. Siehe Katalog von **LAL**.

Events und Updates auf der Internetseite: www.die-besten-singlereisen.de

Literatur-Reisen

„erLesen reisen"
Urlaub auf den Spuren von Büchern:
Geschichten und Bücher sind der Rote Faden unserer nächsten Reisen. Wir folgen ihnen an ihre Spielorte in nah und fern und entdecken diese aus der ungewöhnlichen Perspektive von Detektiven, Lebenskünstlern, Forschern und bekannten Persönlichkeiten. Mit Spannung und Spaß, kulinarischen Genüssen und, wenn möglich, exklusiven Begegnungen mit Autoren und Autorinnen erleben wir Literatur mit allen Sinnen:
Literarisch-lukullische Krimikost im Ahrtal / Eifel / Deutschland: Man nehme: Eine Prise gut recherchierte Ortskenntnis, je eine doppelte Portion Spannung und Humor und schmecke dann das Ganze mit viel Wein-Wissen und exklusiven Schlemmereien ab. Der Krimiautor Carsten Sebastian Henn bezeichnet das Ahrtal als seine „Weinheimat" und verbindet in seinen Büchern die Welt der Küche mit der des Kriminalfalls.
3 Tage, Eigenanreise, ab 485 €/EZZ 65 € (VP, teilw. Getränke)/Ibali erlesen reisen

Lumpenpack & Leckerli: Es ist schlimmer, als die Polizei erlaubt: Hunkeler-Krimis machen **Basel**-süchtig! Und nun gibt es auch noch die passende Reise dazu! Wir folgen den Fällen und Verstrickungen des Kommissär Hunkeler durch Basel und ins Dreiländereck und begegnen dem renommierten Schweizer Autor und Dramatiker Hansjörg Schneider persönlich.
3 Tage, Eigenanreise, ab 449 €/EZZ 60 € (HP)/Ibali erlesen reisen

Ein Streifzug mit Izzos Fabio Montale. Schillernd und morbide, lebendig und verrucht, vertraut und verführerisch – das ist **Marseille / Frankreich**, heimliche Hauptfigur der Fabio-Montale-Krimis von Jean-Claude Izzo. Wir streifen durch „seine" Stadt, entdecken auf ihren Märkten – und beim Kochkurs Bouillabaisse – ihren Geschmack und Duft zwischen Okzident und Orient. Wir folgen Montale hinaus aufs Meer und bis ans „Ende der Welt".
5 Tage, Eigenanreise, ab 799 €/EZZ 125 € (HP)/Ibali erlesen reisen

Ein Leben in den Hügeln der Zikaden. Aubagne, Marseille, de Garlaban – vieles hat sich verändert in Marcel Pagnols **Provence**. Und doch sind sie unvergänglich: die Hügel und der Gesang der Zikaden, der Ruhm seines Vaters und das Schloss seiner Mutter, Lili aus Bellons und Manon des Sources. Vom quirligen Hafenstädtchen Cassis folgen wir Pagnols abwechslungsreichem Leben und Schaffen – wandernd mit Mauleseln, per Boot in die Calanques und genießend bei gutem Wein und echter Bouillabaisse.
9 Tage, Eigenanreise, ab 1290 €/DZ z.A. 320 € (teilweise HP)/Ibali erlesen reisen
Grosse Reise in die Sahara in Tunesien und Libyen. Was trieb sie an, die Afrikaentdecker des 19.

Jahrhunderts? War es Forschergeist? Oder Abenteuerlust? Heinrich Barth und Gerhard Rohlfs verband wohl beides. Mehr noch: Ihre Offenheit und Sensibilität bescherte ihnen Einblicke in Kulturen und Landschaften, die bis dahin nur „weiße Flecken" in Europas Atlanten waren. Wir folgen Barth & Rohlfs von Marseille in die Sahara – zu Wasser, zu Land und hoch zu Kamel.
21 Tage, ab 3480 €/EZZ 95/380 € (F/17x M/19xA)/IBALI ERLESEN REISEN

GESCHICHTE(N) AUF DEM WEG ZUR FREIHEIT: SÜDAFRIKA 1994: Nelson Mandela wird Staatspräsident! Der „lange Weg zur Freiheit" scheint am Ziel. Doch woher kamen sie, die Sehnsucht, der Kampfgeist und die Weitsicht jenes Mannes, der 27 Jahre lang politischer Gefangener war und dennoch unbeirrt auf Mut und Versöhnung setzte? Wir gehen ein Stück des „langen Weges" – von Kapstadt bis in Mandelas Geburtsregion – und begegnen dort der fantastischen Autorin und Geschichtenerzählerin Gcina Mhlophe.
15 Tage, Eigenanreise, ab 2690 €/EZZ ab 290 € (HP)/IBALI ERLESEN REISEN

ÜBRIGENS: Wir müssen die Bücher zu diesen Reisen nicht vorher gelesen haben. Spaß am Thema und Neugier auf Neues genügen!/IBALI ERLESEN REISEN

WEITERE LITERATUR-REISEN:
Auf den Spuren von Kommissar Wallander: steht bei Fahrrad-Reisen. Eine Reise nach Riga, Lettland: steht bei Städtereise. Im Kultimer von Studiosus, der alle 2 bis 3 Monate erscheint, werden auch Literatur-Reisen angeboten. Auch auf hoher See werden Literatur-Reisen mit bekannten Autoren an bestimmten Terminen angeboten. So können wir z.B. einen Krimi auf hoher See, auf der AIDA, erleben; siehe Seereisen.

EVENTS UND UPDATES BEFINDEN SICH AUF UNSERER INTERNETSEITE: DIE-BESTEN-SINGLEREISEN.DE

MUSIK-, KUNST- UND THEATER-REISEN

MUSIK LIEGT IN DER LUFT ...
Musikgruppenreisen können wir mit Ikarus auf eine ganz besondere Art erleben. Denn neben dem Opern- und Kulturereignis wird auch noch ein anderer Besichtigungs- und Erlebnisschwerpunkt im Zielgebiet mit einbezogen. Gemeinsam mit anderen Opern- und Kulturfreunden werden wir an Opernaufführungen und anderen Kulturereignissen teilnehmen. Ikarus ist bemüht, möglichst einen persönlichen Draht zu Opernhäusern und gelegentlich auch zu Sängerinnen und Sängern, Dirigenten und Regisseuren herzustellen.
Im Ikarus „Klassik-Klub", für deren Zugehörigkeit keine Beitragsgebühr zu zahlen ist, haben sich enge Freundschaftsbeziehungen entwickelt und wer einmal dabei gewesen ist, freut sich auf die nächste Teilnahme. Jeder ist herzlich willkommen.
AUSSCHNITTE AUS DEM IKARUS GRUPPENREISEN-MUSIKPROGRAMM:
Eine Woche Opernfestival auf MALTA ab 998 €/das Opernfestival von VERONA/ITALIEN 5/6-Tage-Tour mit Busanreise ab/bis Frankfurt, Übernachtung im 4-Sterne-Hotel in Abano Terme mit HP und Ausflüge ab 560 €/Opernreise nach SALZBURG/ÖSTERREICH, Preis auf Anfrage/Opern-

festival in Savonlinna ab 1590 €/Opernfestspiele in Riga ab 1430 €/Silvester in Dresden mit dem Besuch der Semperoper mit jeweiligem Silvesterprogramm, Führung durch das Grüne Gewölbe und Silvesterparty mit Büffet, Musik und Tanz im Hotel, 3 Nächte ab 500 €
INTERESSANT: Die Oper ist wohl die kostspieligste Kultur- und Kunstartikulation. Mit dem Kauf eines Operntickets, wie teuer es auch immer sein mag, kann der Opernbesucher damit rechnen, dass der „Fiskus" diesen Besuch mit mindestens 70 bis 90 % subventioniert./**IKARUS**

VERONA FESTSPIELE
In Verona liegt Musik in der Luft – Kompositionen von Verdi, Puccini oder Bizet ertönen in der antiken Arena. Auch Studiosus bietet in seinem Städte-Reisenkatalog eine Gruppenreise zu den Festspielen in Verona an. Für 5 Reisetage, 2 Opernaufführungen (1. Rang), ÜF, Ausflugsprogramm, Reiseleiter, ab 1085, EZZ plus 120 €, inkl. Bahnanreise
Fünftägige Silvesterreise mit Neujahrskonzert in Prag, Ü/HP ab 965 €/**STUDIOSUS**

HERAUSRAGENDE EVENTS IN ALLER WELT ...
Ob Pop, Jazz und Klassik, Festivals, Kunst & Ausstellungen, Theater & Literatur, weltweit von Deutschland über Marokko bis Amerika, sind alle Angebote gemeinsam in einem „**KULTIMER**"von **STUDIOSUS** aufgeführt.

Termine siehe: **WWW.DIE-BESTEN-SINGLEREISEN.DE ODER IM REISEBÜRO**

TANZEN

KURZ & KNAPP:
TIPP! Lust auf „Dirty Dancing"? Warum nicht mal auf **KUBA**!?
Unser Lehrer wird zwar nicht Patrick Swayze sein, dafür wird uns aber vielleicht ein heißblütiger Latino durch die Straßen Kubas wirbeln. Hier können wir nach unserem Sprachunterricht am Nachmittag Salsa oder Reggaeton lernen.
Und gleiches Recht für alle, in **MÁLAGA/SPANIEN** warten bereits rassige Spanierinnen mit ihrem feurigen Flamenco auf männliche Schüler.
Beide Reisen siehe bei Sprach-Reisen unter Kuba und Málaga beschrieben.
In den Sprachkatalogen der Reiseveranstalter werden des Öfteren neben Sprachkursen auch Tanzkurse angeboten!
Salsa können wir außerdem ganz nebenbei auf La Gomera und auf Mallorca lernen. Siehe beim Kapitel Aktiv & Sun, bei den Reiseveranstaltern AKTIVIDA und SFI/KölnerClub.
Außerdem ist auf der Halbinsel Pilion/**GRIECHENLAND** Tanzen (griechische Tänze) im Reisepreis inklusive: siehe Wellness-Reisen bei ONE WORLD.
CLUB MED **OTRANTO/ITALIEN**, CLUB MED **KEMER/TÜRKEI** und CLUB MED **DJERBA LA FIDÈLE/TUNESIEN** bieten nicht nur Salsa-Kurse, sondern auch die verrückten Tanzpartys am Nachmittag – Crazy Afternoon – an. Siehe unter Club and More.

SPRACH-REISEN 🗣

SPRACH-REISEN

LET'S GET TOGETHER AND TALK!

Wie man in seinem Lieblingsland redet, lernt man am besten in seinem Lieblingsland. Die Welt ist ein globales Dorf. Man kommt mit der Weltsprache Englisch auch in entferntesten Zipfeln der Erde für überlebenswichtige Dinge einigermaßen gut weiter. Aber Sprachen zu lernen erweitert ganz ungemein den Horizont, vor allem, wenn es auf so spielerische Weise wie auf einer Sprachreise passiert. Alles ist möglich: Vom Anfänger- über Fortgeschrittenenkurs, vom Business- über Managerkurs, von Minigruppen über Einzelunterricht, von Langzeitkursen über „Learning by doing", vom Ferienkurs bis 50-plus-Kurs wird so ziemlich alles von den Sprach-Reisen-Veranstaltern angeboten.

„LEARNING BY DOING", morgens in einer lockeren Runde eine neue Sprache lernen und nachmittags beim Abtauchen, Segeln, Golfen, Reiten oder irgendeiner anderen Sportart wie Tanzen das neu gelernte Vokabular anwenden. Land und Leute können an Wochenenden so richtig unter die Lupe genommen werden. Die Sprachschulen bieten selbst oft Ausflüge an und geben auch Tipps für eigene Exkursionen. Bei den „50 plus" (ab 50 Jahren) wird von vornherein ein spezielles 50-plus-Programm zusammengestellt, mit weniger Unterrichtsstunden und mehr Kulturellem, das schon im Gesamtpreis enthalten ist.

Sprach-Reisen sind die singlefreundlichsten Reisen überhaupt, da gerade bei Sprach-Reisen die meisten Alleinreisenden unterwegs sind, gibt es hier mehr EZ als irgendwo sonst. Jeder kann sich seine Wunschunterkunft schon zu Hause aussuchen: Von Privatunterkünften (Gastfamilien), über Apartments, Schulresidenzen bis hin zum Hotel ist die Auswahl groß. Einige Reiseveranstalter bieten auch Wohnen im Hause des Lehrers an.

Eine Städtereise mit einer Sprachreise zu kombinieren macht nicht nur sehr schlau, sondern man kann die Stadt auch ausgiebiger genießen, da eine Sprachreise länger dauert als eine Städtereise.

ALSO WORAUF WARTET IHR NOCH? WELTWEIT OHNE EINSAMKEIT!

Bei Sprach-Reisen habt Ihr die große Auswahl, an den schönsten Plätzen dieser Welt mit vielen interessanten Multikulti-Menschen gemeinsam eine neue Sprache zu lernen oder zu perfektionieren. Und ganz nebenbei auch noch Eurem Hobby zu frönen. Die Sprachkataloge der Veranstalter sind voll davon, schaut Euch bei jeder beschriebenen Destination die beschriebene Freizeit oder Kombis an, Ihr werdet Euch wundern, was es alles gibt. Und das Alter spielt auch keine Rolle. Klar, in den Ferien sind überwiegend Schüler unterwegs, aber der Rest der Zeit ...?

DER NÄCHSTE URLAUB WIRD SCHLAUER!

FRANKREICH – NIZZA

Licht und Farben; die legendäre Stadt der Côte d'Azur aus Sonne, azurblauem Himmel, klarem Meer, Bergen zum Greifen nahe, Palmen und tausenden von Blumen. Die schöne Altstadt mit ihren berühmten Stadthäusern aus der Belle Époque, der Palast und der bekannte Blumenmarkt liegen in Laufnähe zur Promenade des Anglais, die den ewig langen Kiesstrand von der Stadt trennt.

Nizza hat das ganze Jahr hindurch viel zu bieten: Karneval, Blumenschlachten, Festspiele, Folklore, Opern und natürlich die kulinarischen Spezialitäten der regionalen und internationalen Küche. Aber auch das Umfeld bietet unendlich viele Ausflugsmöglichkeiten: Vielleicht einmal im Casino von Monte Carlo die Kugel rollen lassen, in Grasse sich sein eigenes Parfüm mischen, nach Cannes, wenn gerade die Reichen und Schönen aus aller Welt zu den Filmfestspielen sich hier ihr Stelldichein geben. Filmgeschichte live können wir zu jeder Zeit im ursprünglich, romantisch gebliebenen Saint Tropez erleben; die Gendarmerie, in der Louis de Funès seine Aufgaben als Gendarm sehr wichtig nahm, steht noch genauso da wie damals, nur die Filmhelden sind verstummt. Doch Brigitte Bardot, sie wohnt noch in Saint Tropez. Sie lebt zwar schon lange nicht mehr für die Filmwelt, aber für die Tierwelt.

Die Farben des Lichts werden besonders im Hinterland mit seinen grünen Wiesen, weiten Tälern und malerischen Dörfern erlebbar.

Und nebenbei ist da ja auch noch der Sprachkurs:

2 Wochen, Eigenanreise, ab 992 € im EZ (HP)/**LAL**

GROSSBRITANNIEN – LONDON

Herzklopfen und Pulsrasen – in London ganz normal. Denn diese Stadt lebt einen Tick schneller als andere Metropolen. In London kann man heute schon sehen, hören und erleben, was morgen auf der ganzen Welt modern sein wird. An kaum einem anderen Ort tummeln sich so viele kreative und erfolgreiche Menschen. In den Discos ertönen die Songs der Zukunft, in den Schaufenstern hängen die Kleider der kommenden Jahre. Und in den Büros und Banken werden internationale Geschäfte für die nächsten Jahrzehnte besiegelt. Downtown London ist ein wunderbares und atemberaubendes Wirrwarr aus Düften, Geräuschen und Stimmen, in hunderten Sprachen, aus hunderten Ländern. Das ist der Grund, warum sich auch fremde Besucher in London von der ersten Sekunde an heimisch und wohl fühlen. Doch London wäre nicht London, wenn inmitten all diesen Gewusels nicht auch das typisch Britische an jeder Straßenecke grüßen würde: rote Telefonhäuschen und Doppeldeckerbusse, schwarz bekleidete Bobbys und schwarz lackierte Taxis. Blau-rot gestreifte Schilder der berühmten Metro-Stationen und knallbunte Hüte der Damen der Upper Class.

Schwer, alle Sehenswürdigkeiten zu erleben. Leicht aber, Geld auszugeben. Denn unzählige Antiquitätenläden, Buchshops und Flohmärkte, mondäne Kaufhäuser und schicke Boutiquen verführen zum Kaufen. Und erst die kulinarischen Genüsse: Ob Indisch oder Ostafrikanisch, Chinesisch oder Indonesisch, Mexikanisch oder Russisch, aus aller Herren Länder sind sie da und kochen hier in London um die Wette

Dauerregen in der Stadt? Kein Problem. Es gibt so viele Museen, Theater und Musicals in der Metropole, dass man sich locker einen ganzen Urlaub lang in London amüsieren kann, ohne auch nur ein einziges Mal nass zu werden.

2 Wochen, ab 1050 € im EZ (HP)/**SPRACHCAFFE**

TIPP! SPAREN: Der Nachmittagskurs ist 90 € günstiger!

ITALIEN – FLORENZ

Hier fällt es einem leicht, bei dem italienischen Flair die italienische Sprache zu lernen. Florenz, diesem Namen haftet ein ganz besonderer künstlerischer Klang an. Leonardo da Vinci wurde hier als 20-Jähriger in die Malergilde aufgenommen; neben ihm wirkten in Florenz Michelangelo, Raffael und eine ganze Palette anderer großer Meister. Reizvolle Motive gibt es überall zu entdecken, wie das Ensemble aus Dom, Baptisterium und Kampanile. Oder jener unvergessliche Blick, der sich von den Terrassen des Boboli-Gartens eröffnet.

Literarisch verbindet man mit Florenz vor allem Dante Alighieri, Dichter der „Divina Commedia" und Schöpfer der italienischen Schriftsprache.

Das italienische Lebensgefühl und die elegante Lässigkeit werden uns anstecken. Durch die Markthallen bummeln, über die Via Tornabouoni mit ihren noblen Geschäften und der Alta Moda flanieren oder sich einfach nur mal in eine Trattoria setzen, essen und trinken und es sich gut gehen lassen sind nur einige entspannende Freizeitbeschäftigungen.

2 Wochen, Eigenanreise, Privatunterkunft, 725 € im EZ (F)/**Studiosus**

Für Kunst- und Gourmet-Liebhaber: Angeboten werden Einführungskurse in Kunstgeschichte/ **Tipp!** Zeichnen/Malen/Radieren/italienische Küche/italienische Weine.
Diese Programme können nur vor Ort gebucht werden.

Italien – Kalabrien

Schroffe Felsküsten, romantische Buchten, glasklares Meer und süditalienisches Flair.
Ganz unten, am südlichsten Zipfel Italiens, mit Blick auf Sizilien und die Vulkaninsel Stromboli, liegt das Ferienparadies. Für viele ist die Region so abwechslungsreich und aufregend wie kaum ein anderes Fleckchen in Italien. Auf der tyrhenischen Seite liegen romantische Orte, wilde Felsküsten und einige gut erschlossene Touristenstädte. Auf der anderen, der ionischen Seite erstrecken sich weite Sandstrände und ruhige Gewässer. An der schmalsten Stelle des Stiefels sind beide Küsten nur rund 30 km voneinander entfernt. Segeln, Surfen und Tauchen stehen bei den Einheimischen und bei den Besuchern ganz hoch im Kurs. Aber auch Wanderungen und Trekkingtouren durch das Aspromonte-Gebirge gehören zu den absoluten Highlights. Das Sprachcaffe befindet sich inmitten eines Orangenhaines in dem kleinen Ort Santa Domenica.

2 Wochen, ab 740 € im EZ/**Sprachcaffe**

Für Gourmets: Berühmt ist Kalabrien für seine herzhafte Küche, frische Meerestiere, leckere **Tipp!** Fleischspezialitäten, Eintöpfe, Antipasti und Pizza, dazu köstliche Weine und Traubenschnäpse. Den Sprachurlaub unbedingt mit einem Kochkurs kombinieren, denn die italienische Küche bildet den Grundstein aller anderen westlichen Kochkünste. Ihre Begründer, die alten Römer, holten sich einen Teil ihrer kulinarischen Einfälle aus Kleinasien und Griechenland. Gleichzeitig machten sie sich die Fülle der im eigenen Land wachsenden Zutaten und Vorräte zunutze. Und weil die **Kochkurse** in italienischer Sprache stattfinden, können wir auch gleich unsere neu erworbenen Sprachkenntnisse anwenden./**Sprachcaffe**

Kanada – Toronto

„Das Tor zu Kanada" ist aufregend, zukunftsorientiert und weltoffen. Mit mehr als fünf Millionen Einwohnern aus über hundert Nationen ist Toronto die wohl bunteste und vielfältigste Stadt des Landes. „Toronto" bedeutet in der Sprache der kanadischen Huronen-Indianer „Treffpunkt" – kein Name könnte passender sein. Und nahezu keine andere Metropole eignet sich so gut für einen individuellen Sprachaufenthalt wie das lebendige Toronto. Vom

höchsten allein stehenden Gebäude der Welt, dem CN-Tower, blickt man aus 500 Metern Höhe über die Stadt und bis zum Ontariosee. Im großzügig angelegten drittgrößten Zoo der Welt warten 5000 Tiere aus aller Welt auf unseren Besuch. Bei den nahe gelegenen Niagarafällen können wir mit einem Bein in Kanada und mit dem anderen in den USA stehen, während wir uns das Naturschauspiel des mit lautem Getöse in die Tiefe stürzenden Wassers anschauen. Neben all diesen Superlativen gibt es natürlich noch unendlich viel mehr zu entdecken. Sportlerherzen schlagen höher bei dem Gedanken an die vielen Sportmöglichkeiten, die hier sommers wie winters angeboten werden. Doch morgens heißt es erst mal die Schulbank zu drücken.
2 Wochen, Eigenanreise, ab 950 € im EZ (VP)/**DR. TIGGES**

KUBA – LA HABANA

Kuba, größte Insel der Karibik. Synonym für kilometerlange *weiße Sandstrände, türkisblaues Meer und dicke Zigarren*. Wir werden verzaubert sein – von der herzlichen Gastfreundschaft der Kubaner, den malerischen Naturlandschaften, den historischen Monumenten und von der vielfältigen Landesküche.
Karibische Lebensfreude, heiße Salsa-Rhythmen und köstliche Rum-Cocktails; Havanna, die Hauptstadt Kubas, geht jedem ins Blut. An der sieben Kilometer langen Küstenstraße Malecòn können wir gleich unsere neu gewonnenen Sprachkenntnisse anwenden. Denn er ist mit Abstand der beliebteste Treffpunkt der Habaneros und sie plaudern gern mit Gästen aus aller Herren Länder. Wer es dann schafft, sich von diesen herzlichen Gesprächen wieder loszueisen, kann sich gleich nebenan mit einem Bummel durch die Altstadt Havannas belohnen. Sie erstrahlt seit einigen Jahren wieder in wundervollem Glanz (UNESCO-Kulturerbe).
2 Wochen ab 1679 € im EZ/½ DZ ab 1591 €; hier ist nicht der Standardkurs, sondern der Ferienkurs inklusive./**SPRACHCAFFE**

TIPP! FÜR SPARFÜCHSE: ... gibt es ein einfaches Gästehaus (keine Garantie für ständige Strom- oder Wasserversorgung). Dafür zahlen wir, fürs eventuelle Wasserschleppen und den romantischen Kerzenschein 220 € im EZ weniger.

TIPP! TANZEN UND TAUCHEN: Wie wär's mit einem Tanz- oder Tauchkurs: Die Profi-TanzlehrerInnen der La Habana Dance Academy entführen uns für täglich zwei Stunden in die Welt des Salsa und Reggaeton, Merengue, Bachata und Tango oder auch Trommeln.
Daneben bietet die Cuba Diving School Tauchkurse zum SSI Open Water Scuba Diver unter deutsch- und englischsprachiger Anleitung an./**SPRACHCAFFE**

MALTA

Es ist ein eigenwilliger Charme, den Malta ausstrahlt – *ein wenig arabisch, etwas italienisch und ein bisschen englisch* –, das ist der erste Eindruck, doch die Malteser haben es verstanden, aus diesen drei Einflüssen einen eigenen, liebenswerten Charakter zu entwickeln, über dem ein Hauch von Orient schwebt. Die Republik Malta mit ihren drei Inseln Malta, Gozo und Comino bietet sowohl Sand- als auch Felsstrände, kleine zauberhafte Badebuchten sowie kobaltblaue Häfen. Der maltesische Archipel hat trotz seiner geringen Ausdehnung so viel Interessantes zu bieten, dass sich damit problemlos ein mehrwöchiges Kultur- und

Freizeitprogramm füllen lässt. Einfach und preisgünstig kommen wir mit dem Linienbus auf Malta überall hin und zwischen den Inseln mit den Fähren.

2 Wochen, inkl. Anreise, ab 523 € im EZ/Hotel (HP)/**LAL**

LAL hat ein sehr UMFANGREICHES MALTA-SPRACHANGEBOT im Programm.

TIPP!

CLUBBER, AUFGEPASST: *Auf Malta spielt jetzt die Musik!* Ab Mitternacht geht in St. Julian und anderswo die Post ab – für wenig Geld wohlgemerkt!

TIPP!

Mehr als 350 Clubs, Bars und Restaurants befinden sich allein in Pacevelle, St. Julians Vergnügungszentrum. Die ganze Palette an Musikrichtungen kompakt auf engem Raum. Das Discohopping könnt Ihr bequem zu Fuß erreichen. Und die beste Nachricht: Die meisten Discos nehmen keinen Eintritt, außer einige noble Locations, die kassieren zwischen fünf und zehn Euro. Wenn Superstars wie Paul van Dyk auflegen, wird es natürlich teurer. Getränke sind auch zivil, umgerechnet zwischen zwei und drei Euro für Wasser/Bier. Abtanzen mit Filmpromis kommt auch vor, denn die internationalen Filmstudios bringen sie auf die Insel. Der NightCruiser fährt auch die ganze Nacht von einem Ort zum anderen.

SPANIEN – BARCELONA

Spaniens heimliche Hauptstadt verbindet durch ihre Lage am Mittelmeer Großstadtatmosphäre mit Urlaubslaune. Sie ist eine kosmopolitische und internationale Metropole zwischen jahrhundertealter Kultur und moderner Lebensart. Die schönsten Plätze, die prachtvollen Paläste und die gewaltige Kathedrale befinden sich im Gotischen Viertel. Nicht weit von hier entfernt ziehen sich die Ramblas bis hinunter ans Wasser. Auf der baumbestandenen Flaniermeile geben sich Blumenfrauen, Straßenhändler, Porträtmaler, Musiker, Geschäftsleute und Touristen ein Stelldichein. Der Architekt und Künstler Antoni Gaudí schuf mit seinem Park Güell und den Märchenhäusern, mit den Grotten und den Skulpturen außergewöhnliche Werke. Hauptattraktion Barcelonas ist jedoch die unvollendete Kathedrale Sagrada Familia, an der Gaudí mehrere Jahrzehnte arbeitete. Die Museen sind voll mit Werken von Picasso, mit den romanischen Kunstschätzen und Werken von Joan Miró, um nur einige zu nennen. Die Strände der Costa Brava und Costa Dorada sind auch nicht weit entfernt.

2 Wochen, Eigenanreise, ab 780 € (HP)/**DR. TIGGES**

SPANIEN – MÁLAGA

Mediterranes Flair im Süden Spaniens

Unseren Großeltern war die andalusische Hafenstadt in erster Linie noch aufgrund des berühmten Dessertweins bekannt, doch auch heute noch sollte man ihn probieren. In den letzten Jahren hat sich Málaga zu einer attraktiven Großstadt und Kulturmetropole entwickelt. So steht heutzutage alles im Zeichen von Pablo Picasso, dem berühmtesten Sohn der Stadt. Aber auch feiern wird in Málaga groß geschrieben. Im April findet das „Festival del cine español" statt und im August die bunte „Feria von Málaga". Durch das offene Ambiente der vielen Altstadtgassen mit Cafés und Bars finden wir außerdem schnell Gelegenheit, unser Spanisch im Gespräch mit den aufgeschlossenen Malagueños anzuwenden. An den attraktiven Stadtstränden wird am Tage gebadet, und abends beginnt das Barbecue. Wassersport und interessante Ausflüge ins Umland wie: das blumengeschmückte Marbella, die weißen

Dörfer im Hinterland und das weltberühmte Granada vor den Kulissen der schneebedeckten Berge mit seiner auf einem Hügel gelegenen „Alhambra", Schloss der maurischen Könige und ein Meisterwerk islamischer Kunst.
2 Wochen, Eigenanreise, ab 680 € im EZ (HP)/**DR. TIGGES**

TIPP! Nachmittags können wir einen **FLAMENCO-KURS** belegen!

DR. TIGGES KULTOUR: Hand in Hand mit der Sprache und der Kultur.
Morgens Sprachkurs und nachmittags auf Entdeckungsreise durch Andalusien. Die karge Bergwelt der Sierra Nevada, idyllische Dörfer, faszinierende Städte und eine spannende Kultur:
2 Wochen, Eigenanreise, inkl. Kurs/Ausflüge/ab 1800 € im ½ DZ/DZ z.A. plus 230 € (F)

SPANIEN – TENERIFFA

„Insel des ewigen Frühlings" wird Teneriffa genannt und ist die größte und farbenprächtigste Insel der Kanaren. Sehr unterschiedliche Landschaften hat das Ferienparadies zu bieten. Weite Sandstrände sind es im kargen Süden, die viele Besucher anlocken. Den mittleren Teil durchzieht eine faszinierende Vulkanlandschaft, über der Spaniens höchster Berg, der Teide, thront. Im Norden erwartet Sie üppige Natur mit einigen Nationalparks, schöne Wanderwege und die Stadt Puerto de la Cruz, die bis Mitte des 20. Jahrhunderts ein kleiner Fischerort war. Aber sie hat auch heute noch ihre eigene Atmosphäre bewahrt. Hier finden wir noch viele Häuser im kanarischen Stil.
Ein vielfältiges Freizeitangebot wie Tanz- und Gesangskurs, spanischer Filmabend oder die Wochenendausflüge bringen uns das Leben und die Mentalität der Insel näher.
2 Wochen, Eigenanreise, Privatunterkunft, ab 890 € (HP)/**STUDIOSUS**
CLUB 50, hier ist das Freizeitprogramm im Preis enthalten: 2 Wochen ab 1195 € (HP)

TIPP! Wir können für **TENERIFFA** auch nur den Kurs buchen: 2 Wochen 440 €/**STUDIOSUS**

TENERERIFFA FÜR SINGLES ONLY

Sunwave hat in seinem Katalog „Singles & friends" eine kombinierte Sprach- und Aktiv-Reise mit viel Natur, Kultur, Sport und Spanischlernen im Angebot.
Der Schulungsort ist das Panoramacafé, direkt am Wasser und im Hotel gelegen. In den Lernpausen können wir also sowohl das Hotel als auch den Sandstrand für Erholungspausen nutzen. Eine tolle Kombination aus Lernen und Urlaub, ohne zeitraubende Transfers.
Unser Aufenthaltsort ist der Badeort El Medano. Die Freizeitgestaltung und 1 Woche Mietwagen für 3 Personen sind bereits im Reisepreis enthalten.
Weitere Infos zu Sunwave siehe Kapitel Aktiv & Sun.
Für Ende 20- bis Ende 40- und Anfang 30- bis Anfang 50-jährige Reiseteilnehmer!
2 Wochen ab 1800 €/EZZ ab 210 € (HP)/**SUNWAVE**

SÜDAFRIKA – KAPSTADT

Am Fuße des Tafelberges am südlichsten Zipfel des Kontinents und eine der schönsten Städte der Welt. Die älteste Stadt Südafrikas erzählt ihre bewegte Geschichte vom jahrhundertelangen Mit-, Neben- und leider auch Gegeneinander der Stämme, Religionen und Kulturen.

Heute ist die Stadt mit dem milden Klima vor allem für ihre heitere Atmosphäre berühmt: Fast scheint es, dass Nelson Mandelas Traum von der „Rainbow Nation" hier schon ein Stück Wirklichkeit geworden ist. Beim Anblick des restaurierten Victoria-&-Alfred-Hafens an der Waterfront fühlen wir uns in alte Seefahrerzeiten zurückversetzt. Zahlreiche Museen und Windmühlen, viktorianische Herrenhäuser und Prachtgärten, Blumenmärkte und elegante Boutiquen, Antiquitätenläden und Kunstgalerien, schier unendlich viele Möglichkeiten haben wir hier für unsere Freizeit. Die Strände locken zum Baden und für Wassersport. In Kapstadt bekommen wir, eingerahmt von Meer und Weinbergen, eine enorme Vielfalt neuer Eindrücke. Und außerhalb der Stadt geht's mit Land und Leuten weiter: die berühmte Garden Route, Straußenfarm, Kap der Guten Hoffnung, Robben Island – um nur einige Ausflugsziele zu nennen. Es lohnt sich, länger zu bleiben! Verlängerungswoche ab 340 €
2 Wochen, Eigenanreise, Privatunterkunft, ab 795 €/**STUDIOSUS**

USA – HONOLULU

Die Insel Oahu – *„The Gathering Place"* – ist wohl die bekannteste und mit Sicherheit die meistbesuchte Insel Hawaiis. Honolulu auf Oahu ist nicht nur Hauptstadt und Regierungssitz, sondern bietet auch alle Annehmlichkeiten einer modernen Metropole und ist mit ihrem tropischen Klima und der typisch hawaiianischen Atmosphäre einzigartig. Von der Stadt aus sind es nur kurze Wege ins Paradies.
Zahllose Unterhaltungsmöglichkeiten im Freien sorgen für „Happiness".
Oahu ist zwar schrecklich weit weg, aber genauso schön, wie wir es aus den Filmen kennen, die hier gedreht wurden. Traumhafte Berglandschaften zum Wandern, immer mit dem Blick auf einen Ring weißen Sandstrandes. Ausflüge zum Diamond Head Krater und dem historischen Pearl Harbour, den spektakulären Stränden Waikikis und einen Bootsausflug zum Aloha Tower, der Botanische Garten und den Pana'ewa Rainforest Zoo.
Wassersportfans sollten bei der Vielzahl an Wassersportmöglichkeiten aufpassen, das Lernen nicht zu vergessen. Andersherum gesagt, macht es Sinn für Wassersportler, ihr Hobby mit einem Sprachkurs zu verbinden, denn günstiger als bei einer Gastfamilie lässt es sich garantiert nicht wohnen. Außerdem macht so ein Sprachkurs ja auch nebenbei noch schlauer. Und wer den Ferienkurs belegt (10 Std./Wo.), hat viel Zeit für sein Hobby!
2 Wochen, Eigenanreise, ab 893 im EZ (VP, am Wochenende HP)/**LAL**

VERLÄNGERUNG AUCH OHNE KURS MÖGLICH: pro Nacht 30 € im EZ/**LAL**   TIPP!

INKLUSIVLEISTUNGEN: Anreise, wenn nicht, steht Eigenanreise/die Übernachtung im EZ bei einer Gastfamilie/Verpflegung steht als Kürzel in Klammern/Standard-, Grund- oder Hauptsprachkurs in der jeweiligen Landessprache.

STANDARD-, GRUND UND HAUPTKURSE (ca. 20 Lektionen/Woche)/**FERIENKURSE** (10 Lektionen/Woche)

REISE MIT SPRACH-KURS: Griechisch-Crashkurs im SportClub Naxos Beach siehe Aktiv & Sun   TIPP!

EVENTS UND UPDATES AUF DER INTERNETSEITE: WWW.DIE-BESTEN-SINGLEREISEN.DE

STÄDTE-REISEN

STÄDTE-REISEN

STADT, LAND, FLUSS ...

Wer war noch niemals in Tokio? ... dann nichts wie hin!

Es gibt so viel zu erleben. Jede Stadt hat ihren Charme, ihren eigenen Stil und ihren ganz eigenen Rhythmus.

Das Savoir-vivre in Paris, das britische Understatement in London, die rasante Rekreation in Berlin, Shanghai und Tokio und das Dolce Vita in Rom.

Berühmte Bauten, Museen, Galerien, Kulturdenkmäler, renommierte Opern- und Theater-bühnen, extremes Nightlife und ruhige Parks prägen das Image der kosmopolitischen Zentren dieser Welt. Hinter diesen Bildern gibt es aber noch viel mehr zu entdecken. Wir werden auf unserer kosmopolitischen Weltreise viel Neues entdecken und Insidertipps erfahren. Apropros fahren, mit dem Rad werden wir auch unterwegs sein und Stadt mal ganz anders er-fahren.

LET'S GO

Düsen wir kreuz und quer auf unserem wunderschönen aufregenden Planeten Erde, um unsere Traumstadt mit allen Sinnen zu erleben.

BARCELONA – GROSSSTADTATMOSPHÄRE MIT URLAUBSLAUNE

Die katalanische Schöne ist schon lange Trendsetterin in Sachen Design, Kunst und Archi-tektur und Inbegriff von Lebensfreude und Genuss sowieso.

Picasso verbrachte seine Jugend in Barcelona, der geniale Antoni Gaudí schmückte Straßen und Plätze mit den Blüten seiner unerschöpflichen Fantasie und Salvador Dalí fand im Hin-terland die Kulisse für seine surrealen Visionen.

Lasst uns gemeinsam die Stadt voller Dynamik entdecken. Unsere Höhepunkte sind: das Gotische Viertel und die Ramblas (Flaniermeile), ein Welcome-Dinner im traditionellen Restau-rant, das Picasso-Museum und die Olympiastätten auf dem Montjuic, die Jugendstilhäuser Antoni Gaudís und die Sagrada Familia. Einen Tagesausflug ins katalanische Hinterland mit Schloss Púbol und das Dalí-Museum gehören ebenso noch zu unseren Eroberungszügen.

4 Tage ab 995 € im EZ (1 x A)/**ME & MORE BEI STUDIOSUS**

BERLIN PER RAD

Auf Schleichwegen werden wir in Berlin bekannte und unbekannte Sehenswürdigkeiten entdecken. Und auch hinter die Kulissen lässt uns Jan, ein in Berlin lebender Architekt, blicken. Es ist so viel Grün an Havel, Spree und Panke, dass es uns manchmal scheint, als würden wir auf dem Lande radeln. Aber auch quer durch das urbane Leben werden wir radeln. Am ver-kehrsarmen Sonntag erkunden wir Berlin Mitte und das „neue" Berlin im Regierungsviertel. Charlottenburg, Schöneberg und Kreuzberg erradeln wir am Freitag, und am Samstag geht's dann auf dem ehemaligen Mauerstreifen in Richtung Potsdam. Echt mal was anderes ist unser Broileressen im Alt-Berliner Wirtshaus „Henne".

3 Tage, Eigenanreise, ab 370 €/EZZ 40 € (HP)/**DIE LANDPARTIE**

DUBLIN – JUNGE METROPOLE MIT FLAIR

Vielfältig und abwechslungsreich zeigt sich die Hauptstadt der grünen Insel. Die Architektur präsentiert sich mal mittelalterlich, mal georgianisch und mal ganz modern, oft im direkten Nebeneinander. Das Nachtleben ist vibrierend und spannend, aber auch gemütlich mit 800 Pubs, in denen traditionelle irische Musik gespielt wird. Dublin ist eine junge Stadt, denn die Hälfte der Einwohner ist unter 30 Jahre. Neben den architektonischen Sehenswürdigkeiten, schönen Parks und hervorragenden Einkaufsmöglichkeiten hat sie eine der aufregendsten Musikszenen Europas zu bieten. Aber wirklich einzigartig macht Dublin seine Nähe zu den Bergen und zum Meer. Nur eine halbe Stunde entfernt locken weiße Sandstrände und die Wicklow Mountains, eine der beliebtesten Wanderregionen Irlands.

5 Tage, ab 795 €/EZZ 110 € (HP)/**WIKINGER**

TIPP! LUST AUF SILVESTERKNALLER IN EINER FREMDEN STADT?

Wikinger feiert gemeinsam mit uns den Jahreswechsel in folgenden Städten:
Barcelona/Palma de Mallorca/Lissabon/Wien/Salzburg/Berlin/Hamburg/München

HAMBURG, MEINE PERLE …

Stadt am Wasser – unter diesem Motto steht unsere nächste Reise per Rad durch die Hansestadt an Elbe und Alster. Wir durchstreifen den Hafen, die Speicherstadt, nutzen verschwiegene Pfade an Fleeten und Kanälen, am Elbufer und an der Alster. Wer weiß schon, dass es in Hamburg mehr Brücken und Wasserwege gibt als in Amsterdam?

An drei Tagen auf dem Rad werden wir die verschiedenen Facetten der zweitgrößten Stadt in Deutschland erleben und lieben lernen. Wir radeln über die sündige Meile auf St. Pauli, machen einen Abstecher ins Alte Land, schippern am Airbus-Werk vorbei über die Elbe, legen uns auf der Außenalster bei einer Ruderpartie selbst in die Riemen und erkunden die City. Gediegen speisen wir in Eppendorf, wo auch unser Hotel liegt. In Altona schlagen wir beim Fischbuffet so richtig zu.

Aufgrund seiner unschlagbaren Lage, der teils bühnenreifen Marktschreier, der grotesk frühen Tageszeit und der bizarren Mischung aus alkoholisierten und stocknüchternen Besuchern ist der Fischmarkt ein touristischer Dauerbrenner, den wir uns auf keinen Fall entgehen lassen.

3 Tage, Eigenanreise, ab 360 €/EZZ 60 € (HP)/**DIE LANDPARTIE**

HAMBURG, MEINE PERLE … DU WUNDERSCHÖNE STADT …

Wie Recht Lotto King Karl mit seinem Song hat.

Eine weitere Gelegenheit, Hamburg per Pedal zu erobern, bietet der lokale Anbieter Hamburg-Radtour.

Spontan, spannend, unterhaltsam und informativ zeigt er uns abseits der Hauptverkehrsstraßen seine Stadt: Von St. Pauli aus, mit dem neu gestalteten Beatles-Platz, radeln wir zum Hafenrand mit seinen Beachclubs, die wie Pilze aus der Erde schießen. „Barfuß im Sand" mit Blick aufs Wasser beobachten wir die vorbeifahrenden Oceanliner. Nicht nur Urlaubsfeeling, auch das Fernweh könnte uns beschleichen! Im Portugiesenviertel können wir noch gut und günstig speisen. Durch die historische Speicherstadt fahren wir zur neu entstandenen Hafencity mit dem Kreuzfahrtterminal, vielleicht hat hier ja gerade ein aufregendes Kreuzfahrtschiff festgemacht. Im altehrwürdigen Chilehaus gibt's bei Sausalitos ein After-Work-Stelldichein-Treff (immer donnerstags!).

Unsere Fahrräder nehmen wir mit, wenn wir mit der Fähre über die Elbe ans andere Ufer schippern. Ach ja! Die wunderschöne Alster mitten in der Stadt wollen wir auch noch erobern, hier vermitteln uns prächtige Villen rund um die Außenalster einen Eindruck vom hanseatischen Wohlstand. Eine Paddeltour durch die lauschigen Alsterkanäle, wo die herabhängenden Äste der mächtigen Weiden das Wasser streicheln, lässt uns vergessen, mitten in einer Großstadt zu sein. Bei unserer Rast an der Alsterperle bekommen wir schnell Kontakt zur Hamburger Szene. Viele Anregungen für den Abend werden uns mit auf den Weg gegeben. Wie wär's mit einem Musical-Besuch und einem anschließenden St.-Pauli-Bummel? In „Planten un Blomen" lässt sich der Tag bei bunten Wasserspielen in Begleitung von klassischer Musik entspannt ausklingen. Die geführten Fahrradtouren sind für jedes Alter, dauern gut 3 Stunden und kosten 22 €/Fahrrad inklusive. Die Paddeltour ist extra. WWW.HAMBURG-RADTOUR.DE

Im **„SCHUMACHERS BIERGARTEN"** im Stadtpark (Südring) können wir nicht nur Leute „gucken", **TIPP!** sondern auch einen lang gehegten Wunsch loswerden: Bei Sonnenuntergang schaut man durch ein großes offenes Herz in Richtung Planetarium und sendet seinen ganz persönlichen Wunsch ans Universum. (Es sollen schon viele Wünsche in Erfüllung gegangen sein.) Jeden Donnerstag gibt's eine After-Work-Party „Im Auftrag der Liebe" mit feinster Chill-out-Musik. Was sonst noch so los ist siehe unter: WWW.SCHUMACHERS-BIERGARTEN.DE

ISTANBUL - ORIENT UND OKZIDENT
Minarette wachsen in den Himmel, Wasserpfeifen glühen in dunklen Teestuben, Händler und Kunden feilschen in den Basaren. *Doch der Harem ist leer* – die Schönen der Stadt trinken in den Szenecafés von Beyoglu Cappuccino. Auf der Brücke über den Bosporus treffen sich Orient und Okzident. Zwischen den Zeugen alter Kulturen dröhnt der Türk-Pop aus den Lautsprechern. Istanbul hat unendlich viele Gesichter.
Unsere gemeinsamen Höhepunkte sind: Ein Welcome-Dinner im Fischerviertel, die Blaue Moschee, das Hippodrom und die Hagia Sophia, der Topkapi-Palast mit der berühmten Schatzkammer und dem Harem, außerdem werden wir noch über den Gewürzbasar bummeln.
4 Tage ab 795 € im EZ (HP)/ME & MORE BEI STUDIOSUS

LISSABON - WEISSE STADT AM TEJO
Die „weiße Stadt am Tejo" – eingetaucht in das weiche atlantische Licht – ist eine *aufregende, pulsierende Metropole* im Südwesten Europas. Nicht nur Lord Byron schwärmte für Sintra in der Nähe Lissabons, auch wir werden schwärmen. Am Cabo da Roca stehen wir auf einer Steilklippe am westlichsten Punkt unseres Kontinents und lassen uns den Wind um die Ohren pusten. Stürzen wir uns ins besondere Flair dieser einzigartigen Stadt mit ihren Höhepunkten wie: das Chiado-Viertel und ein Rundgang durch die Baixa, Spaziergang zur Burg und durch die Gassen der Alfama, das Hieronymuskloster in Bélem (UNESCO-Kulturerbe) und der Turm von Bélem. Wir besuchen das Entdeckerdenkmal und in Sintra den Sommerpalast (UNESCO-Kulturerbe). 4 Tage ab 845 € im EZ (1 x A)/ME & MORE BEI STUDIOSUS

AN SILVESTER DIE KORKEN KNALLEN LASSEN! Mit ME & MORE feiern wir in folgenden Städten: **TIPP!** Berlin/Budapest/Lissabon/London/St. Petersburg/STUDIOSUS

London – very british and very trendy

Egal, welcher Trend herrscht – ein Trip an die Themse ist immer eine Begegnung mit Traditionen. Big Ben läutet so pünktlich, wie die Wache vorm Buckingham Palace wechselt. London bleibt stilbildend.

Unsere Höhepunkte sind: Eine Orientierungstour durch die City, die kleine Kirche St. Mary's, Skyline-Blick auf der Westminster Bridge, Big Ben, Houses of Parliament, Trafalgar Square, Westminster Abbey, und am Buckingham Palace werden pünktlich um 11.30 Uhr die Wachposten abgelöst.

Wir starten zu einer Bootsfahrt auf der Themse bis zum Vorort Richmond. An Londons Waterfront hat sich in den letzten Jahren viel verändert. Im Richmond Ham Polo Club werden wir unsere Lunchpakete auspacken und – das Match beginnt! Wir sind live dabei, wenn Gentlemen bei Prince Charles' Lieblingssport auf ihren Pferden einem kleinen Ball hinterjagen. Unsere Freizeit verbringen wir, um uns in einem Pub gemeinsam mit Londons Bankern ein Weekend-Eröffnungsbier zu gönnen oder London aus der Vogelperspektive, vom Riesenrad aus, zu betrachten. Ein Mitbringsel kaufen wir uns im Nobelkaufhaus Harrods.

Am Hydepark Corner könnten wir auch mal unsere Meinung den Passanten mitteilen. Es gibt so viel zu sehen, aber: Bye, bye, London, wir kommen bestimmt wieder.

4 Tage ab 400 €/EZZ 180 €/**Marco Polo**

Tipp! London für den kleinen Geldbeutel – *Shopping, Clubs, Kultur und mehr ...*

Erlebnistour: 6 Tage, Bus u. Fähranreise, im Touristenhotel ab 229 €/EZZ 45 € Im Komforthotel ab 279/EZZ 45 € (F). Wir können auch im Bed-&-Breakfast-Hotel wohnen für 219 € alles ÜF. Kurztrips und Weekend – Fahrten sind genauso über Rainbow buchbar wie Fluganreise, z.B. ab 348 € im EZ/ÜF für 6 Tage. Do as you like, alle Besichtigungen, Ausflüge und auch das Abendprogramm werden vor Ort in der Gruppe angeboten (mit deutschsprachiger Reiseleitung). So kann jeder selbst entscheiden, was er allein unternehmen möchte und was in der Gruppe. Low-Budget-Städte-Reisen sind auch für **Paris** und andere Städte über **RainbowTours** buchbar.

Madrid mit Salamanca, Ávila und Toledo

Ein lebendiges Zentrum Spaniens voll mit bekannten Kunstwerken und historischen Bauten. Auf den Spuren der Kelten, Römer, Westgoten und Mauren erleben wir die Verschmelzung orientalischer und okzidentaler Kulturen.

Spaniens Hauptstadt Madrid wird auch als Hauptstadt der Kunst bezeichnet. Deshalb freuen wir uns auf eine Führung durch das berühmte Kunstmuseum im Prado, bei der wir vor allem Werke der großen spanischen Künstler Velázquez, El Greco und Goya sehen werden.

Die mittelalterliche Universitätsstadt Salamanca umgibt mit ihren Straßen und Plätzen eine besondere Atmosphäre. Wir sind von den Hörsälen der ältesten Universität des Landes tief beeindruckt. Über Ávila, die Stadt der heiligen Teresa, gelangen wir nach Toledo, wo sich drei der größten Weltreligionen vereinen: das Christen- und das Judentum sowie der Islam.

7 Tage ab 1170 €/EZZ 190 € (F/4 x A)/**Gebeco**

München „das Herz „Bavarias"

Villa Munichen, so wurde die Landeshauptstadt Bayerns urkundlich zum ersten Mal erwähnt, nachdem Heinrich der Löwe im Jahre 1158 eine Brücke über die Isar errichten ließ. Im Laufe der Jahrhunderte wurden Stadtmauern errichtet und so entstanden das Sendlinger Tor, das Karlstor und das Isartor. In den nachfolgenden Epochen kamen zahlreiche Schlösser und Kirchen hinzu. Aber auch im letzten Jahrhundert wurden noch heute bekannte Gebäude erbaut, die München so berühmt gemacht haben, z.B. das Olympiastadion, Austragungsort der XX. Olympischen Sommerspiele im Jahre 1972. Neben der grandiosen Architektur, der bayrischen Gemütlichkeit besitzt München auch eine faszinierende Museumslandschaft und lebendige anspruchsvolle Theaterszene – nicht zu vergessen das traumhafte Umland mit den Voralpenseen.

5 Tage, Eigenanreise, ab 350 €/EZZ 75 € (F/2 x A)/**WIKINGER REISEN**

NEW YORK CITY BY BIKE

Einmalig spannend ist es, New York by Bike zu erleben.

Auf vier Tagesexkursionen und einer speziellen „Night on Earth Tour" zeigt uns Dr. Arnold Voß sein New York, abseits der herkömmlichen Besichtigungspfade, wie es der Normaltourist niemals kennen lernt. Wir radeln durch den Central Park, den Grand Central sowie den Bryant Park, das Greenwich Village und Little Italy sowie Chinatown.

Eine ganztägige Brooklyn-Tour mit Fort Green, Prospect Park, Brooklyn Cemetery, Coney Island. Die Bronx-Tour führt uns zum East-, Harlem- und Hudson-River.

Zwischendurch haben wir einen freien Tag für eigene Eroberungszüge.

Danach ab 23 Uhr beginnt das große Night-Cruising, die „Night on Earth Tour", die unseren Atem bis 2 Uhr rauben wird. Am nächsten Tag beginnt dann die Downtown-Harlem-Queens-Tour. Unser Hotel liegt in Downtown Manhattan, wenige Schritte vom East Village entfernt, wo sich in den letzten Jahren eine Künstlerszene entwickelt hat. Und wo sich Künstler niedergelassen haben, sind auch interessante Clubs und Restaurants nicht weit.

8 Tage ab 2000 €/EZZ 240 € (F)/**ONE WORLD**

INFO: Diese NYC-Reise wurde mit der **„GOLDENEN PALME"** von der GEO Saison ausgezeichnet!

BONJOUR PARIS

Hinter den Kulissen von Paris ...

... alles, was das Leben schön macht: Kunst, Kultur, Küche (Liebe) und Esprit wollen wir genießen, denn Paris hat alles. Ein einheimischer Scout zeigt uns das Wesentliche – nah, authentisch und mit dem Blick hinter die Kulissen. Da, wo Paris ganz es selbst ist – beim Schaffen von Kunst und Kultur.

Unser Hotel liegt in Nachbarschaft zur Sacré-Cœur: Wir brauchen nur die Treppen hinauf zur Kathedrale im Zuckerbäckerstil zu gehen, dann wird uns nicht nur Sacré-Cœur, sondern auch das Stadtpanorama in seinen Bann ziehen. Unsere gemeinsame „Tour de la Cité" mit dem Bus führt uns von La Défense am Arc de Triomphe vorbei über die Champs-Élysées. Danach geht's weiter zu Fuß, am Louvre vorbei bis zur Notre-Dame. Nachdem wir durch das Marais zur Bastille gelangen, den Prunk und die Eleganz, die Liberté und Fraternité ausgiebig genossen haben, ist Lunchzeit im Arbeiterviertel angesagt. Wir werden Künstler in ihren Ateliers besuchen. In unserer Freizeit sucht sich jeder sein eigenes Programm aus: die Kunst im Louvre wartet, oder lieber das Centre Pompidou besuchen, vielleicht einmal in den Katakomben nachschauen, wo sich das Phantom versteckt hält? Oder doch lieber auf den

Eiffelturm? Zwischendurch ein Glas Wein, eine heiße Schokolade, etwas Käse oder Jabom genießen lässt uns das Savoir-vivre spüren. Au revoir, Paris, wir kommen wieder.
3 Tage ab 300 €/EZZ 80 € (F)/**Marco Polo**

Voilà ... und schon sind wir wieder da, diesmal wollen wir Paris mit dem Rad er-radeln.

PARIS ... À VÉLO

Rendezvous mit Jim Morrison und dem Sonnenkönig. Paris mit dem Rad hautnah zu erleben, gibt uns völlig neue und überraschende Einblicke in das Leben der französischen Metropole. Weltberühmte Architektur und kleine, ursprüngliche Bistros, brodelnde Prachtstraßen und verschwiegene Gärten, Modetempel und Hip-Hop-Schmieden. Unsere erste Radeltour starten wir beim Panthéon und fahren zur Notre-Dame, weiter geht's ins Marais-Viertel mit seinen Stadtpalästen. Pause machen wir im Judenviertel, dann besuchen wir das Kulturzentrum Centre Pompidou und den Garten des Palais Royal, den Louvre und das Institut du Monde Arabe.
Auf unserer zweiten Tour radeln wir nach Chinatown zur großen Moschee, zu den Künstler-ateliers und zu den malerischen, geradezu dörflichen Wohnoasen im Süden von Paris.
Die dritte Radeltour steht im Zeichen des französischen Sonnenkönigs Ludwig XIV. mit sei-nem Schloss Versailles. Zurück nach Paris radeln wir dann an der Seine entlang, auf ruhigen Waldwegen.
Ach ja, das Rendezvous mit dem bekannten Sänger Jim Morrison auf dem Friedhof „Père Lachaise"! Wir verpassen es nicht und erfahren außerdem noch so manch originelle Anekdote über einige andere berühmte Grabstätten.
5 Tage, Eigenanreise, ab 295 €/EZZ 55 € (F)/Mietrad 40 €/**Natours Reisen**
Für alle, die noch mehr Paris wollen, gibt es die 8-tägigen Sommertermine, an denen der Flohmarktbesuch, die Radtour durch das nächtliche Paris und das Pariser Landleben das Programm ergänzen.
8 Tage, Eigenanreise, ab 529 €/EZZ ab 95 € (F)/Mietrad 70 €/**Natours Reisen**

ROM – EWIGE STADT

Antike auf Schritt und Tritt. Prunk und Pracht dokumentieren Pantheon und Petersdom. Bei Pasta und Vino und beim Flanieren auf dem Corso spüren wir: In Italien weiß man das Leben zu genießen und wir werden es auch tun! Beim gemeinsamen Welcome-Dinner fangen wir schon mal mit dem Genießen an. Auf der Spanischen Treppe beobachten wir den Trubel der Stadt. Wir besuchen das antike Rom mit Kolosseum und Forum Romanum und werfen eine Münze in den Fontana di Trevi für einen persönlichen Wunsch. Pantheon und die Piazza Navona mit dem Vier-Ströme-Brunnen, das Vatikanische Museen und die Peterskirche werden wir besuchen. In unserer Freizeit bummeln und schlemmen wir uns durch Rom.
4 Tage ab 875 € im EZ (F)/**me & more bei Studiosus**

RÖMISCHE IMPRESSIONEN: *nur für Frauen*

Ganz unter uns lernen wir die Vielfältigkeit dieser Stadt, die Kontraste zwischen Moderne und Antike kennen. Die Lebenslust und die Lebendigkeit der RömerInnen werden wir mit-erleben und mitschwingen im Dolce Vita – uns für einige unvergessliche Tage auf die Spu-ren von Kunst, Geschichte und Alltagsleben begeben. Im größten Museum der Welt – dem

Vatikan – werden wir nicht nur das bedeutendste Werk Michelangelos kennen lernen, sondern auch die politischen und religiösen Strukturen erfassen, die noch heute unsere Kultur prägen. Neben den vielen Sehenswürdigkeiten lernen wir mit unserer Reiseleiterin das Alltagsleben der Römerinnen kennen und erhalten Einblicke in die italienische Frauenbewegung. Für einen Ausflug ans Meer, nach Ostia Antica, haben wir auch noch Zeit.
1 Woche, Eigenanreise, ab 400 €/EZZ ab 85 €/**FRAUEN UNTERWEGS**

RIGA/LETTLAND – LITERATOUREN DURCH EINE STADT IM AUFBRUCH.
Literaturspaziergänge durch Vergangenheit und Gegenwart. Unberührte Natur und weiße Sandstrände. Hier erleben wir eine Städtereise der ganz besonderen Art.
Lesen ist Reisen im Kopf. Diese Reise in die Metropole des Jugendstils mit einem Abstecher in die Provinz ist gewissermaßen ein Live-Hörbuch – und sehr viel mehr als das: Vor wechselnder, sorgfältig ausgesuchter Kulisse, zum Teil im Originalambiente der Texte, eröffnet sich uns ein tiefer Einblick in Identität und Geschichte des Landes.
Unser Reiseleiter, der derzeit profilierteste Übersetzer lettischer Literatur ins Deutsche, spannt den Bogen von Legenden, Märchen und Sagen über Auszüge aus Versepen, Romanen, Dramen, Erzählungen und Essays bis hin zur facettenreichen zeitgenössischen Lyrik.
Dabei bleibt auch Zeit zum Erleben und Entdecken von Natur, Alltagsleben und Menschen. Lettland als auch seine Literatur sind für viele weiße Flecken auf der Karte des Bewusstseins. Auf nach Riga, das Paris des Nordens. Wir wollen herausfinden, wer in der lettischen Hauptstadt tatsächlich die Minderheit ist – bis heute, nach mehr als anderthalb Jahrzehnten der wiederhergestellten Unabhängigkeit.
8 Tag, Eigenanreise, ab 750 €/EZZ 120 € (F)/**ONE WORLD**

STOCKHOLM – „VENEDIG DES NORDENS"
Auf 14 Inseln gelegen, gilt Stockholm als eine der schönsten Hauptstädte Europas. Prachtvolle Gebäude, grüne Oasen, eine Innenstadt mit alten Alleen und historischen Plätzen machen den Reiz dieser Stadt aus. Natur und Kultur sind hier eine einzigartige Mischung eingegangen. Vor den Toren der Stadt liegt der Schärengarten. Mit seinen bewohnten und unbewohnten Inseln ist er ein Paradies für Seevögel und auch für Freizeitkapitäne.
In den letzten Jahren erlebte die Stadt eine kosmopolitische Metamorphose. Pulsierend, aufregend und dynamisch, Attribute, die wunderbar mit dem historischen Charme der Stadt harmonieren. Bei unseren Entdeckungstouren, per Rad, per pedes und mit dem Kajak, werden auch wir diesem Charme der Stadt erlegen sein.
Auch wenn wir hinter „schwedischen Gardinen" wohnen, das ehemalige Gefängnis, „Kronohäktet", wurde zu einer Wohlfühloase umgestaltet. Die Atmosphäre ist insgesamt viel gastfreundlicher und vor allem offener als früher.
8 Tage, Eigenanreise, ab 749 €/EZ nicht möglich (F)/**NATOURS REISEN**
INFO: Diese Reise wurde mit der „**GOLDENEN PALME**" von der GEO Saison ausgezeichnet!

SUPERCITY TOKIO
Tokio – *Stadt der Gegensätze und Trendsetter.* Alte Traditionen und modernste Lebensart in einer fantastischen Hightech-Welt. Vieles können wir gemeinsam entdecken wie: U-Bahn fahren und im modernen Stadtteil Shinjuku, auf der Aussichtsplattform des Rathauses in über 200

m, einen ersten Eindruck von Tokio bekommen. Des Weiteren über die Ginza – die bekannte Einkaufsmeile – bummeln oder die Tokio Beaches besuchen mit Blick auf die Rainbow Bridge. In der Bergwelt können wir den Nikko-Nationalpark mit der rot lackierten „Heiligen Brücke", den Rinnoji-Tempel mit der „Halle der drei Buddhas" und den Tshogu, Nikkos wichtigsten Schrein, bewundern. Das malerische Fuji-Gebiet ist das weitläufige Freizeitareal der Tokioter. Unser nächster Ausflug führt uns nach Kamakura, Sitz der Shogune aus dem 12. – 14. Jh. Hier können wir uns an Tempeln und Schreinen satt sehen! Oder auch nicht, wenn wir nicht dort hinwollen, ist das auch in Ordnung, denn bei dieser Reise sind alle Ausflüge fakultativ. Jeder kann täglich neu entscheiden, an welchem Ausflug er teilnehmen möchte.
7 Tage ab 1200 €/EZZ 160 (F)/**Gebeco**

St. Petersburg - prunkvolle Bauwerke mit bewegter Geschichte

Prunkvolle Bauwerke, unvergleichliche Kunstschätze und bewegte Geschichte.
Zum Empfang gibt's in unserem eleganten 4-Sterne-Hotel eine typisch russische Begrüßung mit Brot, Salz und Wodka. Danach genießen wir ein Willkommens-Diner in einem romantischen Restaurant. Russisch eingestimmt, werden wir dann in den nächsten drei Tagen das volle Programm auskosten. Unsere Höhepunkte sind: Der Newski-Prospekt, die Admiralität und das Winterpalais. Panzerkreuzer Aurora und das Smolny-Kloster. Auf der Haseninsel besuchen wir die Peter-Paul-Festung, die 1703 zum Schutz der damals neuen Stadt errichtet wurde, die gleichnamige Kathedrale, deren goldene Spitze zum Wahrzeichen von St. Petersburg geworden ist, liegt auf demselben Gelände. Die Trubezkoj-Bastion, das einst gefürchtete Gefängnis für Oppositionelle des Zarenregimes, in dem auch berühmte Persönlichkeiten wie Dostojewski und Maxim Gorki ihrer Freiheit beraubt wurden. Führung durch den Winterpalast. In der weltberühmten Eremitage werden wir uns mit einem kleinen Teil der insgesamt 2,7 Millionen Exponate begnügen müssen. Selbst eine Woche würde nicht ausreichen, die komplette Sammlung sehen zu können. Die Isaak-Kathedrale ist eine der größten sakralen Kuppelbauten der Welt. Die Zarenpracht in Puschkin (früher Zarendorf); die von den Zaren bevorzugte Residenz mit dem großartigen Katharinenpalast von Bartolomeo Rastrelli. Ein einzigartiger Prunk aus Barock, Gold, Glas und Bernstein. Die Hauptzierde des Palastes war das sagenumwobene Bernsteinzimmer, das Peter I. vom Preußenkönig Wilhelm I. als Geschenk bekam und seit dem Zweiten Weltkrieg verschollen ist. Doch mittlerweile ist es komplett rekonstruiert und wieder für jedermann zu bestaunen. In Putins Lieblingsrestaurant, dem Gasthof Podvorje, lassen wir uns bei musikalischer Folklore mit russischen Köstlichkeiten verwöhnen.
5 Tage, Eigenanreise, ab 998 €/EZZ 180 € (F/tlw. HP) inkl. Programm/**Lernidee Erlebnisreisen**

Tipp! Wer im Winter reist, geniesst noch eine romantische Troika-Fahrt durch eine bezaubernde Winterlandschaft. Und die Kunstliebhaber: können sich im Winter, wegen geringerer Besucherzahlen, in aller Ruhe die wertvollen Kunstgegenstände anschauen!

Supercity Shanghai

Alter und neuer Glanz. Shanghai gehört zu den größten Wirtschafts- und Handelszentren der Welt. Auch hier, wie schon bei der Tokio-Reise, entscheiden wir täglich neu, an welcher Gruppentour wir teilnehmen möchten.

Gleich nach der Ankunft geht's los mit einem Bummel durch die hübsch restaurierte Altstadt mit ihrem angrenzenden Yu-Garten, der auf zwei Hektar viele Elemente der klassischen chinesischen Gartenbaukunst vereinigt. Danach sollten wir uns eine Fußreflexzonenmassage leisten, die nicht nur in China eine beliebte Art der Entspannung ist.

Auf Kulturfans wartet der Jade-Buddha-Tempel und das Shanghai-Museum mit seiner Kunst, Kultur und Geschichte.

Auf Shoppingfans wartet das berühmte Einkaufparadies Nanjing Lu.

Auf Hafenfans wartet der Bund, eine Uferpromenade mit kolonialen Prachtbauten auf der einen und einer futuristisch anmutenden Skyline auf der anderen Seite des Huangpu-Flusses.

Auf Romantiker wartet das Wasserdorf Zhujiajiao, es ist ein Geheimtipp unter Kennern, enge Kanäle mit kleinen Brücken und schmale Gassen mit traditionellen Häusern.

Auf Pistengänger wartet das angesagte Bar- und Restaurantviertel Xin Tian Di, um sehen und gesehen zu werden.

7 Tage ab 700 €/EZZ 150 € (F)/Alle Besichtigungen u. Führungen werden optional angeboten./GEBECO

DER LEGENDÄRE SÜDEN IN DEN USA

Atlanta – Savannah – Charleston – Asheville – Lexington – Nashville – Memphis – New Orleans – Montgomery – Huntsville – Tallahassee – Orlando: Eine Städtereise durch das Herz der Südstaaten. Mit ihrer für amerikanische Verhältnisse reichen Geschichte: Von der Besiedlung über den Sezessionskrieg und von der Sklavenbefreiung bis hin zum jüngsten Wirtschaftsboom finden wir hier abwechslungsreiche und authentische Besuchspunkte. Insbesondere durch den ethnischen Mix der Bevölkerung sowie die starken französischen Einflüssen und die große Liebe zur Musik erscheinen uns die Bewohner des Südens oft besonders lebensfroh und gastfreundlich. Das Weltzentrum der Countrymusic in Nashville; die alte Jazz-Kapitale Memphis; und nicht nur Jazz, hier wandeln wir auf den Spuren von Elvis Presley, „the King of Rock'n'Roll", und besuchen sein Geburtshaus in Tupelo. Die heute moderne Metropole und Olympia-Stadt Atlanta, das geheimnisvolle Savannah und das historische Charleston lassen in unseren Köpfen das legendäre Filmepos mit den Romanhelden Scarlet O`Hara und Red Buttler wieder aufleben.

Die Tour endet in Orlando – ideal für eine Verlängerung an den Stränden Floridas.

2 Wochen ab 1790 €/EZZ ab 560 € (F)/IKARUS

INKLUSIVLEISTUNGEN: Anreise, wenn nicht, steht Eigenanreise vor dem Preis. Die Verpflegungsart steht als Kürzel in Klammern. Preisberechnung ist für das halbe DZ oder EZ in der günstigsten Saison!

Je nach Reise, Reiseveranstalter und Reisepreis sind bereits Programme vor Ort im Reisepreis enthalten. Zusätzlich geführte Programme können vor Ort gebucht werden. Aber auch auf eigene Faust können wir losziehen, die Reiseleiter haben immer tolle Tipps parat, welche Läden oder Boutiquen einen Besuch lohnen, welche Ausstellungen wo stattfinden, welche Cafés und Bars gerade „in" sind.

EVENTS UND UPDATES SIEHE INTERNETSEITE: DIE-BESTEN-SINGLEREISEN.DE

REISEVERSICHERUNG & BUCHUNGSMÖGLICHKEITEN

Von Anfang bis Ende sicher in den Urlaub gehen!
Weltweit den Urlaub entspannt genießen ... besser noch mit einem Rund-um-Reiseschutz!
Natürlich denkt keiner, dass ausgerechnet ihm selbst vor oder während seines Urlaubes etwas
zustoßen könnte. Meistens passiert ja auch nichts, Gott sei Dank! Und trotzdem, so mancher
Kunde von uns wäre ohne eine Reiseversicherung auf der Strecke geblieben. Ob es die plötz-
liche Krankheit vor der Abreise ist, wodurch sehr hohe Stornokosten entstehen können, oder
die Erkrankung oder gar ein Unfall am Urlaubsort weit weg von zu Hause!
Die EUROPÄISCHE REISEVERSICHERUNG zum Beispiel holt jeden Betroffenen garantiert per Flugzeug
und wenn erforderlich auch mit Begleitarzt in die Heimat zurück, egal von wo.
Weltweit, aber mit Sicherheit! Mehr Infos im Reisebüro oder direkt über WWW.ERV.DE

BUCHUNGSMÖGLICHKEITEN
Ganz einfach: entweder im Reisebüro oder direkt beim Reiseveranstalter.

ABKÜRZUNGEN

ALLGEMEINES

a.A.	auf Anfrage
k.A.	keine Angaben
inkl.	inklusive
insg.	insgesamt
Pass.	Passagiere
Pers.	Personen
Std.	Stunden
tlw.	teilweise
Wo.	Woche
zzgl.	zuzüglich

UNTERKÜNFTE

DK	Doppelkabine
DK z.A.	Doppelkabine zur Alleinbenutzung
DZ	Doppelzimmer
½ DZ	½ Doppelzimmer (roomsharing)
DZ z.A.	Doppelzimmer zur Alleinbenutzung
EK	Einzelkabine
EKZ	Einzelkabinenzuschlag
EZ	Einzelzimmer
EZZ	Einzelzimmerzuschlag
Ü	Übernachtung
***	3-Sterne-Unterkunft

VERPFLEGUNG

A	Abendessen
AI	all inclusive
F	Frühstück
HP	Halbpension
HP Plus	Halbpension, zusätzlich z.B. Lunchpaket oder Kaffee und Kuchen
M	Mittagessen
VP	Vollpension
Vpfl.	Verpflegung

ADRESSEN DER REISEVERANSTALTER VON A BIS Z

AIDA Cruises
Fon: 01805-18222222
www.aida.de

ACTIVIDA TOURS
Fon: 06126-581818
www.activida.de

ALDIANA GmbH
Fon: 01803-901048
www.aldiana.de

anderereisewelten
Fon: 040-63689939
www.anderereisewelten.de

Arkadia – Yachtcharter & Segel-Reisen
Fon: 040-28050823
www.arkadia.de

A-ROSA Resorts GmbH
Fon: 0381-4585000
www.a-rosa.de

A-ROSA Scharmützelsee
Fon: 033631-60

A-ROSA Travemünde
Fon: 04502-30700

A-ROSA-Kitzbühel
Fon: 0043-5356-656600

ASI WanderReisen GmbH
Fon: 0043-(0)512-546000
www.asi.at

J. BAUMELER AG
Fon: 0041-(0)41-4186565
Aus Deutschland:
Fon: 0800-3805770
www.baumeler.ch

Boomerang Reisen GmbH
Fon: 0651-966800
www.boomerang-reisen.de

Chamäleon Reisen GmbH
Fon: 030-347996-0
www.chamaeleonreisen.de

CHINA BY BIKE
Fon: 030-6225645
www.china-by-bike.de

Club Aktiv Erlebnis Reisen
Fon: 0441-9849812
www.club-aktiv.de

Club Méditerranée Deutschland GmbH
Fon: 06196-76400
www.clubmed.de

DERTOUR – Sport & Wellness
Katalog und Beratung im Reisebüro

Die Landpartie
Fon: 04122-96555
www.dieLandpartie.de

Djoser Reisen GmbH
Fon: 0221-92015-0
www.djoser.de

DMC Reisen
Fon: 0821-711124
www.dmcreisen.de

Dr. Tigges
Fon: 0431-54460
www.DrTigges.de

Eurobike/Eurofun – Touristik
Fon: 0043-(0)6219-7444
www.eurobike.at

Europa-Wanderhotels
Fon: 0043-(0)4710-2780
www.wanderhotels.com

Feelgood Reisen
Fon: 04542-826500
www.feelgoodreisen.de

FIT Reisen
Fon: 069-4058850
www.fitreisen.de

FrauenReisen Hin und weg
Fon: 0431-55779-100
www.frauenreisenhinundweg.de

Frauen Unterwegs-Frauen Reisen
Fon: 030-2151022
www.frauenunterwegs.de

Frosch Sportreisen
Fon: 0251-92788-10
www.frosch-sportreisen.de

Gebeco GmbH & Co KG
Fon: 0431-54460
www.Gebeco.de

Gomera Trekking Tours
Fon: 0911-20787
www.trekkingreisen.de

Hahnemühle – FineArt
Fon: 05561-791499
www.hahnemuehle.de

Hamburg-Radtour
Fon: 040-81992239
www.hamburg-radtour.de

Happy Surf
Fon: 089-338833
www.happy-surf.de

Hauser exkursionen
Fon: 089-235006-0
www.hauser-exkursionen.de

Hurtigruten
Fon: 040-376930
www.hurtigruten.de

ibali erlesen reisen
Fon: 0221-964396-0
www.ibali.de

Iglu – Dorf
Fon: 0041-(0)81 862 22 11
www.iglu-dorf.com

Ikarus Tours
Fon: 06174-29020
www.ikarus.com

INMARIS
Fon: 040-372797
www.inmaris.de

ISCHIA TOURIST
Fon: 040-686252
www.ischiatourist.de

Kaya Lodge
Fon: 05254-942525
www.kayalodge.de

KH+P Yachtcharter.
Fon: 0711-638282
www.khp-yachtcharter.de

LAL Sprach-Reisen GmbH
Fon: 01805-384231
www.lal.de

Lernidee Erlebnisreisen GmbH
Fon: 030-786000-0
www.lernidee.de

Lupe Reisen
Fon: 0228-654555
www.lupereisen.com

Marco Polo Reisen GmbH
Fon: 089-150019-0
www.marco-polo-reisen.com

Münchner Freiheit – Motorrad-Reisen
Fon: 089-3603533
www.muenchnerfreiheit.de

NATOURS
Fon : 05473-9229-0
www.natours.de

Neckermann Care
Katalog und Beratung
im Reisebüro

Neue Wege Seminare & Reisen
Fon: 02255-9591-0
www.neuewege.com

NSA Norwegische
Schiffahrt-Agentur GmbH
siehe unter Hurtigruten

ONE WORLD
Fon: 0231-164480
www.reisenmitsinnen.de

PEGASUS/Deutschland
Fon: 0800-5051801
www.Reiter-Reisen.com

PEGASUS/Zentralbüro Europa
Fon: 0041-(0)61-3033103
www.Reiter-Reisen.com

Peter Deilmann Reederei
Fon: 04561-396-0
www.deilmannkreuzfahrten.de

Pferd & Reiter – Reiter-Reisen
Fon: 040-607669-0
www.pferdreiter.de

RAINBOW Tours
Fon: 040-32093309
www.rainbowtours.de

REISELAND GLOBETROTTER
Fon : 040-300335-25
www.reiseland-globetrotter.de

ROBINSON CLUB
Fon: 01803-762467
www.robinson.com

Rückenwind Reisen GmbH
Fon: 0441-48597-0
www.rueckenwind.de

Schneedorf / R-LEBEN
Fon: 0043-(0)5253-6499640012
www.schneedorf.com

SFI/Kölner Club Reisen
Fon: 0221-2610100
www.sfi.de

SingleGolfclub Europe
Fon: 0041-(0)71-3335905
www.singlegolfclub.de

Sommer Fernreisen GmbH
Fon: 08533-919161
www.sommer-fern.de

Sprachcaffe Reisen GmbH
Fon: 069-6109120
www.sprachcaffe.de

STAR CLIPPERS
Fon: 0511-726659-0
www.star-clippers.de

Studiosus Reisen
Fon: 0800-24022402
www.studiosus.com

SUB AQUA Tauchreisen
Fon: 089-384769-0
www.sub-aqua.de

Sun + Fun Windsurfing
Fon: 089-338833
www.sunandfun.de

Sun + Fun diving München
Fon: 0700-82824734736
oder: 089-38014140
www.tauchreisen.de

SUNWAVE Gruppenreisen GmbH
Fon: 040-725857-0
www.sunwave.de

Tall Ship Artemis
Fon: 0031-(0)517-342810
www.tallship-artemis.com

TRH-Reisen
Fon: 06326-9675753
www.trh-reisen.de

TSC – Traditional Sailing Charter
Fon: 02381-969980
www.t-s-c.de

TUI Vital
Katalog und Beratung im Reisebüro

Unterwegs
Fon: 0531-347427
www.unterwegs-reisen.de

Waldzeit e.V.
Fon: 08553-920652
www.waldzeit.de

www.wasserski-berlin.de

www.wet4fun.com

Wikinger Reisen
Fon: 02331-9046
www.wikinger.de

LÄNDERVERZEICHNIS

BILDNACHWEIS

Für das Bildmaterial und die freundliche Genehmigung zur Verwendung danke ich folgenden Veranstaltern:

Titel und Seite 11: Pegasus
Titel: "Frau unter der Dusche" Robinson
Titel: "Wüste" TRH
Buchrückseite und Seite 71: SFI/Kölner Club
Buchrückseite und Seite 93: Neue Wege
Seite 93: Neue Wege
Seite 109: Arkadia
Seite 155: SFI/Kölner Club
Seite 167: Baumeler
Seite 179: Sprachcaffe

Bild Seite 189: getty images